田径运动科学化训练研究

罗小兵◎著

中国原子能出版社

图书在版编目(CIP)数据

田径运动科学化训练研究 / 罗小兵著. -- 北京 :
中国原子能出版社, 2023.7
ISBN 978-7-5221-2821-4

Ⅰ. ①田… Ⅱ. ①罗… Ⅲ. ①田径运动－运动训练－
研究 Ⅳ. ①G820.2

中国国家版本馆CIP数据核字(2023)第127053号

田径运动科学化训练研究

出版发行 中国原子能出版社（北京市海淀区阜成路43号 100048）

责任编辑 杨晓宇

责任印制 赵 明

印　　刷 北京天恒嘉业印刷有限公司

经　　销 全国新华书店

开　　本 787㎜×1092㎜ 1/16

印　　张 16.75

字　　数 256千字

版　　次 2023年7月第1版 2023年7月第1次印刷

书　　号 ISBN 978-7-5221-2821-4 **定 价** 72.00元

前　言

田径运动在人的生活中扮演着多重角色，不仅是基础性的体育运动，更是促进身心健康、培养意志品质的重要途径。从生理角度来看，田径运动能够有效促进人体的新陈代谢，提升神经系统的调节功能和内脏器官的机能。科学的训练可以全面发展人的身体素质，包括速度、力量、耐力等。这些训练不仅能够提高运动员的运动技术水平与运动成绩，更能够在日常生活中为人们打下坚实的健康基础。在心理层面，田径运动同样具有显著的积极作用。它可以培养人们勇敢、顽强、坚韧、果断的意志品质，帮助人们在面对挑战和困难时更加坚定和自信。同时，田径运动也可以作为一种调节心理的手段，帮助人们减轻心理障碍、身体疾病等带来的痛苦，保持轻松和谐的心境。此外，田径运动还是一种重要的精神文化需求满足方式。通过参与田径运动，人们可以更加深入地了解自我、挑战自我、超越自我，从而实现自我价值的提升。在社会层面，田径运动同样具有不可忽视的价值。它可以促进身体、心理与社会的协调发展，提高人们的社会适应能力。通过参与田径比赛、团队活动等，人们可以学会如何与他人合作、沟通、竞争，从而更好地适应社会发展的需要。

本书主要对田径运动该如何科学化训练进行了研究，共有五章内容，第一章是田径运动科学化训练概述，主要从三个方面进行了论述，分别是田径运动科学化训练的含义和内容、田径运动科学化训练的方法和意义、田径运动科学化训练的目标和价值；第二章是田径运动科学化训练理论，主要从五个方面进行了论述，分别是田径运动科学化训练基本原则、田径运动科学化训练负荷控制、田径运动科学化训练计划制订、田径运动科学化训练恢复调控、田径运动科学化训练赛前准备；第三章是走跑类田径运动科学化训练，主要从五个方面进行了论述，分别是竞走科学化训练、短跑科学化训练、接力跑科学化训练、中长跑科学化训练、跨栏跑科学化训练；第四章是跳跃类田径运动科学化训练，主要从四个方面进行了论述，分别是跳高科学化训练、撑竿跳高科学化训练、跳远科学化训练、三级跳远科学化训练；第五章是投掷类田径运动科学化训练，主要从四个方面进行了论述，分别是推铅球科学化训练、掷铁饼科学化训练、掷标枪科学化训练、掷链球科学化训练。

在撰写本书的过程中，笔者得到了许多专家学者的帮助和指导，参考了大量的学术文献，在此表示真诚的感谢！本书内容系统全面，论述条理清晰、深入浅出。但由于笔者水平有限，加之时间仓促，本书难免存在一些疏漏，在此，恳请同行专家和读者朋友批评指正。

目　录

第一章　田径运动科学化训练概述

本章的主要内容是田径运动科学化训练概述，主要从三个方面进行了论述，分别是田径运动科学化训练的含义和内容、田径运动科学化训练的方法和意义、田径运动科学化训练的目标和价值。

第一节　田径运动科学化训练的含义和内容

一、田径运动科学化训练的含义

随着现代田径运动实践的深入和科学技术的突飞猛进，科学技术在田径运动训练领域的应用愈发广泛，极大地推动了田径运动训练的科学化进程。市场经济的发展为现代田径运动注入了新的活力，使体育产业成为一个重要的经济支柱。特别是在市场经济体系成熟的国家，体育产业的发展尤为显著，各种级别的比赛层出不穷，为国际的运动员、教练员提供了更多的交流机会。信息技术的发展，为运动员和教练员搭建了一个便捷的交流平台。这使各国之间的先进运动技术、训练方法的传播，以及运动员、教练员和各种体育人才的交流变得更为迅速和广泛，呈现出明显的国际化趋势。这种趋势不仅有助于提升各国田径运动的水平，也促进了全球体育文化的交流与融合。同时，田径运动的职业化高度发展以及成熟的市场化运作，使比赛奖金日益丰厚。这使竞技体育带来了巨大的经济利益。这种利益驱动更多的资源投入到田径运动训练和比赛研究中，进一步推动了体育相关学科的研究和新技术的发展。在这样的背景下，田径比赛的竞争愈发激烈，运动员们为了取得更好的成绩，不断挑战自我，突破极限。同时，田径运动训练也日益科学化，更加注重科学方法的运用和个体差异的考虑。这使田径运动成绩不断提高，也为全球田径运动的发展注入了新的动力。

田径运动科学化训练是相对于传统的靠经验来训练而言，指运用科学理论、方法及先进技术组织实施并有效地控制运动训练全过程，进而实现理想目标的动态过程。具体来说，田径运动科学化训练就是指具有较高科学文化素质的田径运动教练员及训练辅助人员（如田径运动训练的专家、学者、科研人员）以科学理论为指导、制订科学的训练计划、广泛运用科技成果、采用先进的技术与科学的训练方法和手段，对运动训练的全过程实施最佳的调整，有效地提高训练水平，达到理想的训练效果和运动成绩。

二、田径运动科学化训练的内容

田径运动科学化训练的主要内容包括：身体素质科学化训练、技术科学化训练、战术科学化训练、心理科学化训练和恢复科学化训练。

（一）身体素质训练的内容

我国将田径运动员的多年训练分为基础训练阶段、初级专项训练阶段、专项提高训练阶段、高级专项训练阶段和保持高水平训练阶段。各个阶段田径运动训练的内容是由身体训练、技术训练、战术训练、心理训练、恢复训练、理论学习及道德品质的培养所组成的。各项训练内容都是有机联系的，采用一般与专门训练内容、不同的方法和负荷、比赛和训练相结合的手段提高训练水平和运动成绩。

身体训练在田径运动训练中占据着举足轻重的地位，它不仅是提升运动员运动表现的基础，更是预防运动损伤、延长运动寿命的关键。身体训练的主要目的在于全面发展运动员的力量、速度、耐力、柔韧、灵敏协调等运动素质，为专项技能的提升打下坚实的基础。身体训练可以分为一般身体训练和专项身体训练两个部分。一般身体训练内容广泛，旨在通过多样化的方法和手段，全面提升运动员的身体素质，其方法和手段包括球类练习、体操、游泳、滑冰以及各种非专项的田径练习。这些练习不仅有助于增强运动员的心肺功能、肌肉力量，还能提高其身体的柔韧性和协调性。

专项身体训练是田径运动训练中至关重要的部分，它主要关注与专项技能紧密相关的身体素质的发展。这种针对性的训练能够直接促进运动员掌握专项技术，并提高他们的专项成绩。在进行专项身体训练时，训练手段的选择至关重要。这些手段应与专项的动作幅度、用力性质、用力顺序及紧张程度相适应，以确保训练效果的最大化。此外，人体生长发育规律也是制订专项身体训练计划时必须考虑的因素。人的各种运动能力的发展具有一定的顺序和敏感期，这意味着在不同年龄段，身体各素质的发展速度和重点也会有所不同。因此，在安排训练时，需要充分考虑运动员的年龄、生理特点和训练背景，确保训练内容和方法与他们的身体发育阶段相适应。

田径运动员的训练水平的提高过程也呈现出鲜明的阶段特征。各个阶段所采用的训练内容与方法也有较大差异。随着运动员年龄的增长、运动成绩和训练水平的提高，负荷训练和专项身体训练内容的比重都会逐渐加大。

1. 力量训练的内容

（1）最大力量（也称绝对力量）训练的内容

最大力量的概念是肌肉克服阻力时表现出的最大力量。明白何种因素影响最大力量是提高训练实用性和针对性的前提，它们主要包括以下几个方面。

①肌肉的白肌纤维的数量

白肌纤维的收缩速度快，达到最大张力的速度比红肌纤维快两倍。因此，肌肉中白肌纤维的数量越多，力量就越大。

②肌肉的生理横断面的大小

肌肉的生理横断面越大，力量就越大。

（2）相对力量训练的内容

相对力量就是一个人在每公斤重量下所能承受的最大力量。在跳高和中距离跑步中，相对力量是较为重要的，其表达式是：相对力量 = 最大力量（千克）/体重（千克）。相对力量的发展应遵循“以减重为主，以增加最大力量”的基本原理。随着力量越来越大，运动员的肌肉也会变得越来越粗壮，体重也越来越重。所以，运动员应该从改善肌肉协调性方面来提高肌肉的最大强度，这对控制体重有一定的帮助。

（3）速度力量训练的内容

速度力量，即爆发力，是肌肉在运动时快速克服阻力的能力，这种能力在田径运动中起着至关重要的作用。它是力量和速度有机结合的产物，具有速度和力量的双重特征。在运动员完成动作时，所用的力量越大、时间越短，所表现出的速度力量就越大。实际上，提高力量比提高速度要容易得多。因此，在实际训练中，发展速度力量常常采用提高力量的练习，并在练习时注意加快动作频率。通过这种方式，运动员可以在保证动作速度的同时，增加肌肉的力量输出，从而提高速度力量的表现。在田径运动中，无论是短跑、跳跃还是投掷项目，速度力量都是决定运动成绩的重要因素。

（4）力量耐力训练的内容

力量耐力是运动员在长时间运动中，肌肉克服一定阻力的能力。对于各种跑动项目，尤其是长距离跑，力量耐力的重要性不言而喻。在运动中，阻力的大小与运动持续的时间存在直接关系：阻力越大，运动能够持续的时间就越短。因此，为了在长时间内维持运动状态，运动员通常需要在克服相对较小阻力的条件下进行运动。力量耐力的发展不仅仅依赖于肌肉力量的提升，它还与血液循环、呼吸系统的机能以及有氧代谢能力密切相关。这是因为长时间的运动需要充足的氧气和能源供给，而这些都依赖于上述系统的有效运作。特别是当肌肉需要长时间工作时，力量耐力的发展水平就显得尤为重要。值得一提的是，力量耐力的发展水平是以最大力量水平为基础的。这意味着，在完成相同的动作时，力量较大的运动员通常能够比力量较小的运动员完成更多的重复次数。这也进一步强调了力量训练在提升力量耐力方面的重要作用。

2. 速度训练的内容

速度素质作为人体快速运动的能力，是田径运动员不可或缺的核心素质，它不仅直接决定了某些项目的成绩，还会对其他素质的发展产生深远的影响。速度素质以反应速度、动作速度和动作频率这三种最基本的形式表现出来，每种形式都在运动员的训练和比赛中发挥着重要作用。移动速度则是反应速度、动作速度和动作频率这三种速度素质综合表现的一种快速运动能力。

（1）反应速度的内容

反应速度是运动员对外界刺激（声、光、触）快速应答的能力，即作出反应的潜伏时间。反应速度对田径运动员，特别是短跑运动员具有重要意义。

（2）动作速度的内容

动作速度是运动员快速完成动作的能力，它是在完成某一动作的过程中表现出来的，如投掷运动员的最后器械出手动作速度。

（3）动作频率的内容

动作频率是运动员在单位时间内完成相同动作的次数，如赛跑运动员的步频等。

3. 耐力训练的内容

耐力素质是运动员在长时间运动中抵抗疲劳以及在疲劳后迅速恢复能力的重要体现。在运动训练和比赛中，运动员经常面临身体和心理的双重压力，而耐力素质的高低直接决定了他们能否在这些压力下保持高水平的表现。疲劳是运动训练后的必然结果，这是身体对训练刺激的正常反应。没有疲劳，运动员就无法提高训练水平。然而，疲劳也会导致有机体的运动能力下降，影响运动表现，甚至可能引发伤病。因此，如何在疲劳后迅速恢复，是运动员和教练需要重点考虑的问题。耐力素质可以分为一般耐力和专项耐力。从运动时人体供能特征的角度，耐力素质又可以分为有氧耐力和无氧耐力。

（1）一般耐力的内容

一般耐力是运动员在长时间中小强度运动中抗疲劳的关键能力，其核心在于有氧代谢供能，因此也被广泛称为有氧耐力。对于长跑这类项目，一般耐力的重要性不言而喻，它直接关系到运动员在比赛中的持久性和稳定性。

对于那些主要依赖无氧代谢供能的运动项目，一般耐力虽然不直接决定运动成绩，但在提高运动员整体素质和恢复能力方面的作用不容忽视。通过一般耐力的训练，运动员的吸氧量得以增加，心血管和呼吸系统功能得到改善，从而为其他素质的发展和提高奠定基础。同时，这种训练也有助于运动员在大负荷训练后更快地恢复体能。影响一般耐力的主要因素包括最大吸氧量和氧的利用率、心脏循环率、糖原储备和有机体机能工作的节省化水平，以及运动员的意志品质。

（2）专项耐力的内容

专项耐力是运动员在特定运动项目中，持续进行大强度训练或比赛的能力。

这种能力对于运动员在竞技场上取得优异成绩至关重要。由于不同运动项目具有各自的特征，因此专项耐力也表现出不同的特点。在长距离及超长距离项目中，有氧耐力是专项耐力的核心特征。这类项目要求运动员具备良好的呼吸系统和循环系统功能，以支持长时间、高强度的运动。在短跑、跨栏、跳跃等项目中，无氧耐力则是专项耐力的主要特征。这些项目需要运动员在短时间内爆发出强大的能量，以完成快速、有力的动作。对于投掷项目来说，力量耐力则是专项耐力的关键。

4. 柔韧训练的内容

柔韧素质指的是人体大幅度完成动作的能力，它涉及人体关节活动的灵活性、肌肉和韧带的伸展性与弹性，以及肌肉紧张和放松之间的协调性。这种能力对于运动员在各项运动中的表现至关重要。柔韧性可以分为动力和静力两种类型。动力柔韧性侧重于运动员依靠自身关节及周围肌肉群的积极工作，来完成大幅度动作的能力。这种柔韧性在田径等需要快速、有力动作的运动项目中尤为重要；而静力柔韧性则是更多地借助外界力量，使关节活动范围和韧带、肌肉的伸展幅度达到最大。虽然静力柔韧性的指标通常高于动力柔韧性，但两者并不是孤立的，它们相互关联、相互促进。在田径训练和比赛中不同专项的运动动作都需要利用专项柔韧性，如短跑运动员大幅度的“蹬摆”配合动作、跨栏运动员的起跨“攻栏”动作、跳高运动员的过杆“背弓”动作、跳远运动员的空中“走步”动作和投掷运动员的“超越器械”动作等。

5. 灵敏协调训练的内容

灵敏协调素质是运动员在竞技场上应对突变情况的关键能力。这种能力使运动员能够在短时间内迅速、准确地调整自己的身体运动，以适应比赛中的变化。灵敏性和协调性两者紧密相连，共同构成了运动员在比赛中的快速反应和高效动作的基础。灵敏协调素质的形成与大脑皮层的神经过程灵活性密切相关。大脑皮层是神经系统的核心部分，当大脑皮层的神经过程更为灵活时，运动员就能更快速地接收、处理并响应外界的刺激，从而在比赛中展现出更高的灵敏性和协调性。灵敏性并非孤立存在，而是建立在力量、速度、柔韧等其他素质的基础上。这些素质共同构成了运动员的全面能力，使他们能够在比赛中有卓越的表现。

（二）技术训练的内容

1. 技术训练的任务

学习和掌握具有个人特点的先进技术，为创造最佳成绩而有效地发挥机能潜力。

2. 技术训练的特点

（1）技术必须通过具体动作来表现。

（2）技术必须符合人体运动力学规律和生物学规律。

（3）寻求技术的共性与个性相结合的技术才是最佳技术。

（4）技术具有相对性，并随实践的发展而发展。

（三）战术训练的内容

田径运动战术在比赛中扮演着至关重要的角色，它要求运动员根据对手和外部条件，充分发挥自身能力，以争取最佳成绩。不同田径项目中的战术应用各有特点，体现了运动员的智慧和策略。在短跑项目中，运动员的战术主要体现在小组预赛中。他们通常会在不全力以赴的情况下争取出线，以保存体力，为决赛作好充分准备。中长跑项目的战术则更为复杂。运动员需要根据比赛中的跑位和对手情况，灵活采用匀速跑或变速跑、领跑或跟跑等策略。跳高项目中的战术主要体现在确定起跳高度和免跳的时机上。运动员需要根据自身实力和对手情况，合理设定起跳高度，并在关键时刻选择免跳以保存体力或避免风险。投掷项目的战术则主要体现在力争首先投出好成绩，为获胜创造心理优势。运动员需要在比赛中迅速调整状态，以最佳表现完成投掷，从而给对手施加压力，提高获胜的概率。在战术训练中，培养运动员合理分配体力、迅速判断意外情况并迅速采取对策的能力至关重要。这些能力有助于运动员在比赛中更好地应对各种挑战，发挥出最佳水平。

（四）心理训练的内容

心理训练在田径运动员的训练中占据着举足轻重的地位，其主要目的是帮助运动员发展自我控制能力，特别是控制感情和情绪的能力。这意味着运动员在面对比赛压力、紧张情绪或其他外界刺激时，能够保持冷静和专注，从而有效地应对各种挑战。一个心理训练水平高的运动员，能够更有效地发挥技术和战术的潜力，同时在训练中表现出更高的运动能力。在比赛中，这种高水平的心理训练也会转化为更好的运动成绩，帮助运动员取得更好的名次。

（五）恢复训练的内容

大负荷训练是现代田径运动训练的重要特征，这种训练方式旨在通过高强度的训练刺激，提升运动员的体能和技术水平。然而，大负荷训练和紧张激烈的比赛往往会使运动员身心产生疲劳。疲劳是身体对训练刺激的一种正常反应，但如果不能得到及时有效的恢复，疲劳会逐渐积累，最终可能导致过度疲劳，甚至中断训练。

第二节　田径运动科学化训练的方法和意义

一、田径运动科学化训练的方法

田径训练方法直接影响运动员的整体运动水平的提升速度，最终影响整体的训练效果[①]，所以掌握田径运动科学化训练的方法是非常重要的。

（一）身体素质训练的方法

1. 力量训练的方法

（1）最大力量（也称绝对力量）训练的方法

通过增大肌肉生理横断面来增加肌肉收缩力量。在进行负重抗阻力练习时，需要注意负荷强度、重复次数、组数、练习持续时间及组间间歇时间等因素，这些都会影响训练效果。负荷强度以本人最大极限负重的 65%～95% 为宜，这个范围内的负荷强度能够有效刺激肌肉生长，同时避免过度负荷造成的伤害。100% 的极限负荷强度要慎用或少用，因为过度负荷可能会导致肌肉拉伤或其他损伤。

① 尹小路．间歇训练法在田径训练中的运用研究 [J]. 现代职业教育，2021（21）：188-189.

练习次数和组数也是影响训练效果的关键因素。一般来说，3～10 次重复、每次 5～8 组是比较适宜的训练强度。这样的训练强度可以刺激肌肉生长，同时避免过度疲劳。练习持续时间通常以 2 秒完成一个动作为好，这样可以确保肌肉得到充分的刺激。在训练过程中，组间休息也是非常重要的。休息 3 分钟可以让肌肉得到充分的恢复，为下一次训练作好准备。

（2）相对力量训练的方法

相对力量训练练习的基本方法是用 85% 以上的负荷强度，以动员尽可能多的运动单位参与工作，减少肌肉功能性肥大。练习次数 3 次、每次 6～10 组，组间休息要充分。

（3）速度力量训练的方法

速度力量的训练方法主要采用负重和不负重练习两种。负重练习时采用的重量要适宜，一般以 40%～60% 极限负重为佳。练习次数一般为 5～10 次、每次 3～6 组，组间休息要充分。不负重练习多利用克服自身体重进行各种跳跃或跑的练习，如跳深、立定跳远、多级跳、蛙跳、单腿跳和跑等。

（4）力量耐力训练的方法

力量耐力是运动员在长时间运动中保持肌肉力量的关键能力，对于提升运动表现和防止运动损伤都至关重要。针对力量耐力的训练，主要通过一定负重或不负重的极限重复完成某一动作的练习来实现。

在进行力量耐力训练时，应结合专项用力特点进行，确保训练内容与运动项目紧密相关。此外，力量练习应遵循一些基本原则，以确保训练的有效性和安全性。

2. 速度训练的方法

（1）提高反应速度的方法

提高田径运动员的反应速度主要是利用各种信号（枪声、掌声、口令声等）来刺激运动员，使他们作出快速反应来实现，如短跑运动员听枪声起跑练习。

（2）提高动作速度的方法

提高动作速度主要是通过快速重复完成某一动作的练习来实现，如跳远起跳动作、推铅球滑步收腿动作、掷铁饼出手时的鞭打动作等。

（3）提高动作频率的方法

提高动作频率的方法与发展动作速度相同，主要是通过快速重复完成某一动作的练习来实现，如短跑运动员经常通过快速高抬腿跑发展步频。

3. 耐力训练的方法

（1）一般耐力的训练方法

一般耐力主要采用持续训练法和间歇训练法来发展。手段的选择应为运动员能获得最大摄氧量的持续活动，运动强度以心率 150～160 次 / 分为宜。可参照有氧耐力训练心率保持公式来掌握：负荷强度 = 安静时心率 +（最大心率 – 安静心率）× 60%，心率控制在这个水平可增加心输出量，最大摄氧量可达 80% 左右。

（2）专项耐力的训练方法

专项耐力训练必须根据专项特点来进行。例如，跑的项目主要采用大强度的专项距离或超专项距离的反复跑、变速跑、间歇跑等，而跳跃和投掷项目则采用练习难度或负荷量大于比赛需要的训练手段提高专项耐力。

4. 柔韧训练的方法

柔韧素质的基本训练方法是拉伸法，它主要包括动力性拉伸和静力性拉伸。这两种拉伸方法都可以采用主动性和被动性两种练习形式，每种形式都有其独特的效果。在运用拉伸法发展柔韧素质时，练习的强度、重复次数和组数、间歇时间及动作要求都是需要考虑的关键因素。特别是练习强度，它主要反映在用力大小和负重多少两个方面。无论是主动拉伸还是被动拉伸，都需要逐渐增加用力程度，但这个过程必须谨慎，要以运动员的自我感觉为依据，避免过度拉伸导致的疼痛或伤害。关于负重练习，重量的选择也是非常重要的。一般来说，负重应控制在一定范围内，具体数值可以根据个人情况和训练目标进行调整。在练习过程中，动作幅度应逐渐加大，以尽可能地拉长肌肉和韧带，从而提高柔韧素质。此外，还需要注意训练过程中的安全性。在拉伸时，应保持正确的姿势，避免过度扭曲或拉伸身体。同时，要合理安排训练时间和频率，避免过度疲劳或过度训练。

5. 灵敏协调训练的方法

发展灵敏素质的主要手段有体操、武术、球类、滑冰、跨栏和接力等。发展灵敏和协调素质时应该注意以下几个方面。

（1）灵敏协调性练习应该在体力充沛、精神饱满的状态下进行。

（2）女子进入青春期后，灵敏协调素质会一度表现为明显下降，这是由于体重增加、有氧能力下降、内分泌系统变化所致，属生理性下降。这时一方面要在青春期前加强灵敏协调性训练，使之优先得到较好的发展；另一方面在进入青春期后适当安排灵敏协调性练习，恢复和保持已有水平。

（二）技术训练的方法

1. 提高身体素质

掌握现代田径技术需要运动员必须具备良好的力量、速度、耐力、柔韧、灵敏和协调能力。身体素质水平越高，掌握技术就越快。

2. 抓住关键，反复训练

田径运动各项目拥有各自独特的技术关键，这些技术环节不仅影响着运动员的表现，更是提升整体技术质量的核心所在。学习掌握技术关键可以带动完整技术质量的提高。

3. 不断探索、不断创新、不断改进和提高运动技术

合理有效地完成动作的方法是一种理想的模式，它凝聚了人类长期运动实践和科学锻炼的精华。这种方法并非一成不变，而是随着运动训练实践和科学技术的不断进步而持续创新。这种创新的必要性源于多个方面。首先，人类自身在不断地进化和发展。随着时间的推移，人们的身体素质、运动能力和技术水平都在不断提高。这就要求运动技术必须与时俱进，不断适应和满足人类身体发展的新需求。其次，运动场地和器材设备的革新与完善也为运动技术的创新提供了可能。新的场地和器材往往具有更好的性能，能够支持更先进的技术动作。运动员和教练员需要充分利用这些新条件，探索并发展出与之相适应的新技术。此外，旧的技术可能随着时间的推移而逐渐过时，不再适应现代运动的需求。因此，必须勇于革新和创造，用新的、更先进的技术来替代旧的技术。在技术训练中，我们既要注重让运动员学习和掌握现有的规范技术，确保他们具备扎实的基本功，同时，更要鼓励他们勇于探索和创新，敢于尝试新的技术动作和训练方法。

4. 技术训练要贯穿于训练工作的始终

技术训练的重要性在于为运动员打下坚实的技能基础，因此，从小开始培养是非常关键的。在全年训练的不同阶段，技术训练的重点和方法也应有所不同。技术训练的主要方法有分解法、完整法、重复法、变换法和比赛法等。不同的训练方法适用于不同的训练阶段和目的。在技能初步掌握阶段，分解法和重复法能够帮助运动员打好基础，建立正确的技术动作模式。而在完善运动技能阶段，完整法和比赛法则能够帮助运动员提高技术的完整性和实战性，使他们在比赛中能够更好地发挥水平。

（三）战术训练的方法

运动员在制定比赛战术前，应该详细了解比赛规模、场地器材条件、对手水平与特点、竞赛规程和规则、裁判方法及气候情况等。田径运动员的战术取决于最有效地运用自己的优势、外部条件（天气、风向、风力、场地和器材质量），并利用对手的弱点和错误。战术训练作为田径运动训练的内容之一，其最佳训练手段就是参加各类比赛。

（四）心理训练的方法

心理训练在运动员的训练中扮演着至关重要的角色，其核心在于培养运动员的意志品质，帮助他们学会适应比赛条件以及应对与对手之间的竞争过程。人的大脑作为接收信息、分析判断、发出指令、调节行为的指挥中心，在心理训练中发挥着关键的作用。从身心统一观点出发，心理训练只有与身体训练、技术训练、战术训练结合起来，才能形成一个整体训练控制系统，才能更好地挖掘运动员的身心潜能，以适应竞争日益激烈的现代田径运动比赛的需要。心理训练的主要方法有以下几种。

1. 放松训练

利用语言暗示、意念和想象的力量，有意识、有系统地训练肌肉动作逐步达到松弛状态，减缓呼吸，从而使身体、情绪、心理均处于平静状态。放松训练的具体方法包括呼吸放松法、肌肉放松法和想象（表象）放松法。

2. 表象训练

表象训练也叫想象训练、念动训练、视觉化技术等。表象是一种重要的心理能量，可以提高运动员的技能、改变他们的习惯、增加他们的信心。只有清晰的表象才能更好地感知运动过程中身体姿态、肌肉力量等的变化，从而及时修正动作偏差，确保动作精度。在视觉上进行视觉训练，改善视觉上的视觉表现，可使动作的准确率提高34%。

3. 集中注意力训练

在体育教学中，运动员必须具备集中注意力、分配注意力、转移注意力的能力，这样才能确保训练的顺利进行，并在竞赛中取得胜利。运动员可以运用视觉、听觉、呼吸来集中注意力。

4. 应激控制训练

在激烈的比赛中，运动员往往出现应激过度现象，从而导致动作变形、乏力而失败。所以应激控制训练主要是针对过度应激控制的训练，主要方法包括环境刺激控制训练、身体应激控制训练和积极性思维控制训练等。

5. 生物反馈训练

生物反馈训练是一种借助现代化仪器，将运动员机体的生理信息转化为可感知的信号，并反馈给运动员的训练方法。这种训练的核心目的是帮助运动员通过反复练习，学会自我调节生理机能，从而达到优化运动表现、提高竞技水平的效果。

6. 模拟训练

模拟训练可以预防运动员赛前不良心理状态的发生，提高心理稳定性和应变能力。模拟形式包括实际场景模拟和词语形象模拟等。

7. 自我暗示和放松训练

这是一种以一定的套语进行导引，促使肌肉放松，从而调节植物性神经系统的机能，并在肌肉放松后采用一定的套语振奋精神、进行自我心理动员的心理训练方法，可以放松肌肉、消除紧张、解除疲劳、提高工作能力。

（五）恢复训练的方法

在运动训练中采用的恢复方法可以分为教育学手段、心理学手段和医学及生物学手段三类。

1. 教育学恢复手段

教育学恢复手段是运动员恢复训练中的重要步骤。它的前提是通过适宜的肌肉活动来控制运动员的工作能力和恢复过程。主要表现包括以下几个方面。

（1）根据运动员的状态，合理地制订训练计划，合理地安排训练和比赛的大小周期。

（2）精确地组织训练与休息，合理而科学地安排大中小训练负荷。

（3）安排好训练前的准备活动和训练后的放松整理活动。

2. 心理学恢复手段

心理学恢复手段能够缓解运动员心中的紧张情绪，恢复运动员的神经能力，调节系统机能，进而调整运动员的参赛状态，使运动员的表现变得更好。

3. 医学、生物学恢复手段

医学、生物学恢复手段能够使运动员缓解和消除身体上因运动而产生的疲劳，提高运动员身体的承受能力，帮助运动员恢复能量。常用的医学、生物学恢复手段主要有以下几个方面。

（1）水疗

利用冷、热水的刺激作用，促进血液循环和新陈代谢，放松肌肉、安抚神经、促进食欲。水疗的基本手段有淋浴、浸浴、涡流浴、水脉冲按摩、桑拿浴、蒸汽浴等。

（2）按摩

通过按摩使肌肉高度放松、血液循环加快，使机体得以恢复。按摩分为人工按摩、器械按摩等。

（3）理疗

主要包括红外线疗法、蜡疗法、热疗法、电疗法、磁疗法、牵引疗法、负氧离子疗法。

（4）吸氧

通过大量吸氧，可以降低血乳酸，促进疲劳的恢复。

（5）针灸

通过针灸人体穴位的方法，使肌肉放松，消除疲劳。

（6）药物

通过药物消除疲劳，增强体力。这种手段应在医生监督和指导下使用。

二、田径运动科学化训练的意义

（一）有利于提升运动员竞技能力

运动员的竞技能力是由体能、技能、战术能力、心理能力和智能构成的。这些因素以适当的发展水平，相对协调地组合在一起，构成了运动员体现于专项竞技能力之中的综合竞技能力，各因素之间是相互促进、相互制约、共同发展的，其中优势因素还可以在一定程度上对发展滞后的因素产生补偿作用。如果没有科学训练，具有再好的先天性竞技能力的苗子也不可能成为优秀的选手。在现代的田径运动竞技中，运动员只有长时间接受系统的不间断的训练，才能在激烈的比赛中获胜。

田径科学化训练是在各个方面都进行科学的标准的强化训练，以增强运动员的综合素质和竞技能力。通过有效的田径训练，可以从根本上提高运动员的自身水平①。现代科学化的训练可以从整体上提升运动员的竞技能力，为提高田径运动员专项运动成绩打下扎实的基础，通过不断进行科学化训练，从而使运动员的竞技能力得以提高。

（二）有利于增强训练效果

运动员训练的目的是增强自身的运动素质，以便在比赛中取得更好的成绩。传统的训练方法往往侧重于通过大量的训练时间来提升运动能力，然而，这种方法存在一些明显的缺陷。首先，运动员每天的训练时间是有限的。即使他们每天进行满负荷的训练，也可能因为身体和心理的疲劳而无法达到最佳的训练效果。其次，长时间、高强度的训练还可能增加运动员受伤的风险，这对他们的职业生涯是极为不利的。相比之下，田径运动科学化训练的实质在于通过科学训练强度负荷来提升运动员的身体素质。这种方法注重根据运动员的身体状况、技术水平

① 张浩．田径运动训练理论与方法探析 [J]. 冰雪体育创新研究，2022（15）：149−152.

以及比赛需求来制订个性化的训练计划。通过合理地调整训练强度、负荷和休息时间，可以更有效地刺激运动员的身体机能，帮助他们实现真正的突破。科学地增加训练负荷可以逐渐提升训练难度，帮助运动员适应更高强度的比赛要求。这样不仅能够缩短运动员的训练时间，还能提高他们的综合素质，包括力量、速度、耐力、协调性和灵敏性等。

（三）有利于提升运动员心理素质

运动员心理变化是一种微妙的变化，一般很难从表面观察到，在训练过程中要在各个方面提升运动员的心理抗压能力，用科学的心理训练的方法使运动员的心理素质在日常的训练中得到提升，从而使他们在不同的比赛环境中能够保持同样的心态，在相应的时间段，可避免来自外界的干扰，让自身在某种程度上处于一个兴奋的状态。

（四）有利于提升比赛训练技巧性

技巧训练对于任何运动项目来讲都是至关重要的一项训练，在田径比赛过程中，无论是哪种类型技巧都是决定成败的关键因素，如在赛前调整自身的呼吸、调整心理状态的技巧。

所以，对于田径运动员来说，只有在平时就做到了科学化的训练，才能更好地锻炼自身的技巧，在日常训练过程中必须注意训练动作的规范性和技巧性，技巧性好就会减少运动员的身体消耗，这样便能够从体力上来寻求比赛成绩的突破，从而不断地提升运动员的竞技水平。

第三节　田径运动科学化训练的目标和价值

一、田径运动科学化训练的目标

（一）挖掘运动员身体机能潜力

身体素质是运动员提高运动成绩的前提，身体素质训练和技术训练相辅相成，有密切的联系。良好的身体素质是运动员承受大负荷训练和高强度比赛的基础，是运动员在训练和比赛中保持稳定心理状态的基础，有助于预防伤病、延长运动寿命。所以，在训练中要应用各种科学的手段和方法，改善运动员的体形体态、提高运动员的机能水平、促进运动员的身体健康和发展运动员的身体素质。

（二）提高运动员理论水平和竞技能力

基本理论知识能够更好地帮助运动员把握本专项竞技特点，对本专项训练理论的理解更为准确，对所采用练习方法的体验更深刻，运动员在训练中更能正确理解教练员的训练意图，能够以自觉的行为配合教练员高质量地完成训练计划，从而更好地提高运动员的竞技能力，保证在竞赛中出色地发挥自己的竞技水平，取得优异的运动成绩。因此，在训练中教练员要有计划地向运动员传授田径运动基本知识。

（三）提高专项运动技术水平和运动成绩

专项技术是决定运动员竞技能力的重要因素。不同的项目运动员需要学习和掌握不同项目的技术，各专项技术动作都应符合人体运动力学、运动生理学原理的要求。这些技术除了强调正确、规范外，还要体现个人特点。合理的技术是有效发挥机体能力创造优异成绩的保证，因此，在训练中要重视提高运动员的专项技术。

（四）培养运动员顽强的意志品质

培养运动员刻苦、自觉的训练精神，严格训练和严格要求的作风，养成良好的体育道德风尚。刻苦、自觉的精神对克服训练和比赛中的困难起到决定性作用。在科学化训练中，有针对性地对运动员实施思想教育，提高其思想觉悟和道德品质水平，有利于培养运动员以优异的运动成绩为集体争光的意识，对加强训练和比赛中的组织纪律性有促进作用。

（五）培养运动员从事训练和比赛必须具备的心理素质

运动员个性特征对所从事的专项竞技活动起到重要的作用。例如，多血质和黏液质的运动员比抑制质、胆汁质的运动员更容易在比赛中表现出较高的竞技水平。运动员的心理特点对运动训练过程和竞赛行为同样起到巨大的作用，在训练中必须培养运动员良好的心理素质。

二、田径运动科学化训练的价值

（一）促使运动员形成最佳竞技状态

最佳竞技状态的形成是一个连续的发展变化过程，它依赖于科学的运动训练。这个过程可以细分为初步形成竞技状态阶段、进一步发展和保持竞技状态阶段，以及竞技状态暂时消失阶段，每个阶段都有其特定的任务和目标，共同构成了运动员达到最佳竞技状态的完整路径。在初步形成竞技状态阶段，运动训练是核心任务。通过有针对性的训练，运动员的体能、技能、心理等方面能够得到初步的提升，为后续的竞技状态发展打下基础，进一步发展和保持竞技状态阶段则更加注重赛前训练和比赛。在这一阶段，运动员需要通过更加精细化的训练，不断提升自己的竞技水平，同时学会如何在比赛中调整状态，发挥出最佳水平。

科学化训练是实现最佳竞技状态的关键，它强调训练的目标明确、过程科学、评估客观，通过数据分析和实证研究来指导训练效果的提升。通过科学化训练，运动员的体能、技能、心理等方面能够得到全面提升，为在比赛中形成最佳竞技状态提供有力保障。

从竞技状态的构成因素来看，田径运动涉及运动员的体能、技能、心理、智能等多个方面。这些因素的形成、巩固和提高都离不开科学的运动训练。通过科学的训练方法和手段，运动员可以全面提升自己的各项能力，进而在比赛中形成最佳竞技状态，充分展现自己的实力。也就是说，田径科学化训练对于运动员最佳竞技状态的形成是非常有利的。

（二）实现田径运动的价值

为了帮助运动员突破人体运动极限，使运动员的运动竞技能力达到较高的水平，必须进行科学的运动训练。训练是实现田径运动价值的重要手段，主要通过科学的运动训练实践来体现。训练实践过程是运动员成长和发展的重要环节，它涉及对运动员施加有针对性的训练手段，并通过运动员的运动形式反馈来验证这些手段的有效性。训练效果的检测和鉴定则通过运动竞赛这一实际场景来完成，这一过程充分展现了田径运动训练的科学价值。田径运动训练不仅是对身体技能的提升，更是人们对生命过程进行探索和认识的科学活动。在这个过程中，人们致力于研究训练如何改善身体的各种机制和能力，这构成了科学研究的重要内容。现代科学技术方法的介入，使得田径运动训练过程中的各个环节，包括运动员的身体形态、运动素质、专项能力以及心理变化等，都能得到深入的科学研究。这样的科学研究有助于我们更科学地认识运动员的生命现象，从而在这种认识的基础上提高生命质量。更重要的是，它有助于挖掘运动员的竞技潜能，提高运动水平，使运动员在田径运动中能够更好地展现自己的价值。在田径运动的价值实现过程中，教练员的训练安排起着至关重要的作用。科学的训练计划能够满足运动员进行运动训练的需要，提高训练质量，进一步挖掘他们的竞技潜能。这样，运动员的价值可以得到更好的实现，也能够为竞技体育的持续发展打下坚实的基础。

第二章　田径运动科学化训练理论

本章的主要内容是田径运动科学化训练理论，主要从五个方面进行了论述，分别是田径运动科学化训练基本原则、田径运动科学化训练负荷控制、田径运动科学化训练计划制订、田径运动科学化训练恢复调控、田径运动科学化训练赛前准备。

第一节　田径运动科学化训练基本原则

一、系统训练原则

系统训练原则是指持续地、循序渐进地组织科学化的运动训练过程的原则。运动员优异成绩的取得要经历一个长时间、持续的训练过程，任何原因中止训练都会导致训练效果无法积累的结果。如果中止训练以后再恢复训练，运动员要取得好成绩就必须付出比原来更多的精力和体力。田径运动科学化训练是一个多层次、多因素、结构复杂的系统工程。一个运动员的成长往往经历启蒙训练、专项初期训练、专项深化训练、创造或保持优异成绩等阶段，各个阶段依次有机衔接。因此，运动员在成长过程中必须无间断地训练。运动员通过训练获得的竞技能力都是不断变化的，很不稳定。当训练出现问题或停止练习时，已获得的训练效应就会消退甚至消失，如力量、速度等素质，训练一旦停止就会消退得很快，特别是经过强化的力量手段获得的训练效应消退更明显。在训练中运动技能得到提高，表明运动员的中枢神经系统之间建立了良好的暂时性联系，这种神经联系支配着运动器官、肌肉和骨骼完成相应的技术动作。只有长时间反复给予负荷强化，这种暂时性的联系才能使技术动作的各个环节协调配合并避免技能的消退。

根据运动技能获得与消退的特点，想要获得良好的训练效果，避免技能、体能的消退，克服训练效果的不稳定性，有效地提高运动员身体素质，就必须坚持系统、不间断地进行训练。运动员竞技能力的内部结构表现出鲜明的层次性，某种竞技能力的高低受诸多因素的制约。例如，长跑运动员专项耐力的发展水平取决于其最大速度及一般耐力的发展水平，而影响其一般耐力发展水平的因素有运动员的有氧代谢能力、运动员的技术、下肢肌肉群的力量耐力和下肢各关节多次承受负荷的能力等。因此，必须充分应用系统训练原则有效地、有层次性地发展运动员的技能。在训练内容的选择和训练手段的采用上，要根据训练过程的层次性、运动员训练程度的差异性等全面考虑安排训练内容，充分考虑它们的内在联系，以确保运动训练水平的不断提高。

二、适时恢复原则

适时恢复原则是指及时消除运动员在训练中所产生的疲劳，并通过生物适应使机体产生超量恢复，提高机体能力的训练原则。运动员在训练中达到一定程度的疲劳时，教练员应该根据训练的计划，及时安排恢复性的训练，采用有效的恢复手段帮助运动员迅速恢复机能，提高训练效果。训练需要使运动员产生一定的疲劳，如果疲劳对运动员机体的刺激达不到必要的要求，只有一点疲劳就进行调整、恢复，这样难以取得理想的训练效果。相反，该调整时不调整，负荷过度又会引起运动员机能劣变，导致运动员在心理上和生理上受到伤害。

适时恢复原则的运用，掌握关键时机是非常重要的。教练员和运动员必须充分了解不同负荷性质产生的疲劳特征：速度性质的负荷刺激引起机体内消耗过多的 CP（磷酸肌酸），导致神经细胞缺氧产生疲劳；力量性质的负荷刺激引起机体消耗大量蛋白质导致 CP 恢复过慢产生疲劳；无氧耐力性质的负荷刺激引起机体代谢产物堆积，导致血乳酸消失过慢而产生疲劳；有氧耐力性质的负荷刺激引起机体消耗过多的肌糖原，能量补充不及时而产生疲劳；等等。同时，教练员和运动员要了解不同负荷强度产生疲劳的特征：中小负荷强度、持续时间长的负荷刺激，出现的是轻度疲劳，表现出疲倦、心跳加快的现象；极限负荷强度刺激出现急性疲劳，表现出脸色苍白、心率过速、有时尿中出现蛋白等现象。从疲劳发生的先后顺序特点看，应该注意在负荷训练中采用多种练习手段延缓神经疲劳的产生。在进行恢复训练时应先使神经疲劳得以解除，然后再采用有效方法来消除肌肉疲劳。从产生疲劳的生理机制看，应该根据负荷的性质，有针对性地消除产生疲劳的内环境障碍，补充体内最缺的物质，以便满足能源的需求。因此，在训练过程中应根据疲劳恢复的规律，安排适宜的恢复时间和方法，保证机体得到充足的恢复但不至于恢复过剩。安排接近极限负荷的训练，就要安排较长的恢复时间，使机体有充分的时间恢复工作能力。安排中等负荷强度的训练，则不必安排过长的恢复时间，以免失去恢复训练的意义。

运用科学的方法消除疲劳。适时恢复一方面可以通过变换训练内容和环境的方式交替安排负荷，调整训练间歇时间与方式，在训练中采用一些轻松愉快、富有节奏性的练习或穿插一些游戏性的练习，使肌肉经受轻微活动帮助肌肉和血液中的血乳酸更快消除，同时根据人体的生物节奏安排好每天的训练时间，养成一种习惯，使机体处于有利的恢复状态。另一方面，可以通过营养、物理和生物学等手段帮助恢复。训练时运动员消耗大量的能量训练后的能量补充除了考虑补充的数量，还要注意营养的科学搭配。同时，采用水浴、蒸汽浴、按摩、电兴奋、紫外线照射和红外线照射等手段及时帮助运动员尽快消除疲劳，恢复机体能力。

三、适宜量度原则

运动训练过程中的运动负荷包括运动负荷量和运动负荷强度两个因素。运动负荷量体现运动负荷对机体刺激量的大小，运动负荷强度体现运动负荷对机体刺激的深度。适宜量度原则要求运动的负荷强度加到一定限度时，必须减少负荷量，或是负荷量加到一定限度时，必须减小负荷强度，以保证运动负荷总量在运动员所能承受的范围内。适宜量度原则就是处理好不同训练时期、不同运动项目、不同运动员的个体特征条件下负荷量与负荷强度的比例关系，以确保运动员的训练负荷处于平衡状态，因为负荷量和负荷强度的不同搭配所产生的效果不同。运动员以负荷强度给予机体较强的刺激，能较快提高机能适应水平，而且超量恢复出现早，表现出较高的水平，但保持时间较短，不易巩固，容易消退。运动员以负荷量给予机体比较缓和的刺激，所产生的适应水平较低，但较稳定。

适宜量度原则要求教练员在训练实践中应根据实践需要安排运动负荷量和强度的比例，注意运动负荷的平衡。在运动员的训练过程中，施加适当的运动负荷是提升运动员体能、技能以及竞技状态的重要手段。然而训练负荷并非简单地对运动员施加压力或工作量，其背后蕴含着科学而精细的调控原则。运动员在训练过程中承受一定的运动负荷后会产生相应的训练效果。这是因为运动负荷能够刺激机体产生一系列生理和生化反应，进而促进身体机能的提升和适应能力的增强。这种效果是训练负荷存在的基础和前提。然而，需要注意的是，并不是只要给运动员施加负荷就一定能产生良好的训练效应。训练负荷量和强度的安排对训练效果的好坏有着至关重要的影响。负荷量指的是训练的总工作量，而强度则是指单位时间内的工作量。合理的负荷量和强度能够使运动员在训练中达到最佳状态，提高训练效果。反之，如果负荷量过大或强度过高可能会导致运动员身体过度疲劳或受伤，反而影响训练效果。此外，机体对适宜的负荷量度会产生适应，这也是训练负荷能够产生效果的生理基础。但是，如果运动负荷过小，不能引起机体必要的应激反应，就不能产生良好的效果。因此在训练过程中，要根据运动员的实际情况和训练目标逐渐增加训练负荷，使机体逐渐适应并产生更好的训练效果。同时，在训练实践中，通常负荷对机体都是连续实施的，几次负荷之间不同的间隔与联系也会产生不同的训练效果。这就要求教练员在安排训练计划时要充分考虑负荷之间的间隔和联系，确保训练负荷的连续性和系统性，通过合理的安排使运动员在训练过程中逐步适应并提升体能和技能水平。最后需要注意的是，如果在前一次给予负荷后机体的超量恢复阶段再给予负荷，就会使机体机能水平不断提高。这是因为超量恢复阶段是机体对训练负荷进行适应和恢复的重要时期，此时再次施加负荷可以进一步刺激机体产生更好的适应效果。相反，如果在前一次给予负荷后机体还没有得到恢复又给予下一次的负荷，就会导致机能水平下降，甚至引发运动损伤。因此，在确定负荷量和负荷强度如何搭配之前，必须对运动员的适应情况进行评价。

一般来说，运动负荷的增加是渐进式的。青少年运动员运动负荷的增加，特别是运动负荷强度的增加一定要循序渐进，职业选手或高水平的业余选手才能全年保持较高的运动负荷强度和较大的运动负荷量。同时，在训练过程中应在运动员能够承受的范围内给予其最大运动负荷刺激，充分挖掘运动员机能潜力，大幅度提高运动员身体素质，从而提高运动成绩。但最大限度给予运动员负荷容易导致运动员过度疲劳，因此教练员在实施大负荷训练后必须观察运动员的反应，尽可能帮助运动员恢复和超量恢复，尽可能避免出现过度疲劳，以求获得良好的训练效果。

正确处理负荷与恢复的关系。负荷量度的增加可以给运动员带来更好的训练效果，而且负荷越接近运动员承受能力的极限训练效果就越好。训练离不开负荷，没有负荷就没有训练；训练也离不开恢复，没有恢复就会导致运动员机能下降。运动负荷的最大极限随着运动员的发育程度、竞技水平等因素的变化而变化，同时受运动员的健康状态、日常生活和心理状态等因素的影响。因此，在训练过程中要及时掌握运动员在不同时期的竞技状态，正确判断运动负荷的适宜量度及恢复程度，为训练中采用相应对策提供依据。

四、区别对待原则

运动员的年龄、性别、身体形态、身体素质、技术、心理品质等都有所不同，决定了训练过程应根据各个运动员的特点有针对性地制订训练计划、确定训练任务、选择训练方法和练习手段、合理安排运动负荷。年龄和性别不同，所承受的运动负荷能力不同，提高身体素质的侧重点不同，适应训练的能力不同，因此，选择的训练方法和练习手段也有所不同。在基层业余体校的训练中常常出现不同年龄、性别运动员混合在一起训练的现象。在这种混合编组的训练中，有的运动员能承担较大的负荷能量，有的能承担较强的负荷强度，有的训练后恢复很快，有的恢复很慢，有的接受能力较强，有的理解能力很强。教练员需要区别对待不同的运动员才能使训练工作事半功倍。不同神经类型、气质类型和个性心理特征也决定了训练必须区别对待。例如，神经类型弱的运动员，赛前如果缺乏针对性的训练，可能临赛前难以达到高度兴奋状态；神经类型强的运动员，如果赛前反复强调比赛的重要性，可能赛前一夜都难以入睡而影响比赛成绩。教练员只有区别对待不同的运动员，才能更好地完成训练任务。

在训练过程中，教练员要了解不同年龄、性别运动员的生理和心理特点，了解不同年龄阶段发展不同运动素质和运动技能敏感期特点，掌握运动员发展过程中的各种特殊情况，如早熟运动员的成绩出现早，保持时间短，晚熟的运动员成绩出现晚，保持时间相对较长。教练员应根据运动员的初始状况，围绕竞技能力的几个主要因素来了解情况，通过观察训练记录和运动成绩，及时、准确地掌握运动员的具体情况的变化，为科学应用区别对待原则提供依据。

五、一般训练与专项训练相结合原则

周期性项目的专项训练会对有机体的机能系统产生多种影响，而各系统的能力大小决定着专项成绩的好坏。如果采用属于一般训练和辅助训练的非专项手段和方法，某些能力和素质可能得到优先发展。单一的专项训练会导致多种机能水平的下降或者造成某些方面的片面发展而抑制某些方面的发展。比如，如果采用单一的力量训练，那么没有参与练习、没有承担负荷的肌肉群机能就会逐渐衰退，如果偶尔采用非专项练习，练习时这些肌肉群是被迫参与工作的，其部分功能由其他更发达的肌肉群所代替，训练的后果会更糟糕，这就将造成那些没有承担足够负荷量的肌肉群的力量进一步下降。身体素质必须协调发展的原则决定了必须将一般训练与专项训练相结合，在训练中贯彻这一原则时就要明确：一般训练的目的主要是提高身体素质，改进对专项能力起间接作用的机能和本领；一般训练是辅助性的，它是为下一步专项训练打基础的；一般训练的效果表现为全面训练水平的提高。要合理地组织专项训练，以便把已有的机能潜力同专项特点更好地联系在一起。

一般训练和专项训练的比例，以及一般训练的内容在很大程度上取决于多年训练和全年训练的安排。在提高竞技水平的早期，一般训练的比重较大，它的任务首先是增进健康，提高适合于各种肌肉活动的身体能力和机能能力。之后，随着训练水平的提高，专项训练的比例逐渐增大，一般训练主要起辅助作用。

在大训练周期中也存在类似的情况，在准备期，一般训练的比重相当大，可达到总量的 30%～60%。随着主要比赛的接近，一般训练量下降，到竞赛期，通常不超过总量的10%～25%。

一般训练与专项训练的比例还与运动员的年龄、专项、个人特点和训练程度有关。一般训练与专项训练的比例和性质可能有很大的变化，而每个运动员的水平和运动成绩提高的速度取决于教练员安排这一比例的正确程度，同时，许多练习是中性的，很难准确地将之划分到一般训练和专项训练中去。专业运动员的训练是一个有计划的过程，要为创造优异的运动成绩从机能上打好基础。

六、周期性原则

各项技术必须通过多次重复的练习才能得到改善和提高，运动员运动竞技能力的提高明显表现出周期性。只有进行多次重复的周期性练习，才能保证掌握和完善运动技术，不断提高身体素质和专项能力。周期性训练是在一次负荷下，机体能量消耗产生疲劳，然后解除负荷，逐渐达到恢复，通过机体的超量补偿机制，使运动员的竞技能力得到提高，并在这一基础上给予下一次的负荷，又开始一个新的负荷周期。下一次训练课、训练小周期、训练阶段的作用都好像是在上一次训练课、训练小周期和训练阶段的成绩上逐渐积累起来的，并得以巩固和发展。每一次适宜的负荷都会引起机体的适应性变化，多次适宜负荷的刺激就会引起机体多次的适应性变化。在这个变化过程中，机体能力不断得到提高，运动竞技状态得到不断改善，并逐渐进入最佳的竞技状态。

训练周期的划分主要根据比赛的任务和运动项目的特点来考虑，周期时间的长短要考虑运动项目的特点，一般来说，在初期训练阶段、专项提高阶段中，中长跑项目安排全年单周期，速度力量和全能项目安排双周期。训练周期的准备、竞赛、过渡时期的长短，要根据具体情况来确定。如果不适宜地缩短准备期的训练，不恰当地参加一些非正式的比赛，常常导致不容易形成良好的竞技状态的后果。同样，不适宜地延长比赛期，很容易造成能量过度消耗，容易使运动员产生厌赛的心理，有损运动员的身心健康，影响运动员日后运动成绩的提高。同时，要注意每个周期间训练工作的衔接，协调各周期之间的关系。在完成一个训练周期的工作、开展下一个训练周期工作前，应该对前一个训练周期的工作进行总结，根据前一个周期在身体素质、技术、心理等方面的情况确定下一个训练任务。

合理安排每个周期中不同训练时期的运动负荷。准备期前阶段时间较长，主要通过加大负荷量来提高运动员承受负荷能力，改善运动员的身体状况，一般身体素质练习量比专项练习量大。这个阶段负荷量较大，平均负荷强度较小，重点发展决定运动成绩的单项素质。准备期后阶段，一般练习量减少，比赛专项能力训练负荷量增多。与前期相比负荷总量不变，但比赛专项练习和练习强度增大，使运动员在保持本人最好的成绩的前提下，进一步加大负荷强度，保证比赛期能创造更好的运动成绩。准备期后阶段既要加大训练的负荷强度和专项负荷，又要确保运动员不会因训练过度导致运动疲劳，影响比赛成绩。比赛期除了要完成比赛任务外，还要进行必要的训练以保证运动员能在整个比赛期都能保持最佳的竞技状态，确保比赛时能发挥出最高水平。比赛期主要是加大负荷强度，适当减少负荷量。短跑、跳跃项目以最大力量、爆发力和速度为主，负荷量就要比耐力项目小，耐力项目则负荷强度相应减小。

运动员经过比赛体能消耗较大，一个时间不长的过渡期是必不可少的。过渡期以积极休息为主，原则上不进行专项训练，运动员通过喜爱的运动保持一定的负荷量，但要注意运动负荷强度、练习密度和运动量都要适宜，以保证积极休息恢复体能。

第二节　田径运动科学化训练负荷控制

一、田径运动科学化训练负荷控制相关概述

田径运动员的训练是一项科学严谨的工作，其中对运动负荷的把握和调控是至关重要的。运动员应以运动负荷作为衡量训练水平的重要标准，这不仅是刺激机体应答、提升各项能力的关键，更是实现运动成绩飞跃的基石。运动负荷对机体的刺激是训练过程中不可或缺的一环。运动员在承受适度的运动负荷时身体会产生相应的应答反应，这种反应促使机体在体能、技能和心理能力上得到改善和

提高。没有负荷就没有训练的刺激，也就无法引发机体的适应和变化。运动负荷的存在使运动员能够在训练中不断挑战自我，挖掘潜力，从而实现运动能力的不断提升。田径运动作为体能类项目，其成绩的提高更是与运动负荷的施加密不可分。在田径运动的训练过程中，对运动员施加高强度的运动负荷是取得较好成绩的保证。这种高强度的负荷能够更有效地刺激运动员的身体机能，促进肌肉力量的增长、耐力的提升以及技术的完善。同时，通过合理的负荷安排还能够培养运动员在比赛中应对各种压力和挑战的能力，提高其竞技水平。在田径运动训练过程中，运动负荷的搭配和组合也显得尤为重要。不同形式的身体练习在搭配不同的运动负荷时会产生截然不同的训练效果和作用。教练员需要根据运动员的实际情况和训练目标精心设计训练计划，合理搭配运动负荷，以实现最佳的训练效果。此外，随着运动员的成长和训练阶段的推进，不同的训练任务对运动负荷量和负荷结构的要求也在不断变化。初级阶段可能更注重基础体能和技能的培养，而在高级阶段则可能更注重专项能力和竞技状态的调整。因此教练员需要不断调整和优化训练负荷以适应运动员发展的需要。当前，田径运动比赛日益增多，比赛本身也逐渐成为训练的一部分。这种变化使整个运动负荷的组成发生了很大的变化，甚至是质的变化。运动员需要在训练中模拟比赛场景，增加比赛元素以提高比赛适应能力。同时，比赛中的高强度负荷也对运动员的体能和技术提出了更高的要求。值得一提的是，目前世界优秀田径运动员在训练中的变化主要体现在负荷强度上而不是负荷量上。这一特点表明现代田径训练更加注重训练的质量和效率而非简单的数量累加。通过提高训练负荷的强度，运动员能够在更短的时间内达到更高的训练效果，从而实现运动成绩的快速提升。

（一）田径运动科学化训练中负荷的概念

在理论研究中，概念明确就如同罗盘指引着思维的方向。对于田径运动科学化训练来说，明确运动负荷的概念尤为关键。运动负荷不仅是训练过程中的核心要素，更是运动员提升体能、技能及心理能力的基石。明确运动负荷的概念是正确分析训练问题的基础，其如同明灯照亮我们探索训练规律的路径。只有对运动负荷有清晰的认识，我们才能作出恰当的判断，进行合乎逻辑的推理，从而制订科学合理的训练计划。反之，概念不明确就像是在黑暗中摸索，不仅难以获得正确的知识，还可能导致训练失误，影响运动员的成长和发展。此外，运动负荷概念是田径运动科学研究的基石，它标志着我们对训练规律的认识程度，并为我们进一步探索新的训练方法提供了起点。随着科学技术的进步和训练理论的更新，运动负荷的概念也在不断发展和完善。因此，我们需要不断地深化对运动负荷的理解，以推动田径运动训练的科学化进程。

虽然对运动负荷概念的理解不尽相同，但对负荷结构的解释是一致的。运动负荷由负荷量和负荷强度两个因素构成，并以此构架了负荷量与强度关系。不同量、强度的数值搭配，形成了不同训练效果的特定负荷结构和运动负荷分类等知识体系。

（二）田径运动科学化训练中负荷的分类

目前，国内所有的运动训练学教材和专著中，对运动负荷种类的划分多是根据运动主体的性质进行的。根据不同的分类方法，我们可以划分出很多不同的类别。下面我们将根据有机体承受负荷的能力，对训练负荷进行分类。

（1）超过有机体机能能力的过量负荷。

（2）发展性负荷，能使某一方面的适应性蛋白质得以合成，并使机体产生发展性变化。

（3）维持性负荷，能防止已增长的蛋白质结构遭到破坏以及机体其他方面的衰退。

（4）恢复性负荷，虽不足以阻止衰退变化，但对再生过程有积极作用。

（5）无用负荷，对机体没有发展、维持或恢复作用。

二、田径运动科学化训练负荷控制的方法

（一）根据专项特征确定负荷手段

合理安排运动负荷是田径运动训练中至关重要的环节，其核心目标就是在比赛中创造出优异的成绩。为了实现这一目标，我们必须根据田径运动各个项目的

特征来科学安排运动负荷。不同田径项目对运动员的体能、技能和心理能力的要求各不相同。因此在制订训练计划时，我们需要针对每个项目的特点，量身定制合适的运动负荷。比如，短跑项目注重爆发力和速度，训练时应注重高强度、短时间的负荷，而长跑项目则更注重耐力和持久力，训练时应安排适当的长时间、低强度的负荷。训练中所选择的运动负荷内容及手段都应当以提升专项能力和获得理想的比赛成绩为导向。这意味着我们要深入分析项目特点，找出影响比赛成绩的关键因素并据此设计训练内容和手段。通过有针对性的训练我们可以更有效地提升运动员的专项能力，从而使他们在比赛中取得更好的成绩。合理安排运动负荷还要考虑到运动员的个体差异和训练阶段的变化。每个运动员的身体状况、技术水平和心理状态都有所不同，因此我们需要根据每个运动员的实际情况来灵活调整训练负荷，确保训练的科学性和有效性。

（二）准确把握运动员承受负荷的能力

训练安排的个性化是运动训练工作中的一项基本原则，每个运动员都是独一无二的，他们的个人特点决定了训练计划的独特性和针对性。运动员的个人特点丰富多样，包括性别、年龄、竞技水平、心理素质、身体状况等等。性别差异导致男性和女性在体能、力量、耐力等方面存在显著差异，因此训练负荷的安排也需要有所不同。年龄因素同样重要，不同年龄段的运动员在身体发育、恢复能力等方面存在差异，这要求训练负荷的设计必须考虑年龄特征。竞技水平的高低决定了运动员的技术和体能状况，训练负荷的安排需要根据运动员的实际水平进行调整。此外，生理和心理特点以及身体状况也是影响训练负荷安排的重要因素。除了运动员的个人特点，训练状态的不同阶段、不同时期、不同的训练环境等也会对运动负荷的安排提出不同的要求。同一个运动员在赛季前、赛季中、赛季后的训练状态会有所不同，需要根据具体情况调整训练负荷。同时，为应对训练环境的变化，如训练场地的不同、气候条件的变化等，也需要对训练负荷进行相应的调整。

（三）掌握好负荷与恢复的关系

在一定范围内，运动负荷的大小直接决定着运动员的消耗程度和恢复时间。

运动负荷增大时运动员的体能消耗也会变得更加剧烈，这就需要更长的恢复时间。这种恢复过程中，超量恢复现象会尤为明显，即运动员在恢复后会表现出比训练前更高的体能水平。正是这种超量恢复使运动训练成为提升运动员竞技能力的关键。通过科学合理地安排训练负荷，运动员可以不断地挑战自我，激发身体的潜能，实现竞技能力的飞跃。训练中的时机把握同样至关重要。运动员需要准确判断自己何时达到训练极限，何时应该进行休息和恢复。只有在合适的时机进行休息和调整才能确保训练的效果最大化，避免过度训练带来的伤害。因此，作为训练者，我们不仅要关注运动负荷的大小和训练内容的安排，更要关注运动员的身体状况和训练状态，确保在关键时刻能够作出正确的决策，为运动员的成功训练保驾护航。

运动训练的有效性在于合理、科学安排、控制运动负荷。通过运动负荷对机体进行刺激使机体经历负荷—适应—再加大负荷—再适应的过程，运动水平逐渐获得提高，运动负荷直接影响到运动员的训练水平和竞技状态。

第三节　田径运动科学化训练计划制订

一、田径运动科学化训练计划制订理论

田径运动科学化训练计划制订理论就是周期训练理论，田径运动周期训练理论问世后，成为东欧、亚洲及西欧的许多国家进行运动训练，特别是体能类项目训练的支柱理论，在各国的运动训练中被广泛地应用，成为主要的理论依据。在我国运动训练理论与实践中，周期训练理论也占有重要的地位。一直到目前，我们都是在这一理论的指导下进行运动训练实践工作的。由于周期训练理论是以体能性项目的研究为基础建立起来的，因此，它对田径运动的指导作用就更有研究意义。周期训练划分的主要依据是竞技状态形成的规律和竞赛项目日程的安排。

（一）竞技状态形成的规律

竞技状态是运动员在竞技生涯中通过持续不断的训练逐步攀登至新的竞技高

峰时所达到的一种对运动成绩的最佳准备程度状态。这种状态的形成并非一蹴而就，而是运动员长期辛勤付出的结果，是他们汗水和努力的结晶，是对运动员技术水平、体能状态、心理状态等多方面的全面检验，也是运动员在比赛中能否取得优异成绩的关键因素。竞技状态的评价主要依赖于运动员在竞赛中所展示的运动成绩。运动成绩是运动员竞技状态最直接、最客观的反映。当运动员能够在比赛中频繁地达到或接近其个人最高水平运动成绩时，我们便可以认为其竞技状态良好。反之，如果运动员在比赛中成绩起伏不定或者难以达到自己的最佳水平，那么其竞技状态就可能存在问题。竞技状态的发展具有鲜明的周期阶段性特征，这一特征既是运动员生理、心理变化的自然规律，也是训练周期划分的科学依据。竞技状态的发展过程通常包括获得阶段、保持阶段（相对稳定阶段）和暂时消失阶段这三个交替变化的阶段。这三个阶段如同运动员竞技生涯中的三个重要节点，既相互独立又紧密相连，共同构成了运动员竞技状态发展的完整周期。根据竞技状态的发展周期，训练周期也相应地分为准备期、竞赛期和过渡期三个时期。准备期的主要任务是保证竞技状态的形成，通过系统的训练，使运动员的身体、技术、心理等各方面都达到最佳状态。竞赛期则是运动员展示自己竞技状态的关键时刻，他们需要在这个阶段保持竞技状态并在比赛中充分发挥出已经获得的各种竞技能力。过渡期则是运动员进行调整和恢复的时期，他们需要在这个阶段保证活动性休息，将训练保持在一定水平上，为下一个训练周期作好准备。为了更深入地了解高水平运动员年度竞技状态的变化规律，研究者进行了大量的统计工作。马特维也夫将年度周期类型划分为三种类型，分别是单周期、双周期和三周期。这三种类型不仅反映了运动员竞技状态变化的规律，也为训练计划的制订提供了重要的参考依据。最佳竞技状态是运动员在创造优异运动成绩时所处的最适宜的准备状态。这种状态的形成需要运动员在训练中付出极大的努力，同时也需要教练员的精心指导和科学安排。只有当运动员在比赛期达到最佳竞技状态时，他们才有可能取得优异的成绩。这也是运动训练的最终目标所在。运动员良好竞技状态的表现多种多样，如身体机能活动的节省化，这意味着运动员在比赛中能够更有效地利用身体能量、减少不必要的消耗；缩短恢复过程说明运动员的身体恢复能力强，能够在短时间内从高强度比赛中恢复过来；提高专项所需的运动感觉，使运动员在比赛中能够更加精准地把握比赛节奏和技战术运用；技术稳定、动作准确协调、用力效果好，这些都是运动员在比赛中能够稳定发挥、取得好成绩的重要保障；情绪高涨、渴望比赛则反映了运动员在比赛中具备良好的心理状态，能够全身心地投入比赛，发挥出自己的最佳水平。

（二）竞赛项目日程的安排

科学、合理地安排和有效地控制运动训练过程是确保运动员能够创造优异专项成绩的关键。周期训练的目的正是实现这一目标，通过对训练周期的合理规划使运动员在特定的时间节点达到最佳的竞技状态。运动训练的根本目的无疑是在比赛中创造优异的专项运动成绩。因此，竞赛项目的日程安排成为我们划分训练周期的重要参考。在安排训练计划时，我们必须充分考虑到比赛的日程，以确保运动员在比赛前能够达到最佳的训练状态。竞赛日程系统不仅影响着训练日期的长短，更在一定程度上限制了其他训练时期的持续时间。为了充分利用有限的时间，我们需要根据比赛日程来灵活调整训练计划，确保运动员在每个训练阶段都能得到充分的锻炼和恢复。在全年的田径训练中对比赛进行合理的分类和安排至关重要。我们可以根据比赛的重要程度将其分为不同的等级，并根据训练时期的特点进行有针对性的安排。在准备期中我们可以适当安排一些重要性程度较低，但具有明显训练和监督特征的比赛。这些比赛本质上是为训练服务的，可以帮助运动员更好地适应比赛节奏，提升竞技水平。如果运动员的重大比赛准备或最佳状态出现在竞赛期内，那么在过渡期通常不会安排比赛。这是因为过渡期主要是为了让运动员进行恢复和调整，以便为下一个训练周期作好准备。因此，在安排训练计划时我们需要充分考虑到运动员的生理和心理状态，确保他们在每个阶段都能得到充分的休息和恢复。

当前田径运动竞赛受到了商业化、职业化的巨大影响，高水平运动员比赛数量与往常相比，呈现出成倍增加的情况。如刘翔一年的参赛数量一般为 11～16 场，在 2003 年 6 月 27 日到 7 月 13 日之间就陆续参加了奥斯陆、洛桑、巴黎、萨格勒布、罗马和盖茨海德六站黄金联赛和大奖赛的比赛，数量之多、密度之高，是教练员和运动员以前不能想象的。这种情况的发生，无疑需要对参赛运动员的周期训练的安排作出新的要求。其实这种赛制的变化不只是为运动员创造更多的比赛机会，其真正的意义在于通过大量的比赛不断提高运动员的专项训练水平，使整个训练形成阶梯式的过程，不断地向新高度攀登，而这种以比赛的形式提高训练水平的方式是任何一种单纯训练方式都不能比拟的。

竞技状态是周期划分的内部机制，竞赛日程是周期划分的外部条件，而且竞技状态的调节与发展也以比赛安排为依据，因此把竞赛日程作为年度周期划分的主要依据，主要从竞赛制度的变革方面去研究训练周期的划分。

二、田径运动科学化训练计划制订要点

（一）重视重要比赛机会

在运动训练的过程中，我们必须紧紧抓住重要比赛，这是提升运动员竞技水平、创造优异成绩的核心原则。重要比赛不仅是检验运动员训练成果的试金石，更是他们展示实力、实现自我价值的舞台。因此我们在制订训练计划时，必须始终围绕重要比赛来展开，确保运动员在关键时刻能够发挥出最佳水平。确定主要比赛与一般性比赛是训练计划的关键环节。主要比赛是运动员全年训练的重点，也是他们追求的目标，一般性比赛则主要起到热身、调整状态的作用。通过明确比赛的性质和重要性，我们可以更有针对性地安排训练内容和强度，确保运动员在主要比赛中能够发挥出最佳状态。同时，根据运动员的竞技状态发展规律合理地安排全年的训练和比赛至关重要。运动员的竞技状态并非一成不变，而是随着训练的进行和比赛的历练不断变化。因此，我们需要根据运动员的实际情况，灵活调整训练计划，确保他们在重大比赛前能够达到最佳竞技状态。有目的、有选择地“以赛带练”和“以赛促练”是提升运动员竞技水平的有效途径。通过参加比赛，运动员可以检验自己的训练成果，发现存在的问题和不足，进而调整训练计划提高训练效果。同时，比赛中的紧张氛围和激烈对抗也能够激发运动员的斗志和潜力，促进他们不断提升自己的竞技水平。优秀运动员的名字总是与重大比赛紧密相连。奥运会和世界田径锦标赛等重量级比赛不仅汇聚了世界上最优秀的运动员，更是检验运动员实力和水平的最高舞台。因此，优秀运动员的训练周期

都是按照重要比赛的目标来安排的，以确保他们在关键时刻能够发挥出最佳水平，完成年度目标。

（二）比赛与训练的结合

训练与比赛是运动员提升竞技能力的两个相辅相成的关键环节。训练是为了比赛而进行的系统准备，它磨砺运动员的技能、体能和心理素质，为在赛场上取得好成绩奠定坚实基础。而比赛则不仅是检验训练成果的重要途径，更是提高训练质量的有效手段。优秀运动员深知每个训练周期中安排比赛性的测试和热身赛的重要性。这些比赛就像是一面镜子，让运动员能够清晰地看到自己在训练中的成效与不足。通过比赛，运动员可以直观地感受到自己的进步，同时也能够发现自身存在的问题和短板。这些宝贵的经验反馈为运动员在后续的训练中提供了明确的改进方向。在训练中，优秀运动员会紧密结合比赛的实际需求突出速度训练等关键要素。他们深知，速度是比赛中决定胜负的重要因素之一，因此会针对速度进行专门的强化训练。这样的训练特点使运动员的训练更加贴近比赛实际，提高了训练的针对性和实效性。同时，每个周期的训练内容与比赛紧密结合，不仅提高了训练的针对性，还与下个周期形成了良好的衔接。这种连贯性和系统性使运动员的训练更加科学、高效，为他们在重大比赛中创造佳绩奠定了坚实基础。

（三）注重专项能力的提升

在训练内容的安排上，现代运动训练理念与传统周期安排有着显著的不同。传统的训练周期往往过于注重一般身体素质的提升而忽视了与专项能力的紧密结合。然而现代运动训练更加注重突出提高专项能力，确保训练内容更加贴近运动员的实际需求。无论是身体素质训练还是技术训练，现代运动训练都紧密联系专项训练的特点。这意味着运动员在进行力量训练、柔韧性训练或耐力训练时，都会结合专项运动的要求进行有针对性的练习。同时，技术训练也不再是孤立的，而是与专项技术紧密结合，使运动员在比赛中能够更好地发挥技术优势。现代运动训练还强调将训练与比赛融合在一起。训练不再仅仅是为了比赛而进行的准备，而是成为比赛的一部分。通过模拟比赛场景、进行实战演练等方式，运动员可以在训练中提前适应比赛节奏和氛围，从而更好地应对正式比赛。同时，比赛也成为检验训练效果、促进训练进步的重要途径。通过比赛反馈，运动员和教练团队可以及时调整训练计划，使训练更加符合运动员的实际需要。

（四）注意各周期之间的衔接

在年度训练周期的实施过程中，我们必须将一年中的各个阶段视为一个不可分割的整体。每个阶段的训练与比赛都不是孤立存在的，而是相互关联、相互影响的。上一周期的训练安排甚至比赛都是为下一周期取得更好的训练效果服务的，这种连贯性和承接性构成了年度训练的核心逻辑。因此，我们在规划年度训练计划时必须特别注意各阶段之间的内在联系和相互衔接。每一个阶段的目标、内容和方法都应该与整体训练计划相协调，以确保训练的系统性和连贯性。同时，我们还要关注训练的节奏性，确保运动员在训练中既有足够的挑战又能得到充分的恢复，避免过度训练或训练不足的情况发生。最终，我们的目标是实现年度训练的系统性、节奏性和周期性的统一。这意味着整个年度训练过程应该是一个有机整体，各个环节之间相互配合，共同服务于提升运动员的竞技水平，确保他们在比赛中能够发挥出最佳状态取得优异的成绩。

三、田径运动科学化训练计划制订的建议

（一）重视竞技状态形成的规律

任何优异的运动成绩背后都离不开运动员出色的竞技状态。这种竞技状态并非一蹴而就，而是经过长期、系统的训练，逐步积累与提升的结果。竞技状态的形成与发展有其内在的、科学的规律性，涉及运动员的身体素质、心理状态、技术水平和战术理解等多个方面。训练进程紧密贴合这些规律才能确保训练的有效性，进而使运动员的训练水平得到稳步提升。这种符合规律的训练不仅能够避免运动员因过度训练或不当训练导致的身体损伤，还能让运动员在比赛中更好地发挥出自己的实力，取得更好的成绩。科学的训练周期与良好的计划制订对于提升运动员的竞技状态至关重要。要根据运动员的实际情况，结合竞技状态的形成与发展规律，制订出一套行之有效的训练计划。无论是面对激烈的赛制还是面对不

同类型的训练周期，我们都必须始终遵循竞技状态的发展规律，确保训练的科学性和有效性。因此，任何偏离竞技状态形成与发展规律的做法都是不可取的，这不仅会影响运动员的训练效果，还可能对运动员的职业生涯造成不可逆转的伤害。只有坚持科学的训练方法，遵循竞技状态的发展规律，我们才能培养出更多优秀的运动员，为国家赢得更多的荣誉。

（二）重视竞赛重要程度的区分

随着世界田径赛事的日益火爆，运动员所面临的比赛越来越多，赛期越来越长，每场比赛之间的间隔也越来越短，特别是6—8月的比赛旺季中，在欧洲，几乎每天都有不同规模和水平的田径比赛。在这种情况下是不是要全年安排十几个训练大周期呢？要求运动员在“满”的竞赛日程上，在所有比赛中都取得优异成绩是不明智的。训练过程划分周期就是为了保证运动员处在最佳的竞技状态，并能够在重大比赛中创造出最佳的运动成绩。

我们不应盲目地去迎合和采取“以赛代练”，要根据各方面的情况，首先分清比赛的主次，确定年度要参加的比赛中，哪些是重大比赛，哪些是一般性的练习比赛，然后根据总目标，即在年度重大比赛中取得优异的运动成绩的原则，对其余比赛区分不同的重要程度，确定不同的比赛目标，同时根据竞技状态发展的规律，合理地安排全年的训练和比赛，有目的、有选择地“以赛带练”和“以赛促练”，保障在重大比赛之际形成竞技状态，完成年度的目标。根据重要性，我们可以把训练年度区分为奥运会年和非奥运会年。

第四节　田径运动科学化训练恢复调控

一、田径运动科学化训练恢复调控依据

（一）对运动恢复的理解

运动恢复对于运动员而言不仅仅是一个简单的休息过程，而是机体在运动负荷作用后，通过与环境进行物质、能量的交换再合成新能源，进而提升身体运动

能力的过程。这一过程确保了运动员在训练中的持续进步，没有恢复，训练水平的提升便无从谈起。在体育运动后，运动员的机体各种机能活动往往处于比运动前更高的水平。这种高水平的状态并不会立即消退，而是需要经过一定的时间，机体才能逐渐恢复到原有的水平，我们称之为恢复过程。这一过程不仅涉及生理机能的恢复，还包括心理状态的调整，使运动员能够在下一轮的训练或比赛中保持良好的状态。运动恢复并不是简单的休息，实际上它包含了许多复杂的生理和心理机制。根据人体内能量物质的消耗和恢复的关系，恢复过程可以分为三个阶段：运动时消耗阶段、运动后的恢复阶段和超量恢复阶段。在运动时消耗阶段，运动员的能量物质被大量消耗；而在运动后的恢复阶段，机体开始逐渐补充这些消耗的能量物质；到了超量恢复阶段，机体的能量物质储备甚至超过了运动前的水平，为下一次的运动作好了准备。然而运动恢复并不仅仅是给予运动员充分的休息时间。恢复的根本目的在于消除疲劳，使运动员的机能水平得到保持和提高。因此，运动恢复应该是一个综合性的过程，它包括合理的营养补充、科学的训练方法、适当的心理调整等多个方面。只有这样运动员才能在长时间的训练和比赛中保持良好的状态，取得优异的成绩。

（二）对超量恢复原理的理解

超量恢复原理作为运动训练领域的重要基础理论，揭示了人体在运动后能源物质恢复的独特现象。该原理指出，在经历运动后，被消耗的能源物质不仅能恢复到原来的水平，而且在一定时间内其恢复量会超过原有水平，这种现象被称为超量恢复。这一原理的提出为运动训练提供了科学的指导，使运动员的训练效果得以最大化。超量恢复的程度和时间与运动过程中能源物质的消耗程度密切相关。当运动员进行高强度的训练时，能源物质的消耗过程会更为剧烈，这也使超量恢复现象更为明显。然而，值得注意的是，如果运动负荷超出了运动员的生理承受范围，那么恢复过程将会受到阻碍，甚至可能导致运动员的身体受到损伤。因此，在制订训练计划时，教练员需要根据运动员的实际情况合理安排运动负荷，以确保超量恢复的有效发生。在适宜的刺激强度下，运动肌糖原的消耗量会随着刺激强度的增大而增加，这意味着适度的训练负荷能够促进运动员体内能源物质的消耗，进而为超量恢复的发生创造条件。在恢复期的一个特定阶段，被消耗的能源物质会得到恢复，并且其恢复量会超过原来的数量，形成超量恢复。这一现象的存在使运动员在恢复后能够拥有更充足的能源储备，从而在接下来的训练中表现出更好的状态。“超量恢复理论”的确立，为我们在安排运动负荷时提供了更为科学的依据。通过合理安排间歇休息时间、控制负荷节奏，我们可以更好地利用超量恢复原理，提升运动员的训练效果。

二、田径运动科学化训练恢复调控的主要方法

（一）充分利用体育教育学手段加强恢复

体育教育学的恢复是一项至关重要的训练策略，它贯穿于运动训练的始终。其核心理念在于通过科学、合理地安排训练内容、运动负荷、恢复时间及方式以优化运动员的恢复过程，进而提升训练效果。在实际操作中，教练员扮演着举足轻重的角色。他们需要根据运动员的身体状况量身定制合理的运动负荷和训练计划。这要求教练对练习的强度和间歇时间进行严格的掌控，确保运动员在适度的负荷下，既能得到锻炼又能避免过度疲劳。同时，训练手段的多样化也是促进恢复的重要手段。单调的训练内容往往会导致运动员产生厌倦和疲劳，影响训练效果。因此，教练员需要注重训练内容的丰富性，通过不同的训练方式和手段，激发运动员的训练兴趣，提高他们的训练积极性。此外，大强度训练后的恢复工作同样不容忽视。教练可以采用逐渐降低强度的身体放松练习帮助运动员缓解肌肉紧张，促进身体机能的恢复。在训练课中，穿插一些轻松、富有节奏的练习不仅可以缓解运动员的紧张情绪，还能促进身体的恢复，为下一次训练作好充分的准备。

（二）充分利用心理学手段和生物学手段进行疲劳恢复

科学研究已经明确指出，运动员心理能量的消耗是机体消耗的 4 至 5 倍。这意味着在紧张激烈的竞技活动中，运动员的心理状态对其整体表现有着至关重要的影响。人体最容易产生疲劳的部位是中枢神经系统，这一发现进一步强调了心

理调整在运动员恢复过程中的重要性。当运动员经过高强度的训练后，中枢神经系统会经历极大的消耗。为了有效恢复，训练者必须采取针对性的心理调整和干预措施。这些措施不仅能够帮助降低神经的紧张程度，还能加快恢复消耗掉的神经能量，从而加速身体其他器官系统的恢复。心理恢复不仅是生理恢复的一个重要组成部分，更是提升运动员整体竞技状态的关键环节。在训练中，训练者的心理状态对运动员体能的发挥起着至关重要的作用。一个心态稳定、自信满满的运动员往往能够超常发挥，达到更好的训练效果。有效的心理恢复方法能够让运动员提高抗干扰能力，消除对往事的回忆和未来设想的干扰，从而摆脱怕输的心理和紧张情绪。这些负面情绪的消除和减弱使运动员在训练中能够更加专注，将动作完成得更准确，继而达到最大工作能力和最佳训练效果。然而，心理恢复并非孤立的，它还需要与生物性恢复相结合。生物性恢复侧重于身体机能和体能上的恢复，是提高体内细胞代谢水平和为体能再增强提供物质基础的关键。运动后的恢复过程，实际上是一个储备能量、提高机能的过程。为了确保运动员能够尽快恢复并超越原有水平，我们需要在生理上促进身体机能的尽快恢复，从而为接下来的训练提供有力保障。目前，生物性恢复的手段日益丰富，主要包括医学、营养学等学科的方法。医学手段作为疲劳恢复的主要方式具有不可替代的地位。通过专业的医学检查和治疗，我们可以及时发现并解决运动员在训练过程中出现的各种身体问题，确保他们的身体健康。营养学在促进运动员恢复方面同样发挥着重要作用。营养是加速体能恢复的主要因素之一，因此，在运动员的膳食中补充所消耗的能量至关重要。这需要我们根据运动员的训练强度、身体状况和营养需求，合理搭配各种营养素，确保他们的饮食既能够满足身体需要，又能够促进恢复。

（三）充分利用社会学手段进行疲劳恢复

运动员的恢复并不局限于生理层面，社会关系、人际关系和生活环境等社会因素同样会对运动员的恢复过程产生深远影响。这种社会性的恢复手段对于提升运动员的综合素质具有不可忽视的作用。作为社会的优秀代表，运动员不能脱离社会而孤立存在。他们与社会息息相关，社会的反馈和态度直接影响着他们的心态和恢复效果。一个积极、和谐的社会环境能够为运动员提供良好的恢复氛围，而负面的社会舆论和不良的人际关系则可能对他们的身心健康造成极大的伤害。在国内的高水平运动队伍中，我们不难发现，一些运动员由于与教练、队友或管理人员的关系紧张，甚至发生矛盾冲突，导致恢复效果大打折扣，甚至影响到他们的职业生涯。这些事件教训提醒我们必须重视运动员的社会性恢复。以“刘翔退赛”事件为例，刘翔不仅面临着身体伤病的恢复，更重要的是他需要面对社会的关注和压力，进行社会性恢复。这一事件凸显了社会性恢复在运动员整体恢复过程中的重要性。通过改善运动员的社会关系、人际关系和生活环境，可以为他们创造一个有利于恢复的良好氛围。同时加强运动员的社交能力、情绪管理能力等，也是提升他们综合素质、促进身心恢复的重要途径。运动恢复调控作为田径科学化训练的重要组成部分，与运动训练本身具有同等重要的地位。在训练实践中我们必须提高对运动恢复调控的重视度，将之纳入具体的训练计划。这样不仅能够确保运动员在训练过程中得到充分的恢复，还能够提高训练效果，避免不必要的伤害事故发生。同时正确把握超量恢复的时机对于提高田径运动水平具有重要意义。超量恢复是运动员在训练后身体机能得到恢复并超过原有水平的现象。通过科学安排训练负荷和恢复时间，我们可以有效促进超量恢复的发生，从而提高运动员的竞技能力。然而，如果教练员对运动恢复理论的认识不足，重视程度不够，甚至忽略了教育学、心理性与社会性的恢复手段，那么运动员的恢复效果将大打折扣，甚至可能导致严重的伤害事故发生。因此，我们必须加强对运动恢复理论的学习和研究，将其应用于实践中，为运动员的全面恢复提供有力保障。

第五节 田径运动科学化训练赛前准备

一、赛前准备活动的作用

任何一项体育比赛过程，都是由赛前准备、赛前状态和工作适应三部分组成的。在体育比赛过程中，运动员可以通过准备活动，对赛前的状态进行调节，避免出现极点。如果准备工作做得足够好，那么就可以在准备阶段消除极点，让身体一直处于最好的比赛状态。因此，赛前准备工作的好坏，直接关系到运动员的竞技水平。

在比赛前做好充足的准备工作，可以有效地调节运动员的紧张情绪，增强运动员的自控能力，准备工作可以让人脑皮层保持合适的兴奋状态，能够有效延缓极点出现，使运动员进入比赛状态的时间大大缩短，以更少的体能消耗高效率完成比赛，能有效延缓疲劳，提高运动员的临场应变能力，从而帮助运动员实现比赛目标。克服在比赛中遇到的意料之外的困难、预防伤害的最好办法就是在田径比赛前做好赛前准备工作①。在进行赛前准备活动的时候，要考虑到体育运动的特点、运动员的性格特点、比赛的时长和赛场的天气情况，对准备活动的内容、强度和运动量进行合理的安排。注意赛前准备活动与开始比赛的时间间隔。

赛前准备工作分为心理准备、生理准备和表象程序训练三个部分，只有把这几个环节有机地结合在一起，才能更好地促进竞赛的顺利进行。

二、赛前心理准备

心理准备对运动员来说至关重要，但这一因素却常常被忽视。赛前心理准备不足可能导致运动员出现情绪不稳定、过度紧张或赛前淡漠等心理反应，直接影响比赛表现。理想的赛前状态需要大脑皮质与比赛任务相匹配的神经兴奋过程，控制情绪尤为关键。为此，运动员应充分估计比赛困难，积极应对，增强自信，通过自我暗示放松身心，集中注意力。此外，通过想象比赛情景和技术动作，有助于适应比赛氛围，达到最佳心理准备状态。心理准备应在生理准备之前进行，并在教练指导下完成。只有解除心理负担，才能充分做好生理准备，迎接比赛的挑战。运动员应充分认识到心理准备的重要性，积极采取措施，确保在比赛中发挥最佳水平。

三、赛前生理准备

生理准备是运动员比赛前的重要步骤，它涵盖一般性准备和专门练习。一般

---

① 何盼．现代田径训练的特征与发展趋势探究 [J]. 当代体育科技，2021，11（28）：55-57.

性准备如伸展和体操，旨在预热身体，避免运动损伤。专门练习则针对比赛技能，确保肌肉适应比赛节奏。伸展活动应温和进行，避免剧烈动作，结束后保持姿势片刻。体操则强化肌肉收缩，但需注意避免疲劳。专门性准备应放在后阶段，模拟比赛内容，提升肌肉温度和血液供应。准备活动时长需根据具体情况调整，不可一概而论。教练应重视并监督准备活动，确保运动员全身心投入，通过准备活动，提升身体机能，减少疲劳，增强肌肉力量和韧性，为比赛打下坚实基础。同时，保暖也是准备活动后的重要环节，不可忽视。

四、表象程序训练

赛前准备是运动员成功的关键，赛前准备不仅要注重运动员生理上的调整，更需注重心理层面的训练。运动员应通过表象程序训练，在脑海中清晰演练比赛过程，增强信心和比赛欲望。心理训练与生理准备活动相辅相成，二者缺一不可，忽视任一方面都可能影响比赛表现。因此，科学的赛前准备应是有机结合心理、生理和表象程序训练的综合过程，只有这样，运动员才能在比赛中发挥出最佳水平，取得优异成绩。

第三章　走跑类田径运动科学化训练

本章的主要内容是走跑类田径运动科学化训练，主要从五个方面进行了论述，分别是竞走科学化训练、短跑科学化训练、接力跑科学化训练、中长跑科学化训练、跨栏跑科学化训练。

第一节　竞走科学化训练

一、竞走项目的发展历程

竞走最初是在英国发展起来的，它是从普通的走路发展而来的一种体育运动。19 世纪初，英国人经常会在闲暇时间与同伴到郊外走走，而这一习惯后来变成了快走比赛。1867 年，竞走运动已经开始在英国流行，并且英国还举办了竞走锦标赛，之后竞走运动传入欧洲，并很快在北美洲及大洋洲等多个国家流行。当时，竞走运动对技术要求不是很高，也没有固定的比赛项目。

经过几十年的发展，竞走的技术和规则不断完善。在 1908 年第 4 届奥运会上，竞走被列为男子正式奥运会比赛项目。1912 年第 5 届奥运会设立了男子 10 公里竞走比赛，1932 年第 10 届奥运会首次设立男子 50 公里竞走比赛，这期间各届奥运会竞走比赛项目的设置不断变化。1956 年第 16 届奥运会首次设立男子 20 公里竞走比赛。从第 16 届奥运会开始，历届奥运会男子竞走比赛项目都是 20 公里和 50 公里两个项目，一直延续至今，其中第 20 届奥运会男子竞走只设立了 20 公里一个项目。

1976 年以后，竞走在世界各地广泛开展。1980 年，国际田联将女子竞走列为世界性正式比赛项目。1992 年，第 25 届奥运会首次设立女子 10 公里竞走比赛，中国运动员陈跃玲获该项目冠军，并成为我国运动员在奥运会历史上获得的第一枚田径项目比赛的金牌。2000 年，第 27 届奥运会首次设立女子 20 公里竞走比赛，我国运动员王丽萍获该项目比赛冠军。1996 年之前的竞走技术以国际田联竞赛规则对竞走的定义为标准，即“竞走是与地面保持不间断接触地向前跨步走，每步中，在后脚离地之前，前脚必须与地面保持接触，支撑腿在垂直部位时至少有一瞬间必须是伸直的（膝关节不得弯曲）”。

1996 年，国际田联修改了田径竞赛规则中关于竞走的定义，即“竞走是运动员与地面保持接触，连续向前迈进的过程，没有（人眼）可见的腾空。前腿从接触地瞬间至垂直部位应该伸直（膝关节不得弯曲）”。运动员在竞走比赛过程中，其技术动作必须符合上述规则中的两条规定，否则会受到裁判的警告乃至被取消继续比赛的资格。与之前的竞走定义相比，新定义有两点变化，首先强调了没有（人眼）可见的腾空，其次是向前迈出的膝关节伸直的时间和范围，由过去的支撑腿在垂直部位膝关节至少有一瞬间必须是伸直的改为现在的从触底瞬间至垂直部位膝关节应该伸直。规则要求支撑腿膝关节伸直的范围扩大了，对运动员竞走时的技术提出了更高的要求。

在 1992 年巴塞罗那奥运会上，来自辽宁铁岭的 24 岁的姑娘陈跃玲打破坚冰，摘取了女子 10 公里竞走的桂冠，赢得了中国奥运史上的第一枚田径金牌，并在 1996 年亚特兰大奥运会上再次夺魁。

从此之后，中国竞走运动在世界重大竞走比赛中的表现越来越受人瞩目，在 1999 年西班牙举行的世界锦标赛上，号称“魔鬼教练”的王魁门下的老将刘宏宇和王妍一举夺得女子 20 公里竞走的冠、亚军，这与她们的艰苦拼搏是分不开的。自 1983 年以来，王妍就受训于王魁的门下。1986 年她三次打破世界纪录，但在接下来的四年中，她却一度陷入低谷。1992 年经过刻苦训练，她重新振作起来，夺得 1993 年墨西哥世界杯女子 10 公里的冠军。现在，王妍已功成名就，退役之后成长为一名体育管理人员和国家竞走裁判。

刘宏宇，1992 年开始受训于王魁的门下。出身于农民家庭的她，在逆境中从不气馁，在加强自身耐力的训练和意志品质的培养后，她成功地走上了冠军之路。1998 年她获得了亚运会女子 10 公里竞走冠军，1999 年又成为世界杯和世界锦标赛女子 20 公里竞走的双料冠军。2000 年上半年，刘宏宇、王妍和后起之秀薛爱玲、李红 4 人，先后参加了葡萄牙里斯本、英国伯明翰、德国纽伦堡、西班牙巴塞罗那四站比赛，包揽了全部四站冠军。在 2000 年悉尼奥运会上，中国小将王丽萍再次为中国队夺得女子 20 公里竞走的冠军，又一次将中国人的名字永远地写进了奥运会竞走项目的史册上。

竞走运动在中国的发展经历了如下历程：开始时仅有几人参加，无人喝彩；到两次夺得奥运会金牌，多次打破世界纪录；进而受到举世关注，成为世界竞走强国并推动了世界竞走运动的发展。

竞走是田径运动中非常重要的一个项目，在奥运会当中也深受各国重视，我国奥运选手在最近几次奥运会中也取得了很好的成绩。

2012 年伦敦奥运会，中国选手陈定在男子 20 公里竞走中以 1 小时 18 分 46 秒的成绩夺得冠军。

2016 年，男子 20 公里竞走项目中，王镇以 1 小时 19 分 14 秒的成绩夺得冠军，蔡泽林以 1 小时 19 分 26 秒获得亚军，女子 20 公里竞走项目中，刘虹以 1 小时 28 分 35 秒的成绩夺冠，男子 50 公里竞走中，中国选手于伟以 3 小时 43 分 00 秒获得第五名。王振东以 3 小时 48 分 50 秒获得第 11 名。

2020 年东京奥运会，男子 20 公里竞走项目中，王凯华以 1 小时 22 分 03 秒获得第七名，张俊 1 小时 22 分 16 秒获得第八名，蔡泽林 1 小时 26 分 39 秒获得第 25 名。男子 50 公里竞走决赛，中国选手边通达以 3 小时 52 分 1 秒的时间完成比赛，获得第 7 名的好成绩。

二、竞走一般素质训练

当今，竞走运动迅速发展，竞争越来越激烈，一名竞走运动员要想在比赛中取得优异成绩，除需要在竞走技术、生理机能、心理素质等方面具有极大的优势外，还必须在身体素质上具有优势。现代运动训练学研究证明，人的身体素质对运动能力的发展起着极为重要的作用，一个优秀运动员的成长与身体素质的优劣休戚相关，加强竞走运动员的身体素质训练，是现代竞走科学训练必不可少的内容之一。

（一）竞走耐力训练

耐力是人们长时间坚持工作的能力。竞走属于技术性速度耐力型项目，该项目良好成绩的获得的主要前提是耐力，耐力可分为一般耐力和专项耐力。

一般耐力训练是发展有氧代谢的主要方法，常采用越野跑，长时间慢、中速走，走、跑交替等练习，长时间的球类活动、骑自行车、游泳等也是发展一般耐力的有效方法。

在全年的各个阶段应不断地进行耐力训练。准备期一般耐力的科学化训练比重较大，发展一般耐力可以从增加量开始，主要是在早操或准备活动中增加一般耐力的练习时间与练习量，可以在早操进行一段时间（30～40 分钟）的越野跑，一定距离（8～10 公里）的走或跑的练习，也可以将准备活动安排成 40～50 分钟的球类活动。

在走或跑的一般耐力科学化练习中，应根据不同训练水平的运动员控制好速度，如男子每公里跑速 4 分～4 分 30 秒，走速 6 分～6 分 30 秒，女子每公里跑速 5 分～6 分，走速 6 分 30 秒～7 分 30 秒，防止高速度、大强度，在逐渐增加负荷量的基础上，逐步使运动员的耐力水平超过原有水平。

（二）竞走速度训练

竞走速度科学化训练，一般采用接近专项、短于专项、大强度的竞走练习。

例一：4000 米走，5 分钟间歇 4～5 次，强度 18 分 29 秒～19 分。

例二：400 米走，3～8 次，强度 1 分 34 秒～1 分 46 秒。

（三）竞走力量训练

竞走运动的一般力量练习主要包括发展脚踝部、腰背部肌肉力量的练习，注意不要采用过量的举重练习，而是采用既能增加肌肉力量又能增强肌肉伸展和放松能力的练习，具体练习如下。

（1）负杠铃练习：屈膝蹲—向前弯腰—左右转体（负荷不大、重复次数较多）。

（2）实心球练习：双臂前、后抛球在器械上双腿来球回旋摆。

（3）其他田径练习。

三、竞走专项素质训练

（一）竞走专项耐力训练

发展专项耐力时，应采用比赛或略高于比赛的速度，而训练距离往往短于比赛距离。选用间歇负荷法、重复负荷法、持续负荷法及法特莱克法均可。

1. 间歇负荷法

例一：以比赛速度或略高于比赛的速度较多次地重复一些距离段落，间以短暂的休息，如 20×1000 米竞走，间歇时间为 60～90 秒。

例二：4×5000 米或 2×10 000 米竞走，间以较长时间的休息。

上述练习适用于成人，对于少年应根据他们的比赛距离及发展阶段减少负荷量。

2. 持续负荷法

例一：以接近比赛的速度走比赛距离的 1/2～3/4。

例二：以法特莱克的形式走，加速时的速度和比赛速度差不多，练习距离少年为 10～15 公里，成人为 15～30 公里。

（二）竞走专项力量的训练

专项力量训练是指直接关系到竞走动作过程或增强专门性肌肉群的练习。

（1）加大难度的竞走练习，如顶着逆风走或上坡路走。

（2）适当的跳跃练习，如两腿交换跳、跳绳等。

（3）负重摆臂练习。

四、竞走专项技术训练

运动员要想取得优异成绩，必须掌握合理的技术，这一点对竞走运动来说更为重要。因为国际田联对竞走技术有独特的要求，在比赛中要严格遵守技术要求，否则不管走多快也将被判罚为腾空或屈膝犯规。

在进行竞走专项技术训练时，新手应严格按竞走定义加强技术训练，随着运动成绩的提高，技术还应不断地改进和完善，只有扎实地掌握基本技术，才能在高速竞争中控制技术。竞走技术训练的方法手段主要有以下几个方面。

（一）建立竞走技术的正确概念

（1）讲解竞走定义并进行分析。

（2）观看优秀竞走运动员的技术。

（3）采用 30～40 米的往返快速走示范。

（4）让运动员进行模仿，初步体会竞走技术。

（二）摆臂练习

摆臂练习的目的是在短跑摆臂的基础上，学习适合竞走特点的摆臂技术，维持平衡和调节步长、步频，其具体方法如下。

1. 原地摆臂

两腿前后开立，重心放前腿上，以肩关节为轴上臂带前臂，半握拳，屈肘约 90°，前后摆动，前摆不超过身体中线，高度不过下颌，后摆肘稍向外。

2. 原地摆臂与腿部动作配合练习

两脚左右开立 15～25 厘米，支撑腿一侧伸髋，全脚掌着地，手臂向前摆，摆动腿一侧屈髋屈膝，以前脚掌支撑地面，其膝指向另一脚的脚尖方向，手臂向后摆。

（三）快速低姿直摆腿走练习

快速低姿直摆腿走练习的目的是让运动员在快速行进中体会正确动作。其具体方法是：后蹬结束后，后摆要小，接前摆时脚略呈内翻，脚尖略勾起，大腿带小腿并同侧髋在微伸膝的形式下，以外脚侧距地面最低的高度，似擦地非擦地的前摆姿势向两脚正中前上方摆动，以足跟的外侧先着地再滚动至全脚，两脚交替快速迈步行进。

（四）快速低姿微屈的前摆与后磕足跟的伸膝摆动练习

快速低姿微屈的前摆与后磕足跟的伸膝摆动练习的目的是：在上述摆臂练习

的基础上，使前摆腿的摆动动作，由僵直而变为省力、轻松，逐渐体会使重心快速前移的杠杆作用力。具体方法如下：在上述摆臂练习的基础上，向前摆动的摆动腿的小腿在其大腿的带动下按着前伸至足跟呈后磕式着地，同时，其大腿略有外旋带膝摆向正前方。

（五）骨盆动作的练习

骨盆动作练习的目的是正确地掌握骨盆在竞走中的运动形式和在竞走技术中的作用，并加以运用，使竞走动作更加协调、柔和而轻松，对于保持良好的直线性、对重心的合理控制以及对增大步长而提高运动成绩都有显著意义。其具体方法如下。

（1）原地两腿屈直交换伸髋练习，两脚左右开立 20～30 厘米，伸髋一侧为全脚着地，另一侧屈髋伸膝以前脚掌支撑，其屈膝指向另一脚的脚尖方向。

（2）原地两腿左右大幅度快速交叉走。

（3）行进间两腿左右交叉分落在前进方向的中线两侧走。

（4）行进间摆动腿低姿屈膝带髋向支撑腿正前方摆动，接着伸膝足跟着地，同时大腿呈外旋，脚尖指向正前方。

（六）两腿蹬摆与快速协调的用力方法练习

两腿蹬摆与快速协调的用力方法练习的目的是掌握快速、省力、轻松、自然协调的竞走技术。其具体方法如下。

（1）后腿后蹬并顶送同侧髋向前，使重心前移同时摆动动作轻松而省力，此时前摆腿略呈背屈和内翻的脚，以距地面最低的高度向后蹬腿脚尖前方的方向摆动，随着足跟外侧的领先着地，其膝已基本伸直。

（2）在（1）的基础上，体会以足跟领先的摆动腿随着小腿的前伸，但在尚未充分伸直的瞬间，足跟突然回收呈后磕之势着地。此刻同时完成后蹬，身体重心快速前移至原前摆的摆动腿即前支撑腿上，此时小腿也已伸直。

（3）将上述练习形成动作意识，以意识来控制动作。即后腿一蹬地，向前摆的前腿足跟向前磕，重心随即前移，形成后蹬、前磕、中间移的完整动作意识。

此练习可简化为蹬、磕、移。

（七）短距离加速走

短距离加速走的目的是着重改进竞走技术。其具体练习的方法就是40～1000米保持中速走，从而达到短距离加速走练习的目的。

（八）“8”字形走

“8”字形走的目的是改进脚着地，后蹬送髋和弯道走技术。其具体练习的方法是以10～15米为半径画两个圆圈，形成“8”字形，既有逆时针，又有顺时针，而且距离可以无限度延长。

五、竞走战术训练

战术运用可以帮助竞走运动员在各种条件下，与不同对手竞争时更有效地发挥自己的技术、素质、意志、心理以及自己的知识和经验，在一些条件相等的情况下，战胜对手，取得优异成绩。竞走技术训练方法与手段主要包括以下几个方面。

（一）匀速走

匀速走一般是运动员按事先与教练员制定好的速度分配方案，凭借自己的速度感，按预定计划走，以创优异成绩。

（二）领先走

领先走通常由水平高、一般耐力好的竞走运动员采用，以拉开对手或不受对手的影响，按自己的节奏走，争取好的名次和成绩。

（三）跟随走

跟随走一般为速度好的竞走运动员采用，力争最后超过对手。也有一些缺少比赛经验的竞走新手采用此法，以提高成绩和丰富比赛经验。

（四）变速走

变速走主要是在比赛中为甩开跟随的对手而采用。但采用该战术的竞走运动员必须有较高的训练水平和变速走的能力，否则会破坏自己的呼吸及比赛节奏。

战术的运用关键在于平时严格训练，不论采用何种战术都必须从实际出发，如对手、场地、气候、路线、环境等。

六、竞走心理训练

随着竞走水平的不断发展和提高，对于优秀竞走运动员的心理素质也提出了更高的要求。强手之间的激烈竞争，不仅表现为双方技术的好坏、速度的快慢，而更为突出地表现为谁的心理稳定、谁的意志顽强。在技术与速度相当的情况下，心理素质对竞走运动员在比赛关键时刻的取胜至关重要。竞走运动员心理训练方法、手段主要有以下几个方面。

（一）平时的心理训练

1. 自我暗示法

长时间的单一连续运动容易使运动员产生厌烦情绪，影响训练效果。针对这一问题，自我暗示法被广泛应用于竞走训练中，这可以有效缓解运动员的厌烦情绪。具体而言，当运动员感到厌烦距离过长时，可以采用分段法进行自我暗示。即将整个行走距离划分为若干段落，每完成一个段落便给予自己积极的心理暗示。随着逐段完成，运动员的厌烦情绪也会逐渐化解，取而代之的是成就感和动力。此外，体会技术和进行自我技术暗示也是缓解厌烦情绪的有效方法。运动员可以在行走过程中专注于技术细节，感受每一步的落地和推进，通过技术暗示来增强自信和提高训练效果。

2. 想象训练法

当人体的能量储备被大量消耗，无论是通过长时间的体力劳动还是高强度的运动训练，生理机能与运动能力都会不可避免地出现急剧下降的情况。这时，如何通过科学的手段和方法来恢复和调节身体状态，就显得尤为重要。心理学研究表明，丰富的想象可以作为一种有效的心理调节手段，帮助我们在心理上取得与机体所承受的生理负荷量的平衡。通过想象，我们可以为自己构建一个积极、乐观的心理环境，从而进一步挖掘机体各器官的潜力，提升运动表现和恢复效果。

例如，在感到体力不支时，我们可以想象自己正在顺风中行走，风推着我们的后背，让我们感觉非常省力，行走速度也非常快。这种想象可以帮助我们减轻疲劳感，提升运动积极性。同样，当面对逆风或困难时，我们也可以想象自己正处于风和日丽的天气中，迎面的风不仅不会阻碍我们前进，反而证明我们走的速度很快，很快就会到达终点。这种想象可以让我们保持自信和乐观的态度，更好地应对挑战。此外，我们还可以想象自己正在沿着斜坡向下走，双腿像车轮一样向前滚动，轻松而快速。或者想象自己胜利完成任务，冲向终点，亲人或朋友在那儿向我们祝贺。这些想象都能让我们产生积极的情绪体验，从而激发身体的潜能，促进恢复和提升运动表现。

3. 精神转移法

在场地训练中，追赶其他同伴是一种有效的训练方法。与同伴的竞争可以激发运动员的斗志，提高训练强度。这种互动式的训练方式不仅有助于提升运动员的体能，还能培养他们的竞争意识和团队协作能力。而在公路上训练时，追赶与自己并行的行人或自行车等也是一种实用的策略。这种训练方式要求运动员保持高度的专注力，随时调整自己的步伐和速度，以适应不同参照物的变化。这种训练方法不仅有助于提高运动员的应变能力，还能增强他们在复杂环境中的适应能力。在没有明显参照物的情况下，运动员可以通过调整呼吸节奏来保持训练效果。将注意力集中在呼吸上，有助于运动员更好地掌控自己的身体状态，实现步频、步幅与呼吸节奏的协调配合。例如，可以采用三步一呼、三步一吸或四步一吸、四步一呼等呼吸节奏，以提高运动效率，减少能量消耗。

4. 音乐节奏训练法

将音乐有选择地引入竞走训练，能活跃训练气氛，陶冶性情，培养运动员走的节奏感、速度感，有助于动作的放松。

5. 环境更新法

一成不变的训练环境与方式如同单调的旋律，容易使大脑皮层陷入疲劳的泥沼，进而影响整个机体的状态。对于运动员而言，这样的训练模式不仅难以激发他们的积极性，更可能导致训练效果大打折扣。而经常更换训练环境就像是为大脑注入一股清流。在公园、田间、公路等空气新鲜、环境幽静、地形多变的场所训练，运动员能够感受到不同的自然气息和风景变化，这种新奇与变化能够有效刺激大脑皮层，延缓疲劳的产生。更重要的是，在这样的环境中，运动员的心情会变得更为愉悦和放松。他们在享受自然美景的同时，不知不觉地承受了更大的运动负荷，取得了更为理想的训练效果。这种身心并重的训练方式，不仅有助于提升运动员的体能和技能，更能培养他们的意志品质和适应能力。

（二）赛前的心理训练

1. 注意力转移法

在赛前太过激动时，要运用“注意力转移法”，尽量不要想与比赛有关的事情，离开紧张的环境，追求心灵上的“超脱”。教练员要根据运动员的性格特点、兴趣爱好安排一些新颖有趣的活动，让他们暂时远离比赛，养精蓄锐。

2.“鼓励暗示法”与“表象主观法”结合运用

选手缺乏自信，可结合“表象主观法”“鼓励暗示法”两种方法，暗示自己的身体与心理已经达到平衡状态，并想象自己在赛场比赛的状态。就像是“过电影”一样，回顾自己的技术训练、体能训练，回忆自己曾经最好的状态，回忆自己即将获得胜利时的那种感觉。这种方式可以加深运动员对战术和技术的把握，增强其对比赛的熟悉感，从而建立必胜的信心。

3. 音乐调节

比赛前可通过听旋律优美、节奏舒缓的歌曲，例如轻音乐、圆舞曲等，缓解赛前紧张情绪，使身体放松下来。当运动员心情不畅时，可以听一些节奏感强、富有激情的动感音乐。当运动员情绪激动时，可以听一些节奏舒缓、曲调悠扬的抒情音乐。

七、竞走高原训练

高原训练主要是利用缺氧环境进行强化训练，增强运动员的心肺功能，提高运动员克服困难的信心。高原训练时间一般为20～30天，训练量不宜过大，5000米和10 000米竞走的少年运动员周运动量90～140公里，日运动量15～40公里；20公里和50公里的运动员，周运动量140～200公里，日运动量20～50公里为宜，训练强度与平原相比有较大差距，如 10 000 米相差 1 分 30 秒～2 分，20 000 米相差 5 分 30 秒～6 分 30 秒，50 公里相差 10～15 分。竞走高原训练方式与手段主要有以下几种方式。

（1）采用阶梯式上强度和恒定间歇竞走同一段落的组合方案：如（400 米走 +5 分钟休息）×5，强度 18 分 29 秒～19 分 31 秒。随着阶段的变换和训练水平的不断提高，距离加长，强度逐渐提高。如（6000 米走 +5 分钟休息）×4，强度 25 分 56 秒～29 分 4 秒。

（2）采用反复走、段落长度逐渐缩短、走速不断提高的组合方案：如（6000 米走 +5 分钟休息）×4，（4000 米走 +5 分钟休息）×5，（1200 米走 +100 米走）×12，（2000 米走 +200 米走）×8，强度从 4 分 40 秒 / 千米—4 分 30 秒 / 千米到 4 分 1 秒 / 千米。

（3）采用中等以上和“临近速度”的长距离公路匀速走、变速竞走和普通走相交替的训练方案。

（4）采用先“有氧”后“无氧”代谢训练的方法。如 8～12 公里的匀加速走。强度从 2 分 30 秒 /400 米开始到 1 分 50 秒 /400 米结束。然后慢跑 400 米，再进行（400 米走 +100 米跑）×3～8 次的间歇走。强度从 1 分 50 秒 /400 米开始到 1 分 35 秒 /400 米结束。

高原训练的效果要待恢复到正常条件之后才能表现出来，一般下山后的前 5 天，运动成绩（特别是竞走和 400 米以上的径赛项目成绩）可能会显著地提高，然后是“适应解除期”（6～14 天），工作能力将下降，但在第 15～30 天却又达到最高水平。根据这一原则，重大比赛前可安排高原训练，使运动员下山两周后参加比赛。

八、竞走恢复训练

竞走运动员的训练和比赛的时间长、运动量大、动作单一、体能消耗大，易产生疲劳，恢复训练非常重要，竞走运动员恢复训练的方法手段主要有以下几个方面。

（1）每次训练课的练习部分，要有计划有目的地进行恢复，充分做好放松整理活动，采用慢跑、慢走、徒手操、相互按摩、抖动肌肉等，使身体逐渐恢复到课前相对安静状态。

（2）加强医学监督和自我医学监督。常用的简便方法是测量脉搏和体重、了解饮食、脸色、睡眠、情绪、训练欲望等。有条件的可不定期进行血色素、尿、血乳酸、心电图等检查，根据身体状况，安排训练或积极性休息，以恢复身心机能的稳定性，保证训练计划的顺利实施。

（3）运动员应有合理的卫生制度，要有一定的营养标准。夏季或出汗多时，应适当喝点食盐水及含碱电解质饮料，多吃新鲜蔬菜、水果和含维生素丰富的食物，有助于恢复。

第二节　短跑科学化训练

一、短跑项目发展历史

短跑是历史上开展最早的一项田径运动，公元前 776 年的第 1 届古奥会上，短跑是唯一的竞技项目，当时被称为场地跑。比赛距离为 192.27 米。1896 年的第 1 届现代奥运会设有男子百米和 400 米项目。第 2 届奥运会上设有男子 200 米项目。女子百米最早出现于第 9 届奥运会。在之后的 14 届、18 届奥运会相继增设了女子 200 米和 400 米项目。

短跑的跑动距离比较短，运动员在短距离的跑道上以最快的速度到达目的地。包括 100 米、200 米、400 米，少年还有 60 米。短跑的特点是它能迅速使人体处于缺氧状态，并且在这种状态下，人体需完成最大强度的运动，因此，它被归入极限强度运动。另外，短跑也被广泛应用于提高运动员速度素质的训练当中。

随着体育运动的不断发展，赛跑也与时俱进。1887 年，“蹲踞式”起跑诞生，大大提高了运动员的短跑成绩。1927 年，起跑器第一次出现在赛场上，引起了人们的广泛关注，它的运用取得了巨大的成功。但由于各种原因，起跑器的正式使用从 1936 年开始。自此，短跑有了技术上的飞跃式进步，很快，“摆动式”跑法诞生，由脚跟先着地变为前脚掌先着地。短跑成绩也由此得到了较大提高。如百米短跑纪录由 11 秒 2 到后来的 9 秒 9；200 米短跑纪录由 22 秒 2 到后来的 19 秒 83；400 米成绩由 54 秒 2 到后来的 43 秒 86。短跑运动的飞速发展带动了田径运动整体的发展。很多被人们视为已经无法超越的成绩，都随着一个个新纪录的诞生而暗淡下去，人们对田径运动充满着无限的期待，相信随着人体自身素质的提高以及训练方法的进步，在未来的日子，还会有更多的惊喜出现。

短跑是田径运动的基础项目，对田径运动水平的提高和其他运动项目的发展都有着重要意义。

在 20 世纪初的短跑领域，运动员们受“快”的理念驱使，发展了以高抬腿、短步幅为特点的“踏步式”跑法。随后，芬兰人克里麦特引领了技术革新，他采用的“迈步式”技术虽然步频较慢但步幅大，然而脚跟先着地的方式增加了阻力。为了克服这一缺陷，教练员和运动员进一步改良，发展出“摆动式”跑法，小腿自然摆动，前脚掌着地，显著提升了短跑成绩。在短跑技术的发展过程中，器械与场地的进步也功不可没。钉鞋、煤渣跑道、起跑器和塑胶跑道的出现使短跑技术实现了质的飞跃。现代短跑技术更强调动作的轻快柔和与协调，摆臂幅度大，步伐富有弹性。起跑是短跑技术的关键，自 1938 年起跑器被正式批准使用后，其技术和安装方法得到了深入研究与改进。根据运动员的个体差异，相关工作者设计出了多种起跑器安装方式，助力运动员在起跑时迅速摆脱静止状态，获得更高的初速度。中国短跑项目的发展经历了一些起伏。早期男子短跑有突破，女子短跑则相对滞后。中华人民共和国成立后，男女短跑水平均取得显著进步。特别是 20 世纪 90 年代以来，中国涌现出了一批优秀的男女短跑运动员，他们打破多项纪录，为中国短跑在世界舞台上赢得了荣誉。这些成就既彰显了运动员们的个人实力，也体现了中国短跑技术的不断进步。

奥运会是世界瞩目的国际体育赛事，在奥运会上，短跑项目中涌现了许多以坚持和突破精神被观众所牢记的选手，这些选手也以激动人心的成绩展现了奥运的精神，取得了无数成就。

2004 年雅典奥运会，美国的加特林以 9 秒 85 的成绩获得男子 100 米短跑冠军，白俄罗斯的内斯特连科以 10 秒 93 的成绩获得女子 100 米短跑冠军。美国的克劳福德以 19 秒 79 的成绩获得了男子 200 米跑的世界冠军，牙买加的坎贝尔以 22 秒 05 的成绩获得了女子 200 米跑的冠军。美国的杰里米 · 瓦里纳以 44 秒 01 的成绩获得了男子 400 米跑世界冠军，巴哈马的达林以 49 秒 41 的成绩获得了女子 400 米世界冠军。

2008 北京奥运会，牙买加的博尔特以 9 秒 72 的成绩获得了男子 100 米跑世界冠军，牙买加的弗雷泽以 10 秒 78 的成绩获得了女子 100 米跑世界冠军。牙买加的博尔特以 19 秒 30 的成绩获得了男子 200 米跑世界冠军，牙买加的坎贝尔以 21 秒 74 的成绩获得了女子 200 米跑世界冠军。美国的杰 · 沃瑞尔纳以 44 秒 00 的成绩获得了男子 400 米跑世界冠军，英国的奥胡鲁奥古以 49 秒 62 的成绩获得了女子 400 米世界冠军。

2012 年伦敦奥运会，博尔特以 9 秒 63 的成绩获得男子 100 短跑冠军，牙买加的弗雷泽以 10 秒 75 的成绩获得了女子 100 米跑世界冠军。牙买加的博尔特以 19 秒 32 的成绩获得了男子 200 米跑世界冠军，美国的菲尼克斯以 21 秒 88 的成绩获得了女子 200 米跑世界冠军。格林纳达选手 K · 詹姆斯以 43 秒 94 的成绩获得了男子 400 米跑世界冠军，美国桑雅 · 理查兹以 49 秒 55 的成绩获得了女子 400 米世界冠军。

2016 年里约奥运会，牙买加的博尔特以 9 秒 81 的成绩获得了男子 100 米跑世界冠军，牙买加的汤普森以 10 秒 71 的成绩获得了女子 100 米跑世界冠军。牙买加的博尔特以 19 秒 78 的成绩获得了男子 200 米跑世界冠军，牙买加的汤普森以 21 秒 78 的成绩获得了女子 200 米跑世界冠军。南非的范尼凯克以 43 秒 03 的成绩获得了男子 400 米跑世界冠军，巴哈马的米勒以 49 秒 70 的成绩获得了女子 400 米世界冠军。

2020 年东京奥运会，意大利的雅各布斯以 9 秒 80 的成绩获得了男子 100 米跑世界冠军，牙买加的汤普森以 10 秒 61 的成绩获得了女子 100 米跑世界冠军。加拿大的德格拉斯 19 秒 62 的成绩获得了男子 200 米跑世界冠军，牙买加的汤普森以 21 秒 78 的成绩获得了女子 200 米跑世界冠军。巴哈马名将加德纳以 43 秒 85 的成绩获得了男子 400 米跑世界冠军，巴哈马的米勒以 48 秒 36 的成绩获得了女子 400 米跑世界冠军，也打破了奥运会的相关纪录。

博尔特是世界著名的短跑运动员，博尔特在 2004 年开始加入职业比赛。同年，他参加了加勒比共同体运动会，并以 19 秒 93 的成绩夺得 200 米短跑冠军，成为历史上首位短跑成绩在 20 秒以内的年轻选手。2008 年 5 月 31 日对于博尔特来说是非常重要的一天，因为这一天他参加了纽约锐步田径大奖赛，并取得了 9 秒 72 的优异成绩，这一天他创造了新的世界纪录。同年 8 月份，他在北京奥运会上以 9 秒 69 的成绩刷新了自己创造的世界纪录。紧接着，他又在 200 米短跑项目中跑出了 19 秒 30 的好成绩，再一次打破了世界纪录。在 2009 年柏林世界锦标赛中，他以 9 秒 58 的成绩赢得了男子 100 米短跑冠军，这一成绩再次刷新博尔特自己所创造的世界纪录；随后，他又以 19 秒 19 的成绩赢得了男子 200 米短跑冠军，并打破世界纪录。在此次柏林世界锦标赛中，博尔特获得了双料冠军。2012 年，他又参加了伦敦奥运会，成为奥运史上第一个同时卫冕 100、200 米冠军的人。2017 年 8 月 14 日，在 2017 年世界田径锦标赛赛后，博尔特绕伦敦碗 400 米跑道一周，正式宣布退役。

博尔特之后，最受关注的短跑运动员是苏炳添。苏炳添是我国有名的短跑运动员，是男子 60 米、100 米亚洲纪录保持者。2012 年在伦敦奥运会男子 100 米比赛中，他成为首位晋级奥运会男子百米半决赛的中国运动员[①]。2015 年 5 月，他在国际田联钻石联赛美国尤金站以 9 秒 99 的成绩获得男子 100 米第三名，成为首位跑进 10 秒的亚洲本土选手。2017 年 5 月，他在国际田联钻石联赛上海站男子百米赛以 10 秒 09 夺冠。

2018 年 2 月，他以 6 秒 43 夺得国际田联世界室内巡回赛男子 60 米冠军，并刷新亚洲纪录；3 月，在世界室内田径锦标赛中以 6 秒 42 再次打破男子 60 米亚洲纪录摘得银牌，成为首位在世界大赛中赢得男子短跑奖牌的中国运动员，也创造了亚洲选手在这个项目的最好成绩；6 月 23 日，在国际田联世界挑战赛马德里站以 9 秒 91 成绩追平亚洲纪录获得男子 100 米的冠军；8 月，在雅加达亚运会田径男子 100 米的决赛中以 9 秒 92 打破亚运会纪录夺冠；2019 年 11 月，当选世

① 郑晓童．田径场上的逐梦者：走近亚洲飞人苏炳添 [J]. 小学生必读（中年级版），2022（Z2）：16–17.

界田联运动员工作委员会委员；2021 年 3 月 12 日，获得 2021 年室内田径邀请赛西南赛区男子 60 米冠军，成绩 6 秒 49；2021 年 3 月 20 日，获得中国田径协会短跑项群基地赛（第三站）男子 100 米冠军，成绩 10 秒 05；2021 年 4 月 24 日，获得 2021 年田径分区邀请赛（华东赛区 1）男子 100 米冠军，成绩 9 秒 98；2021 年 6 月 11 日，获得 2021 年全国田径冠军赛暨奥运选拔赛男子 100 米冠军，成绩 9 秒 98；2021 年 8 月 1 日，在东京奥运会男子 100 米半决赛中以 9.83 秒刷新亚洲纪录，成为首位晋级奥运会男子百米决赛的中国运动员；同年 8 月 6 日，获得东京奥运会男子百米接力铜牌。

二、短跑运动员专项素质科学化训练的内容与方法

随着短跑运动水平的提高和对短跑运动科学化训练研究的深入，专项素质训练的重要性也更加突出，专项素质训练不仅能改善短跑运动员专项所需要的各种能力，也能对短跑技术动作的改进和完善起到积极作用，从而能直接促进运动成绩的提高。

（一）短跑运动员专项素质科学化训练的内容

1. 专项速度

（1）反应速度指起跑时运动员听到发令信号后，经大脑迅速传导到肌肉及肌肉接信号后迅速收缩反应摆脱人体静止状态的速度。

（2）加速速度指运动员起动摆脱静止状态后，在最短时间内达到最大速度的能力。

（3）最大速度指在运动员具有了较大速度后，继续发挥和保持速度的能力。

（4）速度耐力指保持和最大限度减少速度下降的能力。

2. 专项力量

（1）最大力量指肌肉在运动中发挥尽可能大的收缩力量的能力。

（2）快速力量可分为爆发力和连续快速力量。

①爆发力指运动员在短时间内克服较大外在阻力的快速用力能力。

②连续快速力量指运动员在短时间内克服较小阻力的连续快速用力能力。

（3）快速力量耐力是指运动员在运动中较长时间保持快速用力的能力。

3. 专项耐力

专项耐力指运动员保持专项运动的能力，主要适用于400米运动员。各专项素质内及素质与素质之间在专项运动中表现出相互联系、相互制约和相互对应的关系。最大力量是快速力量和快速力量耐力的基础，运动员最大力量的提高有助于二者的提高。但二者之间并没有正比的关系，有材料证明运动员在短跑中支撑时间为0.09～0.11秒，而肌肉发挥最大用力的最短时间为0.5～0.6秒，因此快速力量与最大力量之间既有相互联系，又有各自独立的一面。爆发力在短跑中对起跑和起跑后的加速跑起到主要作用，因为此时运动员是从静止状态迅速加速到最大速度，运动员需克服较大的外在阻力。连续快速力量在短跑中对途中跑（最大速度）起到主要作用，此时运动员本身已具有了相当的速度，外在阻力较小。快速力量耐力在短跑中对后程（速度耐力）起到了主要作用。各素质之间这种相互对应的关系构成了短跑专项素质训练的特殊性。教练员必须了解这些关系，并在训练中有目的、有针对性地选择专项素质训练的练习内容。

（二）短跑运动员专项素质科学化训练的方法

1. 专项速度训练

速度是短跑运动员最主要的素质之一，无论哪类短跑专项速度的训练都可采用这两种训练方法。

（1）专项练习——跑，采用各种专项跑发展速度，这是短跑运动员发展速度的主要方法。

（2）局部或单个的练习——按专项素质训练选择练习的原则采用那些与专项紧密联系的练习，发展单个动作或局部动作环节的速度，这是短跑运动员发展速度的辅助方法。一般采用各种跑的专门性练习来完成。

不管哪种速度的训练法，在短跑的专项速度训练时都应考虑以下几个方面：强度的要求、练习的时间、练习与练习之间的间歇、手段或距离的选用和负荷量。

2. 专项力量训练

（1）速度力量训练

短跑运动员为了从静止状态转换成最大速度，必须发挥肌肉最大的收缩速度和力量，这种肌肉的收缩速度加力量的工作能力就是运动员的速度力量。

速度力量对短跑运动成绩的重要性还可以从下列研究中得到证明：一名优秀的短跑运动员在途中跑过程中其支撑腿完成着地到强有力的蹬地动作需 0.09～0.11 秒的时间，而肌肉收缩时要想发挥出最大力量需 0.7～0.9 秒的时间，也就是说短跑运动员在跑进中是不可能发挥出最大肌肉力量的。正因存在着这样一种制约关系，所以短跑运动员应在发展最大力量的基础上重点发展速度性力量。衡量速度性力量的指标通常采用在 0.1 秒内力量的冲量值表示（千克 /0.1 秒），优秀短跑运动员不同动作 0.1 秒冲量值分别为：伸大腿男 3.7，女 2.6；屈大腿男 3.4，女 1.2；伸小腿男 2.5，女 1.4；屈小腿男 1.3，女 0.9；跖屈脚掌男 4.5，女 2.8；背屈脚掌男 1.6，女 0.9。

速度性力量主要用克服自身体重或负小重量快跑、跳跃等练习来实现，主要手段有：各种发展加速度、最高速度的跑的练习；负重或不负重的上跑；直膝跳；立定跳、多级跳；多级跳；20～30 米计时单足跑；跳栏架练习；负重或不负重的“跳深”练习（注意：必须要求运动员用前脚掌支撑，跳台 3～10 个，高度 50～100 厘米。）

（2）力量耐力训练

力量耐力对短跑运动员来讲是必不可少的，特别是对从事 200 米和 400 米专项的运动员来说更加重要。提高肌肉的力量耐力，可以增加工作肌肉中起作用的毛细血管和肌红蛋白的数量，改进输氧功能，使肌肉细胞得到血红素，提高承受无氧负荷量的能力，从而延缓速度的下降和降低速度下降的程度。

力量耐力的发展主要通过克服自身体重或负小重量的持续跑与跳的练习来实现。主要训练手段可采用发展速度力量手段中的前 6 个手段，但在跑跳距离、重复次数和时间上要长些，练习强度要小于发展速度力量时的强度。还可采用 2000～3000 米前脚掌支撑慢跑的练习手段，其效果也是非常好的。

三、短跑专项技术科学化训练

短距离跑技术是指能充分发挥运动员的身体机能、最有效完成自身快速奔跑动作的方法。是运动员在素质和技术上的全面体现。短距离跑技术训练，应着重身体各部位的正确姿势和跑的协调放松能力训练。应与身体素质训练相结合，以完整技术训练为主，并与实践相结合，通过比赛使技术得到巩固和提高。

（一）起跑和起跑后加速跑技术

1. 蹲踞式起跑

先练习原地站立慢慢前移身体重心，体会重心平衡点的位置以及平衡被打破时的感觉，当平衡被打破时，要求顺势小步跑出，体会加速跑过程；然后学习“各就位”技术，要求四肢着地，身体自然、轻松、稳定；再学习“预备”技术。注意重心的逐渐抬起和前移，做好臀超肩、肩超线的姿势。

2. 起跑后加速跑

注意起动后的迅速加速。做到逐渐抬起身体重心、渐增步幅、两脚脚印渐成直线，如反复的 10～30 米的起跑加速跑练习等。

3. 完整技术成组训练

如练习“各就位”和“预备”口令动作；听“预备”令后，间隔不同时间的信号起跑练习；30～60 米蹲踞式起跑练习；起跑后最大速度跑、快慢速度变化跑、快速跑接惯性跑练习等。

4. 起跑和起跑后加速跑技术辅助训练

多人一组的相互起跑练习，如手顶住同伴的肩做起跑动作、用橡皮带后拉住同伴腰作起跑动作等。增加起跑难度练习，如上坡起跑、负重起跑等。

起跑训练要注意协调放松，快速起动，舒适合理，便于发力。强调听信号起跑，养成不抢跑的良好习惯。加速跑训练要注意技术动作的正确性，不要过早组织比赛或计时跑。

（二）途中跑技术专门练习训练

摆臂：沉肩屈肘，以肩为轴前后摆，前摆高度不超过嘴角。后摆手腕过腰，左右不超过身体中线，摆臂时力求自然放松、大幅快频。

小步跑：步幅小、频率快，上体正直或稍前倾，大腿下压，小腿随大腿下压动作惯性前伸，并以前脚掌快速积极着地，着地后膝关节伸直，骨盆前送，两臂屈肘前后摆动，动作放松自然。

高抬腿跑：上体正直或前倾，保持高重心。摆动腿前摆大腿抬平，膝关节放松，小腿自然下垂，随后大腿积极下压，小腿自然下落并用前脚掌着地。支撑腿髋、膝、踝三关节伸直。骨盆前送，两臂屈肘前后摆动。

后蹬跑：上体稍前倾，支撑腿以较小后蹬角快速有力蹬伸，摆动腿以膝领先。大腿带动髋部向前摆，然后大腿积极下压用前脚掌着地，两臂配合前后摆动。注意方向要正，重心移动平稳，动作轻快有弹性。

（三）专门练习过渡到跑的练习

包括结合摆臂练习的后蹬跑＋后踢折叠跑、后踢折叠跑＋高抬腿跑、高抬腿跑＋小步跑、后蹬跑＋后踢折叠跑＋高抬腿跑、后蹬跑＋后踢折叠跑＋高抬腿跑＋小步跑等，主要体会跑的专门练习技术之间动作合理正确的衔接。

（四）强化某一跑的动作训练

包括负重摆臂、负重抬腿、推人前跑、牵引跑、跨跑低栏练习等。训练中要注意整体协调放松有弹性。大步快频节奏好；屈蹬快摆有力量；“扒地”、后蹬、高抬要到位；初练不宜比赛和计时，重点放在技术的正确与自然放松上。

（五）弯道起跑和弯道跑技术的训练

（1）弯道起跑：要求按弯道起跑器安装方法安装起跑器。然后听口令练习弯道起跑。

（2）弯道跑：在半径 10～15 米小圆上用慢速跑、中速跑、快速跑进行练习；在弯道上用中速、加速、快速跑 60～80 米；练习弯直道跑如弯道或中弯道跑入直道，体会和掌握进、出弯道的技术衔接等。训练中要注意弯道跑是在直道短距离跑技术基础上进行的，应侧重掌握弯道途中跑技术；在不同速度练习中，体会速度快慢与身体内倾程度的协调；在弯道跑时要强调整个身体的内倾，防止只有上体向内倾斜的缺点，并尽量保持直道途中跑技术和速度。

（六）终点跑技术

（1）终点冲刺：反复训练30～50米的快速跑练习；60～100米的计时或比赛训练；100米、200米、400米等距离的全力跑等。

（2）终点撞线：根据个人特点选择用胸或肩撞线，再分别训练原地、上步、走几步、跑几步的撞线技术。

（3）终点跑组合技术训练：用不同距离结合冲刺和撞线技术反复练习。训练中要注意掌握终点撞线时机，防止过早或太迟撞线，不要跳起撞线；强调终点撞线后不能突停，以免跌倒受伤。基本掌握撞线技术后，应结合全程跑技术训练，力争减小速度下降的幅度并及时撞线。

（七）巩固提高全程跑技术

训练方法：途中跑的专门练习、中速跑、加速跑、快速跑、行进间跑等；起跑和起跑后加速跑、弯道跑、终点跑的各种练习；全程跑并进行技评和比赛等。训练中要注意加强对基础技术的训练，如正确跑姿、正确着地动作和摆臂技术等；应注意培养放松协调的能力；要充分运用各种专门练习手段诱导和提高运动员正确跑的技术；应根据运动员的特点发挥其个体特长；要严格执行安全第一的原则。

（八）赛前与比赛的技术训练

赛前训练应把技术的正确稳定、动作的协调放松贯穿始终。训练内容以专项为主，目的是使运动员熟练技术与节奏，保持和提高专项能力，巩固稳定技术。起跑前想好第一步动作，注意积极的蹬摆和第一脚落点；跑动中要做到快摆快蹬加放松、技术动作不变形，比赛时要有不发挥成绩不罢休的拼搏精神。

四、短跑运动员的科学化心理训练

（一）运动技术的心理训练

训练的目的是使运动员的运动感觉的熟练性（技术）和技能形式（战术）最

佳化，以及使训练计划最佳化。

方法：观察训练、想象训练和交往训练。

1. 观察训练

有计划、有目的地反复观察他人的训练。同样自己也要完成这个训练。

在进行观察训练时，可以使用教学影像，例如对高水平运动员的优秀技能和动作进行讲解。在训练过程中，教练员应要求运动员仔细、反复观察优秀运动员的优秀动作，借此使他们不断完善自己的动作概念。进行观察训练的目的是让运动员通过观察，掌握优秀运动员优秀动作的特点，进而反思并改进自己的跑步技术，而不是让每一位运动员完全模仿优秀运动员的跑步技巧。观察训练能够有效提升运动员的跑步技术。运动员还可以反复地观看录像，分析自己的技术动作，如果观察到错误，就可以和教练一起分析和修正，这样就可以让训练更接近于实际情况。

2. 想象训练

在脑海里精准想象所有的跑步流程是有针对性、自主进行运动技术想象训练的前提。短跑的运动历程可分为起跑、加速、全速跑、速度耐力四个阶段。想象训练在每一阶段都有其质与量的需求，各个阶段的想象训练是有关联的。在不同阶段，应该根据运动员的优点和缺点，明确每个运动员的训练重点。

想象训练可以作为“动作预觉”（跑的动作想象）或者作为“情境预见”（想象复杂的比赛情境）来进行。就短跑而言，动作预觉较之情境预见具有更重要的意义。

“动作预觉”想象训练，既能帮助运动员掌握某项技能，又能帮助运动员在比赛前调节心理状态。它在比赛前发挥的主要作用包括：（1）有利于运动员作好心理准备；（2）有利于运动员集中注意力，排除干扰专注比赛。（3）在起跑之前，如果有心理压力，也能起到安抚运动员的效果。

在起跑前 3～5 分钟时可进行想象训练，这是最佳时机。训练要重复三次。

从经济角度讲，想象训练有很多优势：比较容易；可与其他方法一起使用；既能在训练中使用，又能在比赛中使用。

3. 交往训练

交往训练在竞技运动中起着举足轻重的作用，它不仅能够提供关于动作过程和竞技能力的详细信息，还能够以指示、论证讨论和指正等多种形式为教练与运动员之间的深入沟通搭建桥梁。教练员的指令是交往训练的核心。在紧张激烈的比赛中，教练员的每一句指令都可能影响到运动员的表现和比赛的结果。这些指令不仅仅是简单的动作指导，更是对运动员心态、策略的全面调整。因此，教练员必须精准把握比赛形势，及时给予运动员有效的指令，确保他们在比赛中发挥出最佳水平。运动员之间的交往训练同样重要。他们通过不断交换看法、交流信息，增进彼此的了解和信任，形成默契的配合。这种良好的合作关系不仅能够提高运动员的竞技水平，还能够在关键时刻发挥出团队的力量，共同应对挑战。此外，运动员自身的想象和信念也是交往训练不可忽视的一部分。他们应当将自己的想象和信念纳入训练计划和调整中，形成积极的心理暗示，激发自己的潜能和斗志。然而，尽管形式简单的交往训练早已进入训练过程，但对科学形式的交往训练仍然重视不够。未来，我们需要进一步加强对科学形式交往训练的研究和实践，推动竞技运动水平的不断提升。

（二）心理调整训练

目的：建立一个最理想的心理植物性起始状态（最理想的激活水平）。

方法：催眠训练、渐进性松弛训练、瑜伽、积极疗法、简易心理调整训练。

心理调整训练可分为自我调整训练（运动员自己进行调整）和外加调整训练（教练员指导运动员调整）。另外，也有人将心理调整训练分为科学的调整训练和简易的调整训练。

1. 科学的心理调整训练

目前，对于科学的心理调整训练研究得很多。大部分调整训练的基础就是舒尔茨的自我放松训练，即集中注意力的自我放松方法。通过各种各样的练习（热身练习、呼吸练习等）来达到放松的目的。在体育运动中，自我放松练习常常是作为一般放松手段来运用的。

在比赛开始前，进行自我放松训练是不适宜的。因为短跑选手不应该以近似睡眠的状态来迎接比赛，也不应该在近似昏昏欲睡的状态下完成比赛。但对于那些神经高度紧张和敏感的短跑选手来说，在赛前做一些自我放松的练习，并没有什么坏处。主要对短跑选手必须使用的激活性练习，应予以特别的注意。比较适宜的方法是由费雷斯特创造的主动疗法，它的依据是自我放松训练的基本原理，并且结合专项的活动形式。

主动疗法的练习由三个阶段组成：（1）放松。（2）通过一般的意象产生激活。例如："我高兴地期待着面临的比赛。"每一个教练员都必须采用符合专项和个人特点的方法。（3）呼吸和摆动操，并补充专项准备活动。

这个方法最好分小组实施，原则上青少年从 12 岁起就可以运用；在为期约 25 天的学习过程中，每个练习可以每天进行多次重复，不过应当在体育心理学家或体育医生的监督之下进行。

近年来，瑜伽和超越物质世界的冥想方法引起人们的注意，然而掌握和成功地运用这类心理方法则明显地取决于气质、情绪、教育和态度等因素。

2. 简易的心理调整方法

我们可以认为，每个教练员、运动员在日常的体育实践中已经习惯于运用某些心理调整方法，他们显然是以个人的经验为依据的。有些教练员指出，他们自己感到自己是自然的心理学家，并且下意识地运用一些心理手段，尽管如此，这些心理训练的手段还是十分有效的。

（三）动机训练

目的：高度发展竞技动机，培养最理想的动因，并且实现定向。

方法：采取针对个人、任务和环境的措施。

假如竞技动机是由情境刺激所激发的，并且因此而以很高的效率来达到某种目标，这就是动机在发挥作用。

动机训练有赖于个体的竞技条件（能力、成绩等）和情境条件（训练条件、器械、气候等）。

动机训练手段可分为以下几种。

（1）因人而异的手段

因人而异的动机训练手段与竞技动机、成绩指标、实际要求的确定，对取胜或失败原因的适当说明，自我责任感和独立性的发展有着特殊的联系。而上述因素的发展变化只有在多年教育的基础上才可能达到，短时间是不可能改变上述因素的。

（2）因任务而异的手段

训练要求高、片面，很容易导致运动员对训练感到单调、失望和厌倦，因此，训练应当经常用新的、有吸引力的专项手段来激发运动员，特别重要的是，专项手段的难度要适合运动员个人的竞技水平，比较好的手段是难度适当或难度逐渐提高的，对发展动机的作用最好。对运动员来说，动机训练的意义显然在于他们能够适应专项手段和整个训练计划，这可以发展运动员的内在动力，也就是说，运动员是出于自己对体育运动的兴趣而参加训练从事竞技运动的，并非由于某些外来的刺激（例如金钱和社会地位的提高）。

（3）因环境而异的手段

这种手段与由于外界的刺激而产生的动机有关，包括诸如训练条件、训练组、教练员的行为（领导作风）、训练任务的刺激、客观上可能取胜的程度、榜样的力量、家庭的支持和教育以及来自报纸、电台和电视的作用等情境刺激。

由于体育领域（包括田径）中职业化和商业化愈演愈烈，金钱刺激对于运动员的作用也与日俱增。研究证明，金钱可以“腐蚀”内在的动机，有些人最终仅仅是为金钱而训练比赛。尽管如此，还是应当按成绩对运动员进行一定的奖励，因为他们毕竟是承受了巨大的生理和心理负荷的。

下列心理训练方法适用于短跑项目：旨在提高起跑、途中跑和交接棒技术并使之最佳化的观察训练和想象训练；作为预期动作的想象训练，在临赛之前，可作为集中注意力的方法来运用；专项激活训练，例如以达到最佳赛前状态为目的的主动疗法放松训练，如自我放松训练和渐进性的肌肉放松训练，促成神经过敏的运动员正常恢复；简易的心理调整训练，以创立最佳的心理植物性起始状态；激发动机的训练，能够促进运动员参加专项的动力、独立性以及自我责任感。

五、短跑科学化训练计划的制订

要想成为一名高水平的短跑选手，必须充分发展专项竞技所必需的体能、技能和心理能力。而这些能力的提高和发展却需要经过长时间的有计划的训练过程才可能实现。所以科学地制订运动员多年与全年训练计划便日益得到高度的重视，对于一个优秀短跑运动员的培养一般都具备多年和全年两种训练计划。无论是多年还是全年训练计划都是为了把运动员置于严格的科学控制之下，并对运动员的训练过程进行总体的、客观的规划。因此这必然会涉及运动员的“个体化”的问题，确实我们不能忽视每个运动员的个体差异来讲运动训练，但是也应该明白运动员的“个体化”只有在正确而合理地安排运动员训练过程的大框架范围内才能被充分体现出来。

（一）多年训练计划

多年训练计划按其训练的对象和目标可分为远景训练计划和区间性多年训练计划。

1. 远景训练计划

远景训练计划指运动员从少年到成人训练全过程的培养计划。远景训练计划按人体的自然发展规律和专项的特点可分成几个阶段，各阶段都有相应的训练任务。远景训练计划按短跑的特点和培养需要可分为：基础训练阶段（10～13 岁）、开始专项训练阶段（14～16 岁）、专项提高阶段（17～18 岁）、运动水平提高阶段（19 岁以上）。

2. 区间性多年训练计划

区间性多年训练计划是指对两年以上的一个特定时间段的训练过程的设计，如两届奥运会、亚运会、全运会之间的四年训练计划，一般在高水平短跑运动员中运用。现代训练实践和科学研究证明，对优秀运动员进行区间性的多年训练设计具有重要意义。在区间性多年训练过程中，教练员按其训练的目的逐年改变训练任务、内容和全年训练负荷安排的侧重点。但是设计多年计划时应特别重视年与年之间的连贯性。如我国优秀短跑运动员四年安排侧重点一般是：第一年，发展运动员机体的一般机能水平，提高全面身体训练水平；第二年，发展运动员的专项身体素质和完善专项技术水平；第三年，发展与提高运动员的专项能力，使其运动成绩有所提高；第四年，保持和完善所获得的能力，在大赛中发挥本人最高水平。

应注意的是以上四年训练周期的训练侧重点的逐年变化并不影响各全年训练计划的正常安排。

（二）全年训练安排

训练过程的最佳结构在很大程度上与合理地划分全年训练周期与阶段有关。在现代短跑训练中，全年训练计划周期的划分一般由秋冬和春夏季两个半年训练周期组成，每个周期又由若干个训练阶段组成，在各训练阶段中运用相应的训练方法与手段解决本阶段具体的任务。

短跑运动员全年训练计划安排不但与本年度的比赛日程有关，而且与运动员现有运动水平、身体状况、训练条件及预计要达到的成绩等有关。因此，在制订训练计划时只有考虑到以上各因素，才能正确划分全年训练过程中的阶段，并相应提出各阶段的任务和要求，使制订的计划更合理，能够达到预期效果。所以在目前短跑运动员的训练中，同时存在单周期和多周期的全年训练计划。我国大多数优秀运动员按我国竞赛制度的特点和气候条件一般采用双周期的全年训练计划。但在时间的安排上有一定的区别。第一个训练周期时间较长，从 11 月到下年度的 6 月；第二周期从 7 月至 10 月。（表 3-2-1）

表 3-2-1　双周期全年训练计划各阶段的划分

周期	训练阶段	持续时间（周）
秋冬季大周期（11 月至 6 月）	引导阶段	3～4
	准备期基础训练阶段	7～9
	准备期专项训练阶段	4～6
	冬季比赛期	4～6
春夏季大周期（7 月至 10 月）	休整期	2～3
	准备期基础训练阶段	7～8
	准备期专项训练阶段	5～6
	第一比赛期	5～6
	第二比赛期	6～8
	调整阶段	2～3

在全年的各阶段需完成不同的训练任务，发展运动员的各种身体素质，完善

运动员的专项技术，合理而稳定地提高运动员的竞技状态并使他们达到参加主要比赛的最佳状态。

（1）引导阶段主要任务

提高运动员的一般训练水平；发展运动员的内脏器官功能；发展速度力量素质。

本阶段较多采用一般身体素质的练习，如各种距离及形式的越野跑、球类活动、各种跳跃的力量练习。

（2）准备期基础训练阶段的主要任务

提高运动员的专项身体素质和内脏器官功能；发展和提高速度力量素质；形成合理的短跑技术。

本阶段采用的主要训练手段：跑的专门练习；各种段落的跑（短——80 米以内，中——200 米，长——400～600 米）；起跑练习各种跳跃练习；负重练习；越野跑及球类活动。

（3）准备期专项训练阶段的主要任务

提高运动员的速度能力；发展专项速度的耐力；完善全程技术。

本阶段主要采用的手段：快速短距离跳跃（20～60 米）；中距离跳跃（100～200 米）；起跑和行进间跑；发展专项速度的各种练习；发展爆发力的跳跃和力量练习及 400 米以内段落的发展速度耐力的跑。

（4）比赛期的主要任务

完善专项身体素质和全程技术；检查训练水平；取得优异运动成绩。

本阶段主要采用的手段应首先保证运动员的训练能力始终处于较高水平，使运动员获得最佳竞技状态，准备参加主要比赛。

（5）调整阶段（过渡期）的主要任务

积极休息，消除肌肉疲劳和精神紧张；总结经验，为下年度的训练做好准备。

（三）短跑运动员科学化训练负荷安排

运动训练负荷的结果都通过量和强度反映出来，前者表现负荷对机体刺激的数量特征，后者表现负荷对机体的刺激深度。训练过程中量与强度彼此依存而又相互影响。任何负荷的量都以一定的强度为条件而存在，同时任何强度也以一定的量为其存在的基础，一个方面的变化必然会导致另一个方面的相应变化。我们研究运动负荷就是要研究为了实现所确定的训练目标，运动员能够和应该承受的量和强度，及如何去承受，即在运动员的训练计划中如何合理地安排运动量和运动强度。所以在短跑运动员的训练负荷安排上，应明确以下两点：短跑运动员训练手段的分类，即应明确所采用的训练手段给运动员机体施加的负荷强度大小；短跑运动员的训练中各种负荷的总量及在各训练阶段中的安排，也就是如何把运动负荷与训练各阶段的任务有机地结合。

1. 全年各训练阶段负荷安排

为了使运动员的专项能力和技术水平不断提高，全年各阶段的训练都应该具有总体化的特点。为了解决各阶段的具体任务，短跑运动员在全年各阶段训练负荷的安排应有明确侧重点。对世界优秀短跑运动员的全年负荷安排的研究发现，其具有以下规律。

（1）主要专项力量训练手段的负荷量完成于准备期基础阶段，在专项训练阶段和比赛阶段中力量训练一般只处于维持状态。

（2）提高速度能力训练一般在全年各阶段中都有安排。但在准备期基础阶段由于安排有大量的专项力量训练，所以短距离最大强度的训练手段安排较少。多采用强度 90%～95% 的训练手段，因为，有研究证明，同时进行较多的力量和专项最大强度跑的练习，对二者的提高都会造成相反的作用。本训练阶段如果降低了专项力量的水平（或机体处于疲劳状态），不但会妨碍速度的提高，同时也会破坏运动员动作的协调性，给运动员带来伤害事故。

（3）提高最大跑速和完善起跑及加速跑能力的练习一般都在具有了较高速度力量能力后的专项训练阶段中进行。因为前阶段的大量力量训练给运动员此阶段的速度训练提供了良好的条件。

（4）速度耐力的提高一般都安排在专项训练阶段的后期。在发展速度之后和降低了非乳酸能训练手段的训练量后进行。研究证明，同步发展机体非乳酸能和乳酸能的能力会影响非乳酸能力的提高。

在运动实践中，我们常会看到这样的安排，首先进行乳酸能能力的发展，然后再发展非乳酸能能力。但这只是局部现象中为了降低乳酸能训练的负荷量进而达到发展速度能力所采用的训练方法。

（5）有氧混合供能的训练大都安排在准备期基础阶段与速度力量同步进行。

（6）为了提高运动员的一般身体训练水平和加强恢复过程，短跑运动员的有氧训练一般都贯穿于全年训练的各个阶段。但在每年的开始训练阶段为了使运动员的内脏器官功能和肌肉的有氧活动能力提高，较多地安排有氧和混合供能跑的训练。

从以上短跑运动员训练负荷安排的规律来看，全年各阶段都有某个方面的训练负荷的侧重点。各种训练负荷的全年安排应首先考虑完成各阶段的训练任务。同时也应注意本阶段的负荷安排要与前阶段负荷相联系。有效训练手段负荷量安排的结构和次序应是：有氧跑的训练；混合供能跑与速度力量训练；非乳酸能的训练及最后的乳酸能的训练。

2. 短跑运动员的赛前训练

赛前训练是指为参加重大比赛的专门安排，旨在使运动员身体、技术、专项能力和心理等方面趋于完善、平衡、协调，表现出良好的专项训练水平，使之在大赛中充分发挥，取得高水平运动成绩。

比赛成绩是多年系统训练的结果。训练的本身就是为比赛作准备，这一任务应贯穿于多年和全年的训练中。然而为了使运动员在大赛中发挥出自己应有的训练水平，比赛前则要进行专门的准备。因此，赛前训练是多年与全年训练的一个组成部分，又是专门的训练阶段，其时间的长短、目标的设置、训练结构与具体安排，要受多年与全年训练安排的制约。大赛前训练的任务，不在于继续提高运动员的潜在能力，而是要使运动员把获得的能力通过赛前训练逐渐地表现出来并趋向平衡，在大赛期间达到最高水平。

（1）赛前准备的内容

①思想和精神准备

对大赛的时间、地点、赛次、报名标准（预决赛的办法）、对手情况等事先都要了解清楚。从而确定参赛目标——成绩与名次。要在训练中不断强化这一意识，使运动员在训练中动机正确，任务明确。

②体力准备

此阶段应使运动员身体各器官、系统机能相互协调地提高，具有充分动员的能力。训练负荷应逐渐降低，约为平时最大负荷的1/3～1/2，训练强度控制在90%左右，决不要去追求竞赛段落的极限强度，总负荷更不应超量。不能在此阶段中再去提高训练水平。基本上是边训练边恢复，一次训练后应在24小时内能够恢复，疲劳不再积累，同时也要有一定的身体训练，尤其是有氧能力的保持有利于加速恢复过程。

③专项准备

此阶段的技术训练以熟练和稳定全程的完整技术、全程节奏，尤其是起跑后加速跑与途中跑结合段的训练为主。在技术上不做大的改动，更不能学习新技术，强调放松、协调、轻快。200米、400米运动员还应加强弯道起跑与起跑后加速跑以及下弯道专门技术节奏的训练。

保证速度与速度耐力的能力，较多地进行起跑30米、60米至80米的速度与节奏训练。同时进行150～300米的反复跑，数量不宜多，根据不同情况，要有强度与密度的要求，但不能去追求100%的强度。

保持主要的专项身体训练，专项训练应采用熟悉的手段进行，不要有新的练习手段出现。

适当参加比赛与测验，以熟悉全程节奏，提高专项强度，取得比赛经验。

④心理准备

在比赛中取得优异成绩不仅仅取决于运动员的身体和技术训练水平，在很大程度上还取决于运动员的心理准备程度。短跑是在径赛中所需时间最短的项目，如100米往往只在10秒左右就决出胜负。因此哪怕是最小的失误和犹豫都会造成不可挽回的损失。所以，对短跑运动员来说，心理训练非常重要，尤其是在赛前训练阶段，这是因为在运动训练的作用下，运动员机体各器官、系统所得到的改变与提高在一定时期内比较稳定，而中枢神经系统的工作能力变化很大，极易受内部和外部的影响，多变且不持久。训练水平的稳定性与多变性，决定着运动员的竞技状态。身体与技术比较稳定，可变的因素是中枢神经系统，这在很大程度上源于心理的作用。刘易斯曾说：“平时主要是身体上的准备。比赛前90%是心理上的准备。”[①] 就是这个道理。

赛前良好的心理状态应当是自信、渴望比赛、稳定、有自控能力且能摆脱外界的刺激与干扰，自觉抑制对比赛的不利因素。

（2）大赛前的安排

赛前训练一般为 4～6 周时间，可分为前阶段（2～3 周）和后阶段（2～3 周）。

在前阶段中开始降低负荷，约为平常训练最高负荷的 50%～60%，安排较大专项强度。最高强度控制在 90% 左右，基本是边训练边休息，不使疲劳过多积累。在训练内容上，包括速度和速度耐力、专项身体素质训练，同时也保持一些一般身体训练，强调技术正确、放松、轻快。

后 2～3 周基本上是前一阶段的重复。对前一阶段暴露出来的问题作一定修正，总负荷继续下降，约为最高负荷的 40%～50%。强度控制在 90% 以下，短距离的 30 米、60 米可稍大，一定要严格控制 100 米以上距离的强度。因为大强度的专项训练需要高度的兴奋，容易引起疲劳，临近比赛时间短，不易恢复，同时也容易造成肌肉的伤害，在赛前阶段中枢神经系统应保持适当的工作水平，使其在大赛时达到最高水平的工作能力。

这一阶段应该进行轻松的训练，要十分重视训练后的恢复，保持正常生活作息制度，保证营养，保证充足的睡眠，但不宜过多。适应性和检查性比赛是赛前训练的一个重要组成部分，其主要目的是完善比赛的技术和战术能力，调整和提高比赛所需要的能力的不足部分。赛前适应性比赛和检查性比赛的安排可根据具体的任务和运动员的训练水平进行。

最后一次检查性比赛最好在大赛前 7～10 天进行，此时应防止受伤，预防由于比赛频繁，产生灵敏性下降和专项兴奋性下降的状况。

六、短跑运动员训练后的科学化恢复

（一）教育学恢复法

教育学恢复法这一方法在运动员的训练中占据着举足轻重的地位，其核心理

① 王寒玉，杜庚．简析乒乓球运动员赛前心理准备 [J]. 青少年体育，2015（08）：26，31.

念是在训练过程中合理安排训练负荷以实现机体的有效恢复。这种方法不仅确保了运动员的体能得到合理调配，还有助于他们在比赛中达到最佳状态。在每一次训练课中，我们都需要根据所采用训练手段的性质精心安排间歇时间与方式。这是因为不同的训练手段对运动员的身体负担不同，恢复的方式和时间也应有所区别。例如，当运动员进行大强度的训练后，他们的身体和心理都需要一段时间的缓冲。这时，穿插一些轻松愉快、富有节奏性的训练手段，如瑜伽或拉伸练习，可以有效地帮助他们缓解疲劳，促进恢复。此外，在一个小周期中，各训练课的内容、负荷安排以及训练手段的选用都需要我们细致考虑运动员的恢复需求。这不仅关乎运动员的体能恢复，还影响着他们的心理状态。因此，我们需要确保每一堂训练课都既能达到预期的训练效果，又能让运动员得到充分的休息和恢复。在安排上午和下午的训练时，我们通常会考虑到训练内容和负荷的不同。一般来说，主要训练课会放在下午进行，因为下午是人体机能较为活跃的时间段，有助于运动员发挥出更好的水平。而上午则更适合进行一些轻松的训练或热身活动，避免对运动员的体能造成过大的负担。研究还表明，经常在上午安排大强度的训练课，可能会影响下半夜的睡眠质量。这不仅会打乱运动员的生物钟，还可能影响他们的身体恢复和心理健康。因此，我们通常不建议在上午安排大强度的速度性练习。同时，我们还需要处理好加强小周期与调整小周期之间的关系。在连续进行二至三个加强训练小周期后，进行一次调整小周期是非常必要的。这可以让运动员的身体和心理得到充分的休息和恢复，避免过度训练带来的负面影响。

（二）心理恢复法

在竞技运动中，运动员常常面临巨大的心理压力和紧张情绪，这不仅会影响他们的表现，还可能对其身体造成不必要的负担。因此，采用心理学的一些方法来降低心理上的紧张和压力至关重要。心理自控的练习是其中一种有效的方法。通过专门的训练，运动员可以学会如何在紧张的情况下保持冷静，并有效地管理自己的情绪。此外，暗示性休息，尤其是高质量的睡眠对于恢复神经能量至关重要。充足的睡眠不仅有助于身体的恢复，还能提升运动员的心理状态。自我暗示也是心理恢复的重要手段。运动员可以通过积极的自我暗示来提高自信心，减轻焦虑感，从而在比赛中发挥出更好的水平。近年来，心理恢复法得到了广泛的重视和采用。多项研究证明，这种方法可以有效地减轻情绪应激，放松肌肉，帮助运动员快速恢复体力。

（三）医学—生物学恢复法

可分为两种，身体恢复法（水疗、蒸汽浴、按摩、紫外线及其他光线辐射、电刺激等）和药物恢复法。它们能加强机体抗负荷能力，较快地消除机体及局部肌肉的疲劳，有效地补充能量物质，加强适应过程，提高工作能力。

实践证明，身体恢复法有效的运用方法是组合式地进行（如水疗的同时进行按摩、蒸气浴的同时进行按摩等），并考虑训练课的不同负荷选择性地安排各种恢复方法和手段。

药物恢复法主要是服用各种营养成分，补充运动中所消耗的能量物质，以起到恢复的作用。营养作为万能的恢复和提高工作能力的手段之一，已得到广泛的重视和普遍的采用。

第三节　接力跑科学化训练

一、接力跑项目发展历史

接力跑的起源有很多种说法。一种说法是由非洲黑人接力运送木材演变来的。非洲人在茂密的森林砍伐木料后，道路崎岖，运送困难，于是采用了接力的方法。搬运过程中，彼此进行速度比赛，看谁搬得快、运得多。另一种说法是在 17 世纪时，葡萄牙一艘军舰外出，水兵上岸游玩，发现当地居民聚在一起进行一种有趣的游戏。参赛者分成若干组，每组 4 人。每组有一人拿着空坛，比赛开始后，持空坛的人迅速跑到 50 米外的水潭，将水倒入空坛，然后拿着空坛跑回交给本组第二人，如此循环往复，直至全组跑完，最先跑完者获胜。葡萄牙水兵将这种游戏带回欧洲，并加以改变，以木棒代替空坛，很快就成为学校中的一项活动，以后又演变成为田径运动中的接力赛。还有的人认为接力跑起源于古代奥运会祭祀仪式中的火炬传递。无论是哪一种，它们都是由多人团结协作共同努力来完成的。

接力跑是由短跑和传、接棒技术组成集体配合的径赛项目，其既能发展快速奔跑能力，又能培养团结协作的集体主义精神。接力跑包括场地接力跑和公路接力跑。目前在正式的田径运动的大型比赛中，接力跑的比赛项目，一般有男子4×100米、4×400米和女子4×100米、4×400米。历史上还有男子4×200米、4×800米、4×1500米、4×880米等世界纪录的记载，除此之外，还有过异程接力跑比赛。

接力跑比赛作为现代奥运会的项目是在1908年，第4届奥运会把男子4×400米接力跑列为竞赛项目，但4名运动员所跑距离不等。现在男子4×400米接力跑的世界纪录为2分54秒29，由美国队的加罗姆·扬、安东尼奥·佩特格鲁、泰里·华盛顿、迈克尔·约翰逊四人于1993年8月22日在德国斯图加特创造。男子4×100米接力是1912年瑞典斯德哥尔摩第5届奥运会被首次列为奥运会比赛项目的，英国队以42秒2的成绩获得冠军。1920年8月22日在比利时安特卫普第7届奥运会上美国队创造的42秒2的成绩被承认为第一个正式世界纪录。现在男子4×100米世界纪录为36秒84，由飞人博尔特领衔的牙买加队于2012年6月7日在国际田联钻石联赛挪威奥斯陆站上创造。1928年第9届奥运会上首次进行了女子4×100米接力赛，加拿大队以48秒4的成绩获得冠军；1936年柏林奥运会德国队在预赛中跑出46秒4的成绩被承认为第一个世界纪录。现在的女子4×100米世界纪录为40秒82，由美国接力队的埃里森、杰特尔、麦迪逊、奈特四位选手于2012年在伦敦奥运会上创造。女子4×400米接力开始较晚，1969年才由苏联莫斯科队创造第一个世界纪录，成绩是3分47秒40，1972年首次列入奥运会比赛，获得冠军的是东德队。现在女子4×400米世界纪录为3分15秒17，由苏联于1988年10月1日在第24届汉城奥运会上创造。

接力跑规则曾有过修改。以前的规则规定，各参赛队在各自指定的跑道内跑进，并要求接力棒必须在规定的0米接力区中完成起跑和传、接棒动作。1962年以后，国际田联规定在20米接力区的始端向后延长10米作为预跑区，接棒队员可以在10米预跑区域内任选一处开始预跑，但传、接棒仍然必须在20米接力区内完成。2017年11月1日起执行新规定，根据最新规则，4×100米接力、4×200米接力的接力区改为30米，接力区的起点距离中心线是20米。短距离的混合接力（比如100米+200米+300米+400米接力）的第一、第二接力区，也按上述新规来调整。

接力跑在中国历届全运会上都被列为比赛项目。开始是880码、半英里、1英里接力，1924年第3届全运会改为4×200米接力和4×400米接力跑。自1930年第4届全国运动会起设立了女子4×50米接力跑项目。1933年的第5届全运会有了4×100米接力跑，当时男子成绩为44秒4，女子成绩为54秒6。当时我国接力跑的水平很低，中华人民共和国成立后，随着短跑成绩的提高，接力跑的成绩有了大幅度的提高。我国目前男子4×100米的接力跑的纪录为37秒79，4×400米接力跑为3分04秒35；女子4×100米的接力跑的纪录为42秒23，4×400米接力跑为3分24秒18。

接力跑是一项考验个人能力和团队合作能力的运动项目，在奥运会当中，运动员接棒的瞬间和冲过终点的瞬间曾无数次点燃现场的气氛。优秀的运动员们也曾多次突破自己的极限。下面将以4×100米接力赛为例，介绍最近四届奥运会接力跑项目冠军及我国运动员所取得的优秀成绩。

2008年北京奥运会，女子4×100米接力决赛中，俄罗斯叶夫根尼娅·波利亚科娃，亚历山德拉·费多里娃，尤利娅·古辛娜，尤利娅·切尔莫尚斯卡娅以成绩42秒31的成绩夺得冠军。

2012年伦敦奥运会，男子4×100米接力决赛中，博尔特领衔的牙买加队以36秒84，打破世界纪录的成绩卫冕成功，女子4×100米接力决赛中，卡尔梅利塔·杰特尔所在的美国队以40秒82的成绩打破世界纪录，获得冠军。

2016里约奥运会，男子4×100米接力决赛中博尔特领衔的牙买加男队以37秒27夺冠，汤星强、谢震业、苏炳添、张培萌组成的中国队获得第四名。女子4×100米接力决赛中，由奥克洛、哈斯汀斯、弗朗西斯、菲利克斯组成的美国队以41秒01获得冠军。

2020年东京奥运会，男子4×100米接力决赛中，意大利队以37秒50的成绩获得冠军，由汤星强、谢震业、苏炳添和吴智强组成中国队，以 37 秒 79 的成绩获得第 4 名。女子 4×100 米接力赛中，牙买加队以 41 秒 02 获得金牌，梁小静、葛曼棋、黄瑰芬、韦永丽组成的中国女子接力队以 42 秒 71 的赛季最佳成绩获得第 6 名。

二、接力跑专项科学化训练要点

（一）传接棒技术

在高速跑进过程中，在规定的接力区内完成传接棒，需要高超的传接棒技巧和队员之间的默契配合。提高传接棒的熟练程度是接力跑专项训练的重点与核心。传接棒的过程是个速度传递的过程。要取得接力比赛的好成绩，关键在于传接棒过程中不产生减速、停顿等不利因素，在高速跑进过程中完成棒的平稳传接。欲达到此目的，在专项训练中需日积月累地反复进行传接棒练习，使之达到稳定的、熟练的程度。

（二）队员间的协作与配合

接力跑是通过 4 名运动员相互协作、依次传递接力棒跑完全程。除了各运动员需掌握正确的传接棒技术之外，队员之间的密切配合也是取得全队胜利的重要保障。这种密切配合的基础包括对同伴的速度感、传接棒技术特点、个性特征等因素的了解，还包括团队中相互激励、相互促进的集体主义精神。接力跑专项训练的主要内容，就是培养队员间的协作配合能力，培养团队精神。

三、接力跑专项科学化训练的内容

接力跑专项训练包括技术与战术两大部分。由于 4×100 米与 4×400 米接力存在着各自的特点，在训练内容上亦有一些异同，分别介绍如下。

（一）传接棒技术

1. 上挑式传接棒技术

上挑式传接棒技术是比较容易掌握的一种传接棒技术，多用于初级、中级水平的接力队。该传接棒方式是传棒队员自下而上将棒传（上挑）给接棒队员。该技术的难点是接棒队员的接棒手虎口张开朝下（掌心向后），并努力固定手臂于体侧，使传棒队员有一个相对稳定的目标。该技术的弱点是由于接棒队员接棒手臂位于体侧（稍后），传接棒队员间距离相对较近，会引起减速、碰撞等不利因素。另外，接棒时总是接棒的前端，至第四棒次时，有时会仅剩下很小一段棒端，会对传接棒的稳定性和成功率产生不利影响。改进、提高上挑式传接棒技术的途径只有反复、大量地练习，即所谓熟能生巧。

2. 下压式传接棒技术

该传接棒方式多用于高水平接力队。其特点是：传棒队员由上而下将棒（下压）传至接棒队员手中。由于接棒队员手臂充分后伸，与传棒队员间有较大的距离，这样可以使跑速不下降，保证在高速中完成传接棒。又由于接棒队员手臂在后，掌心向上，接棒后，接棒的前后段对调，可留出较大的棒端，使下一棒次队员接棒成功率提高。改进、提高下压式传接棒技术也需要经过反复、大量的练习。

3. 传接棒的技术配合

在高速跑进过程中顺利完成传接棒，不仅需要掌握正确的传接棒技术，还需要传接棒队员间的默契配合。为使传接棒过程在不减速的状态下完成，接棒队员需要进行一定距离的快速起动和加速跑，使速度接近或达到传棒队员的速度。确定起动时机、助跑距离是该项训练的主要内容之一。田径规则规定，4×100 米接力跑有 30 米接力区，接棒队员应根据自己的速度水平和加速跑能力，在此范围内确定助跑距离。接棒队员还需根据传棒队员的速度水平，确定起动时机。通常采用在跑道上设一标志点，待传棒队员到达该点后，接棒队员立即快速起动，全力加速，待两人速度基本接近时，在接力区 10～15 米处完成传接棒效果最佳。确定起动标志和加速距离是保证传接棒协调配合的重要条件，需根据传接棒队员的速度水平和其他情况及时作出调整，反复设定，最终确定合理的位置。

4. 上弯道传接棒技术的配合（4×100 米接力跑）

这种传接棒技术配合是指 4×100 米接力第二棒与第三棒队员之间的配合。

第二棒队员基本上在直道上跑进，应左手传棒，沿跑道（直道）外侧跑进。第三棒队员在弯道上跑进，应沿弯道内侧分道线跑进，右手接棒。

5. 下弯道传接棒技术的配合（4×100 米接力跑）

这种传接棒技术是指 4×100 米接力跑第一棒与第二棒之间、第三棒与第四棒之间的配合。第一、三棒队员在弯道上跑进，应沿跑道内侧分道线跑进，右手传接棒。第二、四棒队员在直道上跑进，应沿跑道外侧分道线跑进，左手传接棒。

6. 4×400 米接力跑的传接棒配合

通常传棒队员到达接力点时，体力消耗很大，速度已有所降低。此时应顽强拼搏，努力将棒传入接棒队员手中。接棒队员应站在接力区内（设有预跑区）视传棒队员的速度酌情起动和加速。由于 4×400 米接力传接棒时速度通常不是很快，接棒队员可回头看传棒队员，以确保接棒成功。一旦接棒后，立即全力加速。传棒队员传出棒后，应立即离开跑道，以免影响其他队员跑进。

（二）传、接棒时机与位置

传、接棒应该在传棒运动员跑速不下降和接棒运动员已发挥出接近自己最高跑速、两人大约相距 1.5 米、跑速相近的瞬间完成。此时机的位置在接力区前沿 15～17 米处为宜，因为这时接棒的运动员可以发挥出接近自己最高的跑速，同时也能避免在接力区之外传、接棒而犯规。传、接棒的位置可以通过调整接棒运动员的起动标志线（当传棒运动员跑到此标志线时，接棒人起跑）来确定。起动标志线受传棒运动员和接棒运动员的跑速和传、接棒技术熟练程度以及最佳传、接棒时机等因素影响。接力跑运动员应该在反复练习中确定传、接棒的最佳位置和接棒运动员的起动标志线。

（三）一个接力区传、接棒技术全过程的各个阶段动作

一个接力区传、接棒技术动作阶段主要是指从传、接棒运动员进入接力区预跑前的标志点起，到接棒运动员起动至两个人跑进接力区后半段完成传、接棒动作为止的动作过程。它可分为预跑阶段、相对稳定高速阶段和传、接棒阶段，其

中以传、接棒过程最为重要。传、接棒阶段是指传、接棒运动员各自以不同的速度进入接力区，并不断缩短两人之间的距离，直到传棒运动员将棒安全、平稳、准确、顺利地传递到接棒运动员手中的过程。这个阶段又可细分为最靠拢阶段、信号阶段、伸臂阶段、瞄准阶段和交接阶段。

（四）接力跑的战术安排

接力跑的战术安排通常是以确定各个棒次来体现的。根据全队队员的速度特征安排各个棒次，有助于发挥全队的整体实力，战胜对手。4×100 米接力跑全程是由 4 名运动员共同完成的，因此，在安排运动员棒次时，应考虑各棒次对运动员的起动、途中跑的加速能力、身高等要求，尽量发挥每名运动员的特长。一般是第一棒持棒跑 106～108 米，应安排起跑技术好并善于跑弯道的运动员；第二棒持棒跑 100 米（实际跑 126～128 米），安排专项耐力好，并善于传、接棒的队员；第三棒持棒跑 100 米（实际上跑 126～128 米），安排除要具备第二棒的条件外，还要善于跑弯道的运动员；第四棒持棒跑 92～94 米（实际跑 120 米），安排短跑成绩最好，冲刺跑能力强的运动员。

4×400 米接力跑的传、接棒技术相对比较简单。但是，由于传棒人在跑近接力区时的跑速已经明显下降，故接棒人应十分注意接棒技术。当传棒人跑近时，接棒人要在慢加速跑中目视传棒人，顺其跑速主动接棒，随后快速跑出。

第一棒采用蹲踞式起跑，起跑技术与 4×100 米接力跑的起跑相同；第二棒采用站立式起跑，上体左转，目视传棒人，要估计好传棒人最后一段跑的速度，如果传棒人最后一段仍然保持较好的速度，接棒人可以早些起动，如果传棒人的跑速减慢，接棒人应晚些起跑，并主动接棒。4×400 米接力跑全部的交、接棒过程，一般在 20 米接力区的前半段或接力区的中间区域内完成。传棒人将棒传出后，应从侧面退出跑道，避免影响其他接棒运动员的跑进。4×400 米接力跑，多采用右手上挑式传递接力棒，即第一棒运动员以右手将棒传给第二棒运动员的左手，第二棒运动员跑出后将接力棒换到右手，以后各棒次接力棒的传递均以此法进行传、接。

四、接力跑专项科学化训练的方法

（一）短距离接力跑训练

短距离接力跑的训练首先是短跑训练和提高传接棒的技术，它的先决条件是接力队成员稳定和长期的配合训练。接力训练应作为短跑训练的一部分，不应过多地增加运动员的负荷，如运动员必须在训练中跑若干次 100 米，最好以 4×100 米接力来代替这一内容。加速跑、行进间跑、测验都可以在最后加上传接棒动作，加速跑也可以从接棒开始。

在高速跑中改进接力跑技术和训练课中进行的测验都应作为短跑训练的一部分，安排在训练课中或课的结束部分之前。特别重要的是要经常跑全程接力，只有这样才能使动作自动化和准确地测出标志线，非常默契地配合好传接棒。

（二）起跑练习和弯道跑练习

接力跑队员的个别训练，目的在于提高跑的绝对速度能力。训练方法基本上与短跑运动员的训练相同，但还须加强起跑练习和弯道跑练习。练习方法如下。

（1）单臂支撑的站立式起跑练习。跑距在 10～20 米。第二、第四棒选手在跑道外侧用右手支撑；第三棒选手在跑道内侧左手支撑，强度为 90%～100%，重复 8～10 次，间歇 1.5～2 分钟。

（2）单臂支撑 30～50 米分段站立式起跑练习（直道要求沿外沿跑，弯道要求沿内沿跑）。强度为 90%～100%，重复 5～8 次间歇 2～3 分钟。

（3）带棒蹲踞式起跑练习。距离 20～30 米，强度 95%～100%，重复 6～8 次，间歇 1.5～2 分钟。

（4）助跑区内单臂支撑 25～30 米站立式起跑练习。要求精确测量好并识别同样的标志线。强度 95%～100%，重复 5～8 次，间歇 1.5～2 分钟。

（5）直、弯道加速跑 60～100 米，并模仿传接棒练习。强度 90%～100%，重复 46 次，间歇 3～5 分钟。

（三）持棒训练

接力跑队员的持棒训练，着重培养队员持棒跑的习惯。一般采用持棒慢跑、持棒加速跑 60 米 5～6 次；持棒行进间跑 30 米 5～6 次；持棒起跑 30 米 5～6 次；在持棒跑中完成传接棒动作练习。在比赛前准备活动最后部分应分组进行传接棒练习。如果需要的话，及时修正标志线，在有风时（逆风或顺风），这种修正是非常必要的。

（四）传接棒技术（上挑式、下压式）训练

1. 动作要领

（1）上挑式。传棒队员待接近接棒队员至适宜距离，发出口令“给”，接棒队员听到信号后迅速下放手臂至体侧（稍后），四指并拢，拇指分开，虎口朝下，掌心向后，准备接棒；传棒队员及时持棒由下经体侧向前上方挑送棒至对方虎口，完成传棒；接棒队员接棒后及时恢复正常摆臂。

（2）下压式。传棒队员待接近接棒队员至适宜距离，发出口令“给”，接棒队员听到信号后迅速向后摆臂，手臂伸直，虎口张开，掌心向上，准备接棒；传棒队员及时持棒由前上方向下将棒传入（下压）对方手掌，完成传棒；接棒队员接棒后及时恢复正常摆臂，全力向前跑进。

2. 练习方法

（1）原地传接棒。2 人或 4 人一组，间隔一定距离进行传接棒练习。

（2）慢跑作传接棒练习。2 人或 4 人固定棒次成纵队慢跑，在慢跑中作传接棒练习。注意距离间隔要大一些，传棒队员发出口令后，及时上一步完成传接棒动作。

（3）加速跑传接棒。设定起动标志和加速标志，传棒队员加速跑 30 米，接棒队员作站立式或半蹲踞式起跑准备，回头注视同伴，待传棒队员踏上标志后，及时迅速起动，全力加速。当两人相距适当距离时，传棒队员发出信号并完成传接棒。

发出口令后，传棒手必须有一定的间歇，看清同伴伸出手后，再将棒准确递上，接棒手必须及时、准确向后伸手，不附加任何动作，强度 90%～100%，重复 5～8 次，间歇 3～4 分钟。

（五）接力队各棒次配合的练习

在一、二、三接力区进行实战练习。首先确定起动标志和助跑距离，通过反复试验确定最终位置，力求保证在接力区 10～15 米位置完成传接棒。练习要求：传棒队员控制传接棒的时机，及时给出信号，如在接棒队员起动过早、加速过快，传棒队员有追不上的感觉时，应及时发出信号，待处在适宜传接棒范围时，再及时给出传棒信号，将棒准确传入接棒队员手中；接棒队员作站立式（或半蹲踞式）起跑准备，回头注视同伴的跑进速度，待踏上起动标志时，及时起动，全力加速，力求在最短时间内达到高速。若跑过接力区 10 米中线而仍未听到传接信号，可适当减速。争取在保持高速前提下，于接力区 10～15 米处完成传接棒。具体方法步骤如下。

（1）第一棒与第二棒的接力。第一棒队员听到枪声后把接力棒传给第二棒队员，2 × 100 米接力跑。

（2）第一、二、三棒的接力，要求同前，3 × 100 米接力跑。

（3）完整的 4 × 50 米或 4 × 100 米接力跑。

（4）经常参加 4 × 100 米接力跑测验或比赛。

全队练习。全队最大速度的接力跑练习，距离为 4 × 50 米、4 × 60 米、4 × 80 米，重复 3—4 次。最大速度 4 × 100 米接力跑，数队最大速度的接力跑练习，距离为 4 × 50 米、4 × 60 米、4 × 80 米，重复 3～4 次。数队模拟比赛的接力跑 4 × 100 米。

4 × 400 米接力跑的训练和 4 × 100 米接力训练的基本内容和方法大致相同，从传接棒技术、起跑技术、跑的能力、心理素质、战术等方面进行训练。

第四节　中长跑科学化训练

一、中长跑项目发展历史

中长跑的历史可追溯至远古，那时人们为生存而长距离奔跑。随着文明的进步，中长跑逐渐演变为士兵的训练手段，并在古代奥运会上成为竞赛项目。19世纪，中长跑在英国得到普及，并逐渐发展成现代竞赛项目。奥运会自1896年起设立男子中长跑项目，女子项目则在稍晚时被纳入。中国也在近代逐渐开始发展中长跑，并在国际赛事中取得了显著进步。技术层面，中长跑经历了多次革新。早期的跑法较为简单，但随着时间的推移，人们开始研究并改进跑步技术。20世纪30年代，前脚掌外侧着地的技术开始流行，而在二战后，前脚掌着地的跑法又进一步兴起，这种技术强调脚着地时靠近身体重心，形成“扒地”动作，缩短步幅，加快步频。中长跑的发展历程不仅是人类体能的展现，更是文明进步的见证。从远古的狩猎奔跑，到现代的竞技赛事，中长跑始终承载着人类对速度和耐力的追求。随着技术的不断创新和完善，中长跑运动员的成绩也在不断提升，为这项运动注入了新的活力和魅力。如今，中长跑已经成为一项全球性的运动，吸引着无数人的热爱和关注。

中长跑项目既考验运动员的耐力，也考验运动员的爆发力。在奥运会中有不同类型的中长跑项目，下面将介绍最近四届奥运会中部分长跑项目冠军及取得的成绩。

2008年奥运会，埃塞俄比亚的凯内尼萨·贝克勒以12分37秒35的成绩获得5000米田径冠军，塞俄比亚的长跑名将蒂鲁尼什·迪巴巴在女子5000米、女子10 000米比赛中赢得金牌，成为奥运会历史上第一位在5000米和10 000米项目上夺魁的“双冠王”。

2012年伦敦奥运会，男子5000米田径项目中，英国选手穆罕默德·法拉赫以13分41秒66夺冠；女子5000米田径项目中，埃塞俄比亚选手德法尔以15分04秒25的成绩夺得冠军。

2016年里约奥运会，田径男子5000米决赛，英国选手穆罕默德·法拉赫以13分03秒30获得男子5000米冠军，田径男子10 000米决赛，穆罕默德·法拉赫以27分05秒17的成绩获得冠军。女子5000米田径项目中，肯尼亚选手切鲁约维特以14分26秒17的成绩获得冠军。

2020年东京奥运会，男子5000米田径项目中，切普特盖以12分58秒15的成绩获得冠军。女子5000米田径项目中荷兰选手哈桑以14分36秒79的成绩获得冠军。

二、中长跑一般身体素质训练

随着中长跑运动竞技水平的持续提升，运动员们的身体训练水平同样需要与时俱进，与成绩的提高保持同步。对于中长跑运动员而言，身体训练并非简单的体能训练，而是涵盖了力量、耐力、速度、柔韧性等多方面的综合训练。其中，如何将一般身体训练与专项身体训练紧密结合，成为中长跑运动员身体训练的关键问题。在进行力量练习时，中长跑运动员需要注重跳跃训练。长时间、高强度的跳跃训练，如100～200米的单足跳、跨步跳等，不仅能提高腿部肌肉的力量，还能增强运动员的爆发力和协调性。同时，立定跳、多级跳、蛙跳、跳远、跳高等多样化的跳跃练习，也能使运动员的全身肌肉得到锻炼。此外，结合俯卧撑、立卧撑、俯卧屈伸腿等动作能够进一步强化运动员的上肢和核心肌群的力量。轻器械练习也是力量练习的重要组成部分。通过使用实心球、哑铃、沙衣、沙袋等器械，运动员可以在不增加身体负担的情况下有效提高肌肉力量和耐力。同时，利用地形条件进行跑跳练习如山坡、沙滩、草地等，能够模拟比赛环境，使运动员在实战中更加适应。除了力量练习，中长跑运动员还需要进行全面的身体训练。这包括参与各种球类运动、体操、武术、游泳、滑冰、自行车、跨栏以及其他田径项目。这些多样化的训练方式不仅能够增强运动员的身体素质，还能提高他们的协调性和反应能力。在众多的训练方法中，身体循环训练被证明是一种行之有效的身体训练方法。它通过将不同的动作和练习组合在一起，形成一个完整的训练循环，从而全面锻炼运动员的身体各部位肌肉。同时，身体循环训练还能改善和提高运动员的内脏器官功能，提升他们的整体健康水平。当然，身体循环训练的内容、次数、组数和时间并非一成不变。教练需要根据训练任务、运动项目的特点以及运动员个人的习惯和身体状况，进行个性化的组合安排。只有这样才能确保训练效果的最大化，为中长跑运动员在比赛中取得优异成绩提供坚实的身体保障。

三、中长跑专项素质训练

（一）中长跑速度训练

速度素质是径赛运动员的最基本素质。800 米运动员的速度与耐力素质可视为该项的法定性素质。例如：800 米男子世界纪录为 1 分 41 秒 73，全程平均速度为 6.75 米 / 秒。由此可知，800 米运动员的训练应建立在速度（无氧）训练的基础上。

在各种不同距离的比赛中，速度有三种表现形式：一种是绝对速度，表现为 10～60 米行进跑的成绩。可通过行进间计时取后 30 米的速度来计算。另一种是基础速度，可采用站立式起跑 100 米计时来计取，这个速度对运动员是很重要的。还有一种是相对速度，即短于专项距离的段落速度，如：800 米运动员的相对速度就是 400 米到 600 米的成绩。

了解运动员的相对速度水平是重要的，中长跑的成绩在某种意义上可称为数学效果，在确定成绩指标时，相对速度是一个主要参考指标。假如一个运动员 400 米成绩为 62 秒，那么他任何时候 800 米成绩也达不到 2 分钟。

发展速度的主要方法包括以下几个方面。

跑的专门练习：30～100 米的加速跑；接力跑和多人破纪录接力跑；行进间跑；60～200 米的重复跑；快速跑；变速跑；阶梯跑练习；借助外力短距离跑（如顺风跑、牵引跑、下坡跑、在活动跑道上跑等）；其他各种速度练习和素质性游戏，力量、弹跳力的练习及比赛训练法等。

上述所谈速度训练的方法和手段在运动员青年和成年期都应采用。我们应在运动员的青少年时期就抓紧速度训练，这种速度训练应在整个训练过程中进行。

速度训练课的安排，应在冬天每周安排 1 次，冬天到夏天的过渡期每周安排 2 次，在比赛季节每个周期（2 个星期）安排 3 次。

（二）中长跑耐力训练

耐力对运动员而言是维持高水平表现的关键。它可分为一般耐力与专项耐力。一般耐力，即有氧训练能力，讲究的是长时间、慢速度、低强度的持续跑。而专项耐力则注重运动员在全程保持高速的能力，即无氧训练能力。在训练中，二者的方法与形式相似，但细节却大相径庭。比如，发展一般耐力时，我们可以选择长距离、低强度的慢跑，中间辅以短暂的休息；而提升专项耐力时，则要选择高强度、短距离的间歇跑，每组之间需要更长的恢复时间。为了有效发展耐力，我们可以采用多种手段，如持续跑、间歇跑、变速跑等，甚至可以通过越野跑和计时跑等方式来检验训练成果。在全年训练中，我们需要根据任务的不同，有计划、有目的地进行耐力训练，确保运动员在比赛中能够发挥出最佳水平。

1. 持续跑

这种方法的基本特点是采用距离长、匀速的公路跑，初学者为达到训练效果，一次课至少要达到 15 分钟。优秀运动员一周至少要跑 160 千米（现已达到每周 200 千米以上），一次课的跑量要达到 12～20 千米，对优秀运动员，跑的强度要高些，如要求 3 分 20 秒～4 分 20 秒 / 千米。通过此方式提高耐力水平及有氧训练水平。如果速度提高了，也可在训练过程中采用无氧训练和无氧与有氧混合的训练。

2. 重复跑

这与训练速度的重复训练法不同。重复训练法对中长跑和短跑训练都是很有效的。重复跑是发展速度和专项耐力的重要手段，还可以培养跑的速度感和节奏。一般比赛期采用较多。重复跑训练的距离范围很广，50 米至 1000 米、2000 米、3000 米、4000 米，直至最长的 8000 米等。在训练中可使用变化距离或相同距离的重复跑训练。距离虽可以改变，但要掌握总的强度要接近，同时距离的变化不宜过大。

采用重复跑练习，选择的段落应短于专项距离。例如：800 米运动员，以 400～600 米为主；1500 米运动员，以 700～1200 米为主；3000 米运动员，以 1000～2000 米为主；5000 米运动员，以 1000～4000 米为主；10 000 米运动员，以 1000～6000 米为主。

当选用长于专项距离的段落时，其超过的距离也不应过长，一般几百米则可。如：800 米运动员，用 1000～1200 米；1500 米运动员，用 1600～1800 米；3000 米运动员，用 3200～3600 米。

在长跑训练中，基本上不采用长于专项距离的重复跑。

3. 间歇跑

间歇跑的方法很重要，特别是400米和800米的作用较好。间歇训练法训练过程中对提高田径运动员的成绩具有积极的促进作用，因此教练员应根据实际情况进行合理的统筹与优化[①]。间歇训练法的实施是较为困难的，教练员只有真正地掌握了这种方法，并对运动员有了清楚的了解之后才能实施。

该方法的特点是：第一，有节奏的交替，有相对的间歇，此方法虽可使运动员的身体得到一定的恢复，但不能完全恢复。第二，训练强度不同，有与比赛速度相同的，也有大于或小于比赛速度的。第三，运动量大。例如：扎托贝克、库次、费林、穆思斯，曾经一次课完成过20～100次100～400米的间歇训练。近年来段落跑的次数趋于减少，世界优秀运动员一次训练课中，跑同一段落不超过20～40次。

间歇跑与持续跑、重复跑的区别在于训练的休息时间。间歇训练的休息时间短，体力不能充分恢复，而且间歇时间相同，也不允许完全恢复。例如：6×200米，两次练习之间慢跑200米，当脉搏恢复到120～130次/分就开始下一次练习。

间歇跑的主要手段是：有氧—无氧混合训练、无氧训练。

间歇训练的内容包括：距离、强度、重复的次数、间歇的时间与内容。

（1）距离：要短于比赛距离。如800米运动员可进行200米、300米、400米的间歇训练，当然也有长距离的间歇跑，可达3000米。传统方法的范围为100～400米。

（2）强度：可根据任务（如发展一般耐力或专项耐力）而定。如：800米成绩为2分钟的运动员，可选择下列安排：4×200米，30秒+200米慢跑；4×200米，25秒+200米慢跑；4×200米，35秒+200米慢跑。

在传统的间歇训练法中，强度要逐步提高。

（3）重复的次数：通常一次课中，间歇跑训练的总量不宜过多地超过专项距离的长度。

（4）间歇的时间与内容：间歇时间取决于运动员的水平。高水平运动员的

① 尹小路．间歇训练法在田径训练中的运用研究[J]．现代职业教育，2021（21）：188-189.

间歇时间要准确。间歇时间可以用时间或脉搏来控制。各个不同专项的不同段落间歇跑的间歇时间。

间歇休息的重点不是时间而在于休息的方式，不能停、坐、卧，而应慢跑或走。

四、中长跑技术训练

中长跑运动员在追求赛场佳绩的征途上，技术的掌握与运用无疑是取得突破的关键所在。技术训练不仅是日常训练的基石，更是运动员在比赛中稳定发挥、超越自我的有力保障。技术训练应贯穿中长跑运动员的整个训练周期，结合个人特点进行精细化调整。通过多样化的练习方法，如小步跑、高抬腿跑等，可以针对性地精进腿部技术，提升运动员的力量与协调性。同时，步幅、步频、腾空与支撑、呼吸与跑节奏、上下肢配合等要素，都需要在训练中反复调整、优化，以达到节省体力、提高运动效率的目的。在全年训练中，准备期应着重于基础技术的打磨与改进，为运动员打下坚实的技术基础。而到了竞赛期，技术训练则更强调技术的完整性与实战应用，确保运动员在比赛中能够稳定发挥，取得优异成绩。每位运动员的身体条件、运动习惯都有所不同，因此技术训练也应因人而异，发挥个人优势，打造适合自身的技术模式。只有如此，才能在激烈的竞争中脱颖而出，取得佳绩。

五、中长跑战术训练

中长跑的战术非常重要，在水平相当的条件下，正确地实施战术是取胜的关键。

运动员在比赛中要根据本人的实际和习惯确定战术方案，应对对手情况、场地、气候、风向、环境等条件进行分析研究，要知己知彼，掌握比赛的主动权。

合理地分配体力和速度，是取得理想成绩的主要战术。一般耐力好的运动员常用领先跑；速度好的多采用跟随跑；为了摆脱对手还可采用变速跑。当今中长跑的比赛主要体现在最后冲刺的时机和能力上，因此，运动员要掌握最后冲刺战术的时机，以及加强最后冲刺能力的训练。不管采用什么战术方法，一定要保持清醒的头脑，随时掌握主动权，还要善于控制自己，在比赛中要根据具体情况和个人能力，灵活运用战术。

战术训练也要在困难条件下（如在风、雨、炎热、寒冷等气候和场地较差的条件下）进行，以培养意志品质。平时训练还要培养速度感和跑的节奏，以便使运动员在比赛中掌握速度、节奏、灵活运用战术。战术训练最好的方法是多参加测验或比赛，利用测验或比赛来丰富战术实践经验。对初级水平的运动员，则应以技术的稳定性和心理稳定性训练作为战术训练的基础。

六、中长跑心理训练

中长跑运动员在竞技场上进行的不仅是体能的较量，更是心理与意志的较量。心理训练的重要任务之一，就是要使运动员能够充分发挥意志品质，在比赛中做到临危不乱，掌控自我情感，不受外界因素的干扰。运动员在赛前和赛中保持旺盛的精力、充满信心，对于取得良好的训练效果和优异的成绩至关重要。心理训练的内容应根据中长跑的专项特点、运动员的个人特点以及比赛的具体条件来制订。对于中长跑运动员而言，意志力的培养尤为关键。通过加强思想和意志品质的教育，使运动员深刻理解训练与比赛的意义，明确目标，坚定信念。同时，还要通过一系列心理训练，提升运动员在比赛中的心理承受能力，使他们在面对困难和压力时能够保持冷静，发挥出自己的最佳水平。在心理训练方法的选择上，同样需要考虑到专项特点和运动员的个人特点。信心鼓励法、形势分析法等方法，可以帮助运动员建立自信，明确比赛形势，从而制定合适的比赛策略。呼吸调节法、暗示调节法等，则可以在比赛中帮助运动员调整心态，缓解紧张情绪。模拟训练法、声像调节法等，则可以在平时的训练中模拟比赛场景，提高运动员的适应能力。

七、中长跑恢复训练

恢复训练在现代中长跑训练体系中占有重要地位，它的主要任务是尽快消除运动员因训练和比赛引起的身心疲劳，使其充分恢复体力和精神，以准备迎接新的训练和比赛任务。恢复训练的内容可分为消极恢复与积极恢复。具体内容、方法与手段包括：及时适当调节运动负荷量；采用积极的休息方式；做好充分的放松练习和整理活动；加强医务监督和自我医务监督；采用各种按摩手段；合理安排生活制度与作息制度；等等。

八、中长跑高原训练

（一）高原训练的海拔高度

海拔高度是影响高原训练效果的重要因素之一。高原训练基地的海拔高度既不能太高也不能太低。太低，则运动员机体获得相应能力的时间就太长，海拔高度过高，则运动员的训练量就要受到限制，甚至有可能导致健康水平下降。所谓适宜的海拔高度，是指在这一高度上，运动员的训练量既不可能减得过多，同时又能使机体得到所需要的适应。国外的教练员及科研工作者，就此问题阐述了各自的观点。有学者认为，田径运动员高原训练基地的海拔高度，应在 1800 米以上。还有学者认为，海拔 1760 米是高原训练的最低限度，对运动员来讲，为了获得最佳生理适应能力，高原训练基地的高度应在 1800 米以上、2700 米以下，海拔 2300 米是达到生理适应的最理想的高度，低于这一高度就难以保证获得足够的高原适应能力。从以上可以看出，对于田径运动员高原训练适宜的海拔高度，国外行家们的观点不尽统一，但较为一致的看法是至少应在海拔 1800 米，较为理想的海拔高度是 2000～2400 米。

（二）高原训练的持续时间

运动员由平原来到高原地区，首先必须经过一个适应阶段，使机体的机能状态适应高原气候的特殊要求，然后才能逐步安排一定强度的训练。要取得预期效果，高原训练的持续时间也必须达到一定限度的要求。

大赛前安排为期三周的高原训练对女子中跑选手十分有利。必须经过一个气候适应阶段（4～6 天），然后转入有氧训练（14 天）。要想达到高原训练的预期效果，至少在高原停留 20～22 天。苏联的叶尔莫拉耶娃在总结高水平跳跃项目适应性反应时把这一时期称为“初级回应期”，大约 8～10 天时间，这一时期不宜进行大运动量和大强度训练。如果高原训练的任务在于恢复运动员的机体，则在高原地区集训的时间可以限制在8～10天，如果其目的在于提高运动员的速度力量素质水平或专项技术水平，高原训练持续时间应延长到20～25天，田径运动员训练的持续时间，至少应达到21天的最低极限。

（三）高原训练的强度安排

高原训练的特殊性主要体现在其独特的缺氧环境对人体机能的深刻影响。在高原地区，空气中的氧气含量相对较低，这直接影响了运动员的呼吸系统和循环系统，从而对他们的训练效果产生深远影响。因此，田径选手在高原的训练安排，必须针对这一特殊环境作出相应的调整。由于缺氧条件能显著提升有氧训练的效果，但在无氧代谢能力方面的变化并不显著，这就要求教练在训练强度和量的调配上下足功夫。过强的训练负荷可能会导致运动员因缺氧而过度疲劳，甚至引发伤病；而过轻的训练负荷则可能无法达到预期的训练效果。因此，教练需要根据运动员的实际情况，精心制订训练计划。以女子中跑运动员为例，她们在高原训练时，通常分为三个阶段。首先是适应期，运动员主要以低负荷的慢跑、体操等活动为主，帮助身体逐渐适应高原环境。接着是系统提升期，前半段主要增强有氧耐力，后半段则结合无氧训练，但整体训练强度应低于平原。最后是返回平原前的恢复阶段，此时应降低训练量，注重平稳过渡，避免运动员因突然回到高氧环境而产生不适。当然，每个运动员的个体差异都是不可忽视的，他们对高原气候和训练负荷的适应能力各不相同，因此，在训练过程中，教练需要因人而异，结合运动员的生理、生化指标以及个人感受，科学调控训练量和强度，确保高原训练既能达到预期的效果，又能保障运动员的健康与安全。

第五节　跨栏跑科学化训练

一、跨栏跑项目的发展历史

跨栏跑技术的演进与栏架变革紧密相连，历史的演变不断推动着这项运动的发展。从首届奥运会的篱笆式栏架，到 1935 年“L”形栏架的引入，每一次变革都为跨栏技术的革新提供了可能。技术的演进是跨栏跑发展的核心动力。美国运动员的摆动腿伸展过栏技术，福·史密森的起跨腿提拉技术，都标志着跨栏技术的重大突破。加拿大运动员埃·汤姆逊的加大上体前倾角度技术，更是将跨栏技术推向了新的高度。此后，跨栏跑技术的发展，更多的是在细节上的完善，运动员们结合个人特点，形成了各具特色的技术风格。女子跨栏跑虽起步较晚但发展迅速。从 1932 年的 80 米栏，到 1968 年的 100 米栏，再到女子 400 米栏的增设，女子跨栏项目不断丰富，女子运动员们也在世界舞台上展现出了惊人的实力。中国跨栏跑的发展历程可谓波折起伏。早期发展缓慢，与世界水平存在较大差距。但中华人民共和国成立后，跨栏跑运动迅速崛起，优秀运动员们在世界舞台上屡创佳绩。虽然中途经历过低谷，但 20 世纪 90 年代以来，中国跨栏跑再次崛起，李彤等运动员在国际大赛中屡获佳绩，展现了中国跨栏的新风貌。

我国跨栏运动员刘翔在 2004 年奥运会上以十分优异的成绩夺得冠军，让世界各国看到了中国运动员的实力，此后很长一段时间，刘翔都是国际运动会上其他各国跨栏运动员的劲敌。

2004 年雅典奥运会，中国运动员刘翔以 12 秒 91 的成绩夺得金牌；2008 年北京奥运会，罗伯斯·古巴以 12 秒 93 的成绩获得金牌；2012 年伦敦奥运会，美国的梅里特以 12 秒 92 的成绩获得冠军，梅里特还保持着 12 秒 80 的世界纪录；2016 年里约奥运会，牙买加的麦克劳德以 13 秒 05 的成绩获得冠军；2020 年东京奥运会，牙买加的帕奇门特以 13 秒 04 的成绩获得冠军。

刘翔是我国著名男子田径队 110 米栏运动员。他是中国体育田径史上，也是亚洲田径史上第一个集奥运会、室内室外世锦赛、国际田联大奖赛总决赛冠军和世界纪录保持者多项荣誉于一身的运动员。他的名字与男子 110 米栏紧密相连，书写了一段段传奇。从雅典奥运会的金牌，到国际田联钻石联赛的多次夺冠，他的每一步都留下了坚实的足迹。回顾刘翔的职业生涯，不禁让人感叹其非凡的成就。雅典奥运会上，他以惊人的 12 秒 91 打破了奥运会纪录，与英国名将科林·杰克逊并列世界纪录，成为中国田径史上第一个男子奥运冠军。那一刻，他让整个国家为之沸腾，为中国田径翻开了崭新的一页。此后，刘翔的职业生涯如同一部跌宕起伏的史诗。他在世锦赛上多次摘得金牌，创造了中国男选手在世锦赛历史上的最好成绩。特别是在洛桑站，他以12秒88的成绩打破了沉睡13年之久的世界纪录，再次证明了自己的实力。然而，他的职业生涯并非一帆风顺。北京奥运会上的伤病退出，无疑是他人生中的一次重大打击。但刘翔并未就此沉沦，他选择了坚强地站起来，继续追逐自己的梦想。复出后的他，在各项赛事中依然保持着强大的竞争力，不断刷新个人最好成绩，展现出顽强的斗志。2012年2月23日，在瑞典斯德哥尔摩进行的室内田径赛男子60米栏比赛中，刘翔因抢跑被取消比赛资格。5月19日，在国际田联钻石联赛上海站以12秒97获金牌。6月3日，在国际田联钻石联赛尤金站110米栏决赛中以12秒87的成绩摘得冠军。2012年6月，在世界男子110米栏中排名中，刘翔时隔五年重登榜首。2015年5月刘翔借国际田联钻石联赛上海站赛事向110米栏赛道告别。

二、直道跨栏跑科学化训练

直道跨栏跑分为男子110米高栏和女子100米栏。直道跨栏跑训练十分强调运动员的速度，训练以提高每个跨栏周期的绝对速度为主，科学研究和训练实践都已证明，仅仅提高跨栏步速度或栏间跑速度都难以提高整个跨栏跑的全程速度，只有在提高跨栏步速度的同时提高栏间跑速度，即提高每个跨栏周期的速度才能有效地提高跨栏跑的全程速度。由于栏间距离的限制，运动员只能通过加快步频来提高跑速。教练员应掌握以下训练特点：（1）在身体能力发展过程中要特别重视发展专项力量，提高加速跑能力，缩短触地时间和保持好缓冲时的身体平衡；（2）要提高栏间跑的速度就必须加强步频训练，快节奏的快速平跑是提高步频的有效途径；（3）全年训练中不论平跑还是过栏跑都应具有高速度的训练特点，注重加强训练负荷和专项训练强度，挖掘运动员的潜在专项能力；（4）正确的跨栏跑节奏只有在全程训练或比赛中才能更好地体会和掌握，因此全程跑在训练中比重要大，并且要增加比赛的次数，以提高运动员的技术稳定性和实战能力；（5）在提高运动员的跨栏技术时，应考虑其身体特征、体能和协调性，使其形成个人技术风格。

跨栏运动员要有较好的速度、力量、耐力、柔韧等身体素质和完善的跨栏技术以及良好的心理品质，在此要进行多年系统的训练。有氧能力、速度、速度耐力、爆发性力量、力量耐力等素质对运动训练的效果和跨栏跑成绩有着极为重要的作用。

（一）有氧能力训练

1. 有氧能力训练内容与方法

有氧能力训练在跨栏跑中有着特殊作用，它可以增大吸氧量改善运动员的心血管系统功能，而这正是跨栏跑运动员发展和提高其他素质，特别是速度耐力，承受大负荷训练和大负荷训练后恢复的基础。因此，跨栏跑运动员必须注意发展有氧能力。特别是在青少年时期更应注意有氧能力的发展，其对增进青少年健康有更为重要的作用。

有氧能力主要采用持续训练法来发展，提高的标志是安静时脉搏数明显减少，运动时脉搏速度加快，运动后脉搏数迅速恢复到安静水平。

2. 有氧能力训练的主要手段

训练手段选择应以运动员能获得最大摄氧量的持续活动为标准。一般认为获得最大摄氧量的持续活动的强度以脉搏数 150～170 次 / 分为最佳。进行有氧能力训练经常采用的训练手段有以下几种：（1）5～8 公里速越野跑（少年可适当缩短）；（2）3～5 公里变速越野跑（其快跑速度必须控制在有氧代谢范畴）；（3）各种球类活动等，持续时间为 40～60 分钟。

（二）速度训练

速度是跨栏运动员的主要身体素质之一，有人称速度为跨栏跑的灵魂。由于栏距离固定，全程跑步数基本一致，步长相差不明显，所以跨栏跑提高速度的主要途径是加快步频。但是，对于那些平跑时步长稍小、栏间三步跑得勉强的运动员，在平跑训练时还要致力于增加步长。

速度训练的效果在很大程度上取决于速度练习距离的选择练习量的掌握以及恢复时间的控制。最佳速度训练距离的确定必须以个人的加速度能力和维持接近于最高速度的持续时间为基础。根据研究，运动员从静止开始加速至最高速度一般需 5～6 秒时间（少年少于这个时间）。不同水平的运动员，跑出最高速度的距离为 20～45 米，因而速度训练的最佳距离应选择在 30～80 米（少年可选择 20～60 米）。速度训练对神经系统的要求很高，必须在神经系统的高度兴奋状态下进行速度练习，效果才好，因此必须严格控制练习量与恢复时间，一般在一次速度训练课中练习数量应在 5～10 次，恢复时间必须保证运动员的快速完成动作能力得到恢复才可进行下一个练习。一般每次练习之间应有 4～6 分钟的休息时间。

在速度训练中还应特别注意防止“速度障碍”的过早出现。速度障碍的过早出现，会使运动员进一步提高成绩变得异常困难。为此，在对运动员进行速度训练时应经常改变练习的强度、节奏和条件，使运动员不致于建立过于刻板的动力定型。

运动员的速度训练必须从小抓起，特别是在反应速度、动作速度与频率的发展敏感期（8～15 岁），在这个时期务必充分注重运动员反应灵敏性与动作速率的培养与发展。

发展平跑速度的主要手段分为传统和非传统的速度训练手段。

传统的速度训练手段：（1）原地开始急剧加速，加速到适当距离（或保持一段速度）后减速。（2）从走到开始跑顺势加速，加速到适当距离后逐渐减速，或者保持一段距离后再逐渐减速。

上述手段不仅有助于速度的提高，而且还有利于改进技术和节奏。其次诸如起跑、行进计时跑、短段落冲刺跑、重复跑、变速跑、标志跑、让距跑等，要求跑时提高身体重心，富有弹性、节奏好，在保证足够步长的前提下加快步频。

非传统的速度训练手段有以下几种：（1）下坡跑：能加大运动方向的分力，以提高跑的绝对速度。经验证明，最好先在 2°～3° 的斜坡跑道上进行下坡跑，然后再进入水平跑道跑，这样可以使运动员达到“超前运动”，在训练中，要把下坡跑、水平跑道跑与上坡跑结合起来，交替进行，这样效果更好。（2）牵引跑：如用摩托车、电动牵引机来牵引，以提高运动员的绝对速度，研究证明，用最适当的牵引力（0.5～3 千克）来增加步幅与步频，能使跑速增加 8%～9%，并且还有助于改进起跑技术和疾跑能力。（3）在活动短道上跑，在练习台上装一条不断转动的传递带，其倾斜角度和转的速度可以灵活调节，在活动跑道上跑，运动员的力量主要消耗在两腿的交换上，有利于提高速率和改进技术。（4）用简易器械装置领跑，使用这种仪器可以产生向前的拉力，人为地限制重力对运动员的作用，通过这种训练可以增加频率、加快速度，采用简易领跑器进行速度训练，可使运动员在跑时体重减轻 10%～15%，达到最大速度的时间提早，并使维持最大速度的时间增长一倍，还能促进跑的技术结构的改进。

发展两腿动作速度的主要手段如下。

（1）两手扶肋木或墙壁作支撑高抬腿跑（要求大腿抬平，身体前倾 60°），计 10～15 秒抬腿次数。

（2）站在低双杠间（或适合两手在齐腰高度支撑而不影响腿的前后摆动的器械旁）连续做摆动腿折叠、抬膝下放的“鞭打”动作。

（3）面向栏架站立，用伸直的摆动腿快速绕栏架，每次用脚尖点地，10 秒钟做 20 次以上为佳。

（4）肋木前支撑提拉起跨腿过栏，10 秒钟完成 15 次以上为佳。

（5）栏侧一步快速过栏，栏间相距男 4～4.5 米，女 3.2～3.8 米，连续用起跨腿过栏 5～8 架。

（6）原地快摆臂，当达到最快频率时，开始跑动，力求按已达到的速度快跑。

发展跨栏跑跑速及过栏速度的主要手段如下。

（1）缩短栏间距离控制步长，依靠加快起跨小幅度降低的栏架的练习，这个练习有助于提高过栏速度，克服靠冲力过栏。

（2）先加大跨栏难度，随后减轻难度跨栏跑。如先逆风跨栏，接着改为顺风跨栏（风速不大）；先用加大的栏间距离，然后缩短栏间距离。练习跨栏，运动员能够利用形成的起跨功率提高过栏速度。

（3）加长起跑距离的跨栏，110 米栏起跑 19～20 米跑 10 步。

（4）最高速度跨栏跑行进间计时，从下第三栏开表计取下第四栏的时间，世界优秀运动员一个跨栏周期最短时间 1 秒或稍多些，时间指标表示运动员的跨栏绝对速度，这个练习要在运动员身体情况技术情况最好时进行。

（5）下坡跑转为平跑后过栏，利用5°以下的斜坡跑道下端，在坡上跑12～16米（8～10步）以后在平道上依“惯性”跑两步过栏，栏间距离可适当缩短些。这个练习有助于打破已有动作频率定型同时建立新的更高的速度和节奏。

（6）不同栏间距离、不同栏架高度、不同栏间跑步数和不同栏间跑步步长的高速多次重复跨栏跑。

发展跨栏跑速的训练在全年训练中都应予以注意，采用哪些练习、安排多大运动量和强度则因人而异。

（三）速度耐力训练

1. 速度耐力的训练内容和方法

跨栏运动员的速度耐力取决于其保持栏间跑速度尤其是保持后半程栏间跑速度和过栏速度的能力。一个速度耐力好的110米跨栏运动员，在全程跑中能保持较高速度通过6～8栏，每个跨栏周期的时间差不超过0.1秒，后半程比前半程快0.5～0.8秒。

所有短距离径赛项目的成绩均要受到速度耐力（即无耐力）水平高低的影响。即使在100米比赛中，运动员也不可能自始至终保持最高速度。运动员如何在跨栏跑项目中尽可能长时间地保持最高速度和尽量减小最高速度下降的幅度，正是速度耐力的训练所要解决的问题。虽然短距离比赛时所消耗的总能量比其他项目要少，但单位时间耗能却是最多的。单位时间耗能大和中枢神经系统由于高频刺激产生疲劳是速度下降的主要原因。速度耐力以无氧酵解供能为其物质基础，因而速度耐力的训练方法选择应以导致产生最大氧债为原则。其方法是采用极限下速度加大负荷重复练习。进行速度耐力训练时，其脉搏应控制在180次/分以上。

2. 速度耐力训练的主要手段

（1）重复跑110米、150米、200米、300米。

（2）变速跑。200米以内快慢跑交替。

（3）重复跨栏跑。起跑过8～12个栏若干次。

（4）变速跨栏跑。起跑过8～12个栏若干次。每次跨栏慢跑返回起点，接着再重新跨栏。栏架高度和栏间距离根据运动员的具体情况而定。

（5）“穿梭”跨栏跑。在跑道上摆放两道不同方向的栏架，每道 5～7 个栏。运动员跨完一道上的栏之后，立即返回跨另一道上的栏。

（6）跨栏跑和平跑交替跑。

3. 跨栏跑专项耐力训练的主要手段

科学研究证明，专项耐力在跨栏中起决定性作用。运用下列训练方法和手段，可以提高专项耐力。

（1）使用 12 个栏架的 4 次重复跑，间歇 10 分钟；或使用 10 个栏架的五次重复跑，间歇 8～10 分钟。

（2）连续 4～5 次的 10～12 个栏架的跨栏练习，慢跑返回。栏架的高度和栏间距离依运动员各自特点决定。

（3）使用 5～7 个栏架，在两条平行道上作穿梭跨栏练习。作 5～6 组的 3 次重复跑，间歇 8～10 分钟。

（4）使用 8～12 个栏架或无障碍的 80～120 米跑，强度相同，走步或慢跑返回。

（5）用最大速度进行摆动腿和起跨腿的跨栏模仿练习，15～20 秒内完成 3～6 次的连续练习。

（6）10 次或更多的连续跳跃练习，练习重点或是放在距离上，或是放在向前的动作上，一次训练课要达到 100 次起跳。

（7）30～100 米单腿跳跃练习或双腿交替的跨步跳练习，计算跳跃步数，步数较少者说明专项耐力较好。

（8）负相当体重 50% 的重物进行 10～15 次的 4～5 组深蹲练习，速度为每秒钟 1 次。

（9）进行 100～300 米重复跑，训练量依强度大小而定。如果使用 90%～100% 的强度，训练量不应超过 1000～2000 米。使用第一种方法时，完成 5～6 次重复跑，间歇 10 分钟，使用第二种方法时，间歇 6 分钟。

（10）进行上坡跑练习提高力量耐力，训练原则与重复跑相同但是训练量约减少 30%，间歇次数增加。

（四）力量训练

1. 力量训练的内容和方法

力量是速度的基础，力量练习是跨栏训练中的一个十分重要的内容。

运动员跨栏时，身体要腾起相当的高度，还要有三米以上的远度，并且要连续快速地跨越10次栏架，如果力量不强，要快速跨越栏架是不可能的。

跨栏跑运动员为了从静止状态转换成最大速度，必须发挥肌肉最大的收缩速度和力量，这种肌肉的收缩速度加力量的工作能力就是运动员的速度力量。

速度性力量主要采用克服自身体重或负小重量快跑、跳跃等练习来实现。

2. 速度力量训练的主要手段

（1）各种发展加速度、最高速度的跑。

（2）跳跃练习：采用立定跳远、立定三级跳远和多级跳远、15米助跑跳远、跨步跳、5～10级跳、20～30米计时单足跳、单足交换腿跳、跳台阶、跳深（负重或不负重，必须要求运动员用前脚掌支撑，跳台3～10个，高度40～100厘米）、5～10个栏的连续跳栏架练习（栏高0.90～1.00米，栏距1～2米）。

（3）连续单腿跳栏架：不仅能提高连续快速力量、支撑力量，对发展动作的协调性、节奏感、平衡感也有帮助。

（4）在地上的综合练习：

①仰卧在地上，两臂放在体侧。两腿剪式交替摆动，15～25次。快速进行，前后摆动的幅度要大。

②仰卧在地上，两腿并拢，两臂左右侧平放，以右脚触及左手每腿练习6～10次，快速进行，练习时，上体和头部不能离地。

③仰卧在地，两腿并拢，两臂左右侧平放，举起双腿先向左放下，然后向右放下，6～10次，快速练习。

④仰卧地上，双臂向头上伸直，两腿并拢，做举腿收腹动作6～12次，用快速进行练习。

⑤仰卧地上，双臂向头上伸直，两腿并拢。数“1”时，做元宝收腹；数“2”时，变为跨栏步姿势，上体向摆动腿前倾；数“3”时，还原成预备姿势，6～12次，

快速进行。每次数“2”时交换腿姿。

⑥仰卧在地上，两臂放体侧，双腿上举，腿要伸直，再下振过头顶。还原成预备姿势，8～15 次，快速进行。

（5）负重练习

发展下肢力量练习：采用持壶铃或负杠铃深蹲半蹲、蹲跳、弓箭步走；小腿负沙护腿（3～5 千克）做原地、行进和仰卧高抬腿跑、绕栏架或做摆动腿鞭打，起跨腿提拉等跨栏专门练习。

发展上肢力量练习：采用杠铃抓举、快速挺举、卧推、提铃至胸、负重体前屈、体侧屈、左右转体、实心球、爬绳、俯卧撑、引体向上等。

3. 力量耐力训练的主要手段

负荷重量在体重的 50% 以下，重复次数在 10 次以上，10 秒以上的各种练习。力量耐力的发展主要通过克服自身体重或负小重量的持续跑与跳的练习来实现。如 70 千克体重的运动员，用 30 克作半蹲跳，每组重复 15～20 次，做若干组。

（1）高抬腿跑 110 米。

（2）跨步跳或单足交换跳 110 米。

（3）负沙袋原地高抬腿（每腿）50 次。

（4）连续借力跳举轻杠铃 25 次等。

（5）双手持 3～10 千克的重物，模仿跑和过栏时的摆臂动作一般速度练习。

（6）肩负杠铃箭步走（40～80 千克）150 米。

（7）以跨栏步的姿势坐在地上，做起跨腿对抗的牵拉练习（各种方向的拉皮筋练习）50 次以上。

（8）悬垂负重（3～5 千克）交替高抬大腿。

（9）肩负杠铃跑（30～60 千克）150 米。

（10）拖轮胎跑 110 米。

（11）上坡跑 150 米。

（12）各种实心球练习等。

（五）柔韧训练

1. 柔训练的内容和方法

柔韧性比较好的运动员过栏时的动作幅度比较大，能放松而快速地过栏，并能取得较大的栏间第一步，有助于提高栏间速度。另外，柔韧性好的运动员可以防止肌肉、韧带和关节损伤。

跨栏运动员不仅需要髋关节具有良好的灵活性和柔韧性，并且对腰、背以及膝、踝关节周围肌肉、韧带的伸展性和弹性也有较高的要求。

（1）静力性柔韧活动：一个练习活动至少要持续 5 秒钟。

（2）提高神经—肌肉感觉作用的柔韧活动：做这种活动时，要求一名运动员在做拉伸动作时，另一名队员对其最大（或近最大）拉伸的关节施加一种压力。

（3）动力性柔韧活动：由重复性的拉伸动作（如摆动、跳跃）组成。训练要注意：高抬腿伸腿、过栏时后腿的姿势，髋部的高度，手臂正确摆动，脚的正确放置，等等。

2. 柔韧训练的主要手段

（1）结合过栏技术发展柔韧性的练习：跨栏坐，成跨栏坐向侧、向后转体，垫上肩肘倒立模仿跨栏步的空中剪绞动作。

（2）结合力量训练发展柔韧性的练习：前后抛实心球、提壶铃体前屈直身起、负沙袋大幅度摆腿、弓箭步压腿和换腿跳等。

（3）纵向和横向劈叉、支撑压腿等。

（六）技术训练

跨栏运动员不仅要有良好的身体训练水平，而且还要掌握先进技术。技术训练包含着很大的教学因素，采用的方法手段主要是大量的跨栏专门练习、重复跨栏跑和改变条件的跨栏跑。如改变起跑到第一栏或栏间距离，调整栏架高度，改变栏间跑步数、步长等，可以培养运动员肌肉用力感和目测能力，有助于掌握正确和合理的跨栏跑技术。

掌握跨栏跑的专门节奏。这一点十分重要，需要经过专门学习和训练。

（1）间隔跑：稍短于正常步长的距离，用海绵块间隔跑 30～50 米站立式起跑或行进间跑皆可，经常练习可提高节奏感和速率。

（2）徒手不带标志的跨栏节奏跑：模仿跨栏节奏在跑 7～8 步后三小步一大步连续跑几次，可原地高抬腿进行，可在跑进中进行，有时也可采用计时的方法。

（3）徒手带标志的跨栏节奏跑：在栏点上改放海绵块，并缩短栏间距离，起跑上第一栏后，跑三小步一大步。

（4）背向听口令过栏：同样是为了提高节奏感，这种练习的难度较大，但能提高练习时的兴趣。

以上练习经常采用，能够提高节奏感和专门速度。

跨栏运动员在多年训练中，提高技术的努力方向：

（1）起跑：提高两腿蹬离起跑器的力量和速度，积极加速过第一栏，力争第三栏前后发挥出最高速度。

（2）过栏：栏前尽量快跑，迅速放脚起跨；攻栏动作充分、有力；加快两腿剪绞过栏速度；下栏着地快并与栏间跑衔接好；起跨和下栏着地都保持较高的身体支撑姿势。

（3）栏间跑：下栏与栏间第一步衔接好；有适宜的步长，节奏合理；缩短栏间各步的支撑时间；减小过栏和栏间跑身体重心上下起伏；提高跑的弹性。

（4）全程跑：提高跑跨结合能力和连续快速过栏的能力；注意动作的直线性、平衡性和节奏感。

主要采用的训练手段包括以下几种。

（1）双臂支撑，做起跨腿从栏侧过栏练习。

（2）原地做摆动腿练习。

（3）模仿过栏时的摆臂动作。

（4）坐在地下模仿跨栏时腿和手臂的配合动作。

（5）在悬垂中，体会跨栏时的动作。

（6）手扶肋木，做跨栏练习。

（7）上一步跨过栏架。

（8）栏间一步的过栏练习。

（9）跑动中模仿跨栏练习。

（10）跨过最低的栏架（0.40～0.50 米）和跨过最高的栏架（0.91～1.14 米）。

三、400 米跨栏跑科学化训练

400 米跨栏跑运动员的专项身体素质有许多与 110 米跨栏跑运动员相同，但其中对速度耐力和力量耐力要求很高，不具备良好的速度耐力和力量耐力水平是不可能取得优异成绩的。

（一）速度耐力训练

400 米跨栏跑运动员在跑到约 300 米处就开始出现乳酸堆积的不良反应。乳酸堆积将导致速度的下降，其部分原因是神经肌肉系统在应激状态下没有能力去保持这一速度。为了减少这种很难避免的影响，教练员应设计一种训练课，使运动员处于同赛跑相似的应激环境，加强速度耐力训练。

进行速度耐力训练，其基本方法是采用极限速度下加大负荷的重复练习。进行速度耐力训练时，脉搏应控制在每分钟 180 次以上。

这里应强调的是，速度耐力的发展不能过早地安排，否则会影响少年儿童心血管系统的健康发展，从而会阻碍其速度耐力水平的提高。因此，在基础训练阶段，不应将速度耐力作为一个任务提出。同时要严格禁止采用大强度的长段落跑。

主要训练手段（15 岁以后采用）主要包括以下几个方面。

（1）以最高强度的 90%～95% 跑 60 米 ×5 次 ×3～4 组（每个练习之间休息 30～40 秒），组间休息 5 分钟或以脉搏恢复到每分钟 120 次左右为标准。

（2）以 75%～80% 强度跑 100 米 ×5 次 ×3～4 组（每组练习间休息 1.5～2 分钟；组间休息 6～8 分钟或以脉搏恢复到 100 次 / 分钟为标准）。

（3）以 80%～90% 强度跑 150 米 ×3～4 次 ×2 组（每次练习间休息 2～3 分钟，组间休息 10 分钟）或跑 300 米 ×2～4 次 ×2 组（每次练习间休息 3～5 分钟，组间休息 15 分钟）。

（4）100～200 米变速跑（快跑强度为 75%～85%），一般多在准备期前半段或恢复期中选用。

（5）（150+100+60+100+150）米 ×2 或（60+100+150+150+100+60）米 ×2 的组合跑（其强度为 75%～95%。每个段落休息 1～1.5 分钟）。

（6）250～300 米重复跑 3～8 组（强度为 75%～90%，练习间歇 6～10 分钟）。

（7）500～600 米反复跑 2～4 组（强度为 25%～90%，间歇 8～12 分，组间休息 10～15 分钟）。

（二）力量耐力训练

力量耐力对短跑运动员来说是必不可少的，特别是对 400 米跨栏跑的运动员来讲更为重要。力量耐力的发展主要通过克服自身体重或负小重量的持续跑、跳练习来实现。其持续练习的时间为 30～50 秒，负重量约为最大重量的 20%～30%，练习速度应以接近比赛速度为主，速度力量练习手段中的大多数手段均可采用，不同的是跑跳的距离、重复次数、练习持续时间以及练习密度要大大高于速度力量练习。

力量耐力科学化训练手段主要包括以下几个方面。

（1）高抬腿上坡跑 60～80 米 ×5 次 ×23 组（每次之间休息 2～3 分钟，组间休息 6～8 分钟）。

（2）持 1～2 千克哑铃摆臂 50～60 秒。

（3）高抬腿跑 80～100 米 ×4～6 组。

（4）跨步跳 100～200 米 ×3～4 组。

（5）负重 5～6 千克 150～250 米重复跑 3～4 组。

（6）单腿跳 50～60 米 ×4～5 组。

（7）垫步跳 200～300 米 ×23 组。

（8）25～30 千克快挺杠铃 30～40 次 ×4～5 组。

（9）用前脚掌支撑着地慢跑 1～2 千米。

（三）技术训练与节奏训练

1. 技术训练

让初学者从一开始就用左右腿去上栏，这不仅有利于提高一般动作的灵巧性和用“正确腿”迅速掌握动作要领，而且对以后走向400米栏专项化是有益的。

（1）在步行、快步走和跑中用1、3、5的步数节奏作适合于蹬地腿（正在上栏时）的分解性练习。

（2）做适合上栏腿的同上练习。

（3）综合练习：在步行、快步走和跑中用1、3、5步数节奏在中间攻栏。

栏架的数目一般为5个，栏的高度要逐渐增加，在进行（1）和（2）练习的最后阶段尽可能达到84厘米。栏间距离应与步数和速度相适应，以避免跳跃过栏。所有练习首先要成直线，以后也可曲线进行。

上述练习如果以偶数步2、4、6进行栏间跑的话，双腿就可以交替进行，为进行（1）和（2）练习，栏架可放在两条跑道内，以便用左右腿交替进行。

400米栏运动员技术努力方向主要包括以下几个方面。

（1）起跑：平稳加速，步点准确。

（2）过栏：过栏动作轻松、自然，且有一定幅度；掌握左、右腿轮换起跨过栏技术（以右腿为主）（图3-5-1）。

图3–5–1　过栏技术

（3）栏间跑：跑的动作放松、步幅开阔、节奏明显；根据个人能力减少栏间跑步数，步长相对稳定，跑速均匀；缩短各步支撑时间。

（4）全程跑：合理分配体力，跑速相对均匀；抓好后半程的技术和能力，后半程与前半程的时间差不超过两秒。

2. 节奏训练

在训练实践中，一般将节奏训练分成预备性的和专门性的，依次安排在全年训练计划中。在正常训练条件下，预备性节奏训练安排在 1—3 月，专门性节奏训练则大约从四月份开始进行。

（1）预备性节奏训练

训练正确地判断栏间距的能力和以相应的步数准确地到达前栏起跨点，是这一训练方法的目的，训练中有以不同的或相同的栏间距进行的练习，运动员的任务是自己找到到达栏架的合适的步数或者达到预定的节奏。

其科学化训练主要手段包括以下几种。

跑距 80～100 米，4～6 个栏架（栏高 76 厘米高），栏间距离不等，可用偶数或奇数步子跑。要求：用预定的节奏一气跑完。

跑距 80～100 米，4～6 个栏架，相应增加栏间步数。要求：用规定的节奏一气跑完。第一栏用右腿上栏，以下各栏用左腿上栏。

所有上述练习均用站立式起跑和助跑 13.5 米或 20 米完成。

（2）专门性节奏训练

这类训练方法与比赛时的节奏有关，其科学化训练主要手段包括以下几种。

①至第一栏的助跑节奏训练手段

在无栏架的跑道上，距起跑点约 40 米处做一个一目了然的标志，试用 23 步或 24 步（视步长而定）以蹬地腿到达标志线。

逐渐将标志移至 43.40 米，节奏不变。

在起跑点前 45 米处放栏，用上述节奏过栏。

在距第一栏架约 6～8 步做一看得见的标志作为学习阶段蹬地腿的中间标志，经验证对至第一栏的助跑节奏训练是有效的。作上述练习时，可用站立式起跑进行。

②进行全程跨栏跑节奏训练

作这一训练时，应始终以比赛节奏进行，栏间距离也与比赛时一样。栏间距只在春季开始训练或较疲劳的情况下才可以缩短，这样才能达到预定的节奏。

按大强度的间歇训练法过 1 个、3 个或 5 个栏。

按平均强度的间歇训练法过 3～5 个栏。

过 6～8 个栏，但只用重复训练法进行。休息要充分，如 300 米栏 ×3 组，间歇时间 30 分钟。

完全按 400 米距离进行训练意义不大。全程都保持比赛节奏，在训练的条件下几乎是不可能的，只有按比赛速度训练才能达到预期的节奏。

第四章　跳跃类田径运动科学化训练

本章的主要内容是跳跃类田径运动科学化训练，主要从四个方面进行了论述，分别是跳高科学化训练、撑竿跳高科学化训练、跳远科学化训练、三级跳远科学化训练。通过本章，我们可以对跳跃类田径运动如何进行科学化训练产生更深入的认识。

第一节　跳高科学化训练

在田径运动中跳高是一项跳跃项目。跳高的具体步骤是运动员利用助跑、起跳、过杆和落地等一系列动作，使人的身体越过尽可能高的杆位。

可以通过科学的选材手段选拔出有运动天赋和能力的运动员，这是因为运动员的天赋和能力决定了运动员是否能取得优异的跳高成绩。然而，在跳高训练中仅仅依靠天赋和能力是远远不行的，要想提高跳高运动水平，运动员需要拥有超强的身体素质、强大的心理素质和高超的跳高技术，而这些素质和技能是经过长久的、系统科学的训练培养出来的。

跳高训练就是对运动员进行的有目的、有计划、多年系统的专门教育与培养过程。而且整个训练过程只有把身体训练、技术训练与心理训练有机地结合起来，才有可能取得优异的跳高成绩。

一、跳高项目的发展历史

跳高比赛最早出现于 1864 年的英国，在第 1 届和第 9 届奥运会上男女跳高先后被列为正式的比赛项目。根据史料记载，英国运动员以跨越式的跳高方法跳出了 1.70 米的成绩，创造了最早的跳高纪录。随后英国跳高选手布鲁克斯在

1867年也用跨越式跳高方法跳出了1.89米的成绩。1895年，美国跳高选手斯维尼以剪式跳高方法跳出了1.97米的成绩。之后又出现了滚式跳法。1912年，美国跳高选手霍莱恩跳出了2米多的成绩，这是首个正式的世界跳高纪录，其由国际田联确认。1923年，一些运动员开始使用新的跳法，即俯卧式跳法。采用这种跳法时，运动员以腹部朝着横杆的姿势跳过去。美国跳高选手阿尔布烈顿约和约翰逊在1935年采用了卧式跳法跳出了2.07米的成绩。从那时起，俯卧式跳法逐渐在跳高界占据主导地位。1956年，美国跳高选手杜马斯跳出了2.15米的成绩，同年苏联跳高选手斯捷潘诺夫跳出了2.16米的成绩，他们都创造出新的跳高世界纪录。

新的跳高方法不断地替代传统的跳高方法，这是跳高技术早期发展的一个重要特征。俯卧式与它之前的各种跳法相比，跳高运动成绩的提高主要是通过改变过杆方式、提高高度的利用率来实现的。

20世纪60年代以后，跳高技术的发展方向发生了根本性的转变。表现在主导思想上，重视了对人体极限运动能力的开发，训练中形成了较为完整的力量训练体系。在技术上，则有意识地加快了助跑的速度和采用直腿摆动的起跳技术，从而使起跳的功率得以加大，起跳以后人体腾起的高度有了提高。1961—1963年苏联运动员布鲁梅尔采用直腿摆动的俯卧式跳高技术，把纪录从2.23米提高到2.28米。

1968年美国运动员福斯贝里首创背越式跳高新技术，并以2.24米夺得墨西哥奥运会金牌，又一次展开了两种跳高技术的激烈竞争。20世纪70年代两种跳法的运动员都曾打破过世界纪录。进入20世纪80年代，背越式跳高技术完全取得了优势。这不仅是由于跳高世界纪录均为背越式跳高运动员所保持，而且有研究发现，背越式跳高为从速度上更深层次地开发人体极限运动能力提供了可能。目前1993年古巴运动员索托马约尔以2.45米的成绩创造了男子跳高世界纪录，1987年保加利亚运动员科斯塔迪诺娃以2.09米的成绩创造了女子跳高世界纪录。

我国跳高运动开展于20世纪初，但在中华人民共和国成立前发展得十分缓慢。中华人民共和国成立后，跳高运动获得了迅速的发展。

中华人民共和国成立前男女跳高纪录分别为1.875米和1.40米，至1954年全部被刷新。1957年我国优秀女运动员郑凤荣脱颖而出，以1.77米的成绩打破了当时的世界纪录。她的这一跳，震动了世界田坛。

1958年以后，由于我国在发展俯卧式跳高技术上取得了成功，跳高运动水平有较大幅度的提高。1960年史鸿范和康驹培先后跳过2.08米和2.09米，位列当年世界的第14名和第11名。1970年倪志钦以2.29米的成绩，打破了布鲁梅尔保持的世界纪录。与此同时，女子最好成绩也达到了1.81米。

20世纪70年代，我国跳高项目的发展一度受到影响，但20世纪70年代后期很快得到了恢复。当时世界跳高技术的主流形式是背越式，中国也出现了许多背越式跳高运动员，他们都非常优秀，尤其是朱建华。朱建华在18岁时，就跳出了2.30米的成绩，这个成绩再一次打破了亚洲跳高纪录。1983年和1984年，朱建华在跳高项目上分别以2.37米、2.38米和2.39米的成绩打破了3次世界纪录，一度使我国的跳高项目达到世界最高水平。1989年优秀女运动员金玲也以1.97米的成绩刷新了全国和亚洲纪录。

跳高项目很早就成为奥运会的固定比赛项目，在奥运会上，各国优秀的运动员们也一次次冲击着人类跳高运动的极限。

2004年雅典奥运会，瑞典的斯蒂芬·霍尔姆以2.36米的成绩获得男子跳高冠军，俄罗斯的叶莲娜·斯列萨连科以2.06米的成绩获得女子跳高冠军。

2008年北京奥运会，俄罗斯选手斯林诺夫以2.36米获得男子跳高冠军，比利时选手埃勒博以2.05米获得女子跳高冠军。

2012年伦敦奥运会，俄罗斯男子跳高名将伊万·乌克霍夫以2.38米的成绩获得男子跳高冠军，俄罗斯名将奇切洛娃以2.05米的成绩获得女子跳高冠军。

2016年里约奥运会，加拿大选手德里克·德劳因以2.38米的成绩获得奥运会男子跳高冠军。西班牙老将贝蒂亚以1.97米的成绩获得女子跳高冠军。

2020年东京奥运会，卡塔尔的巴尔希姆和意大利坦贝里成为男子跳高双冠军，成绩都是2.37米。俄罗斯跳高女王玛利亚·拉斯兹柯内以2.04米的成绩夺得女子跳高冠军。

二、跳高专项身体素质科学化训练

专项身体素质训练是指在运动训练过程中运用各种练习手段有效地影响运动员的身体形态，促进其身体素质和运动机能的发展，提高运动员的健康水平。

在跳高训练中专项身体素质训练是一项非常重要的内容。高度发展的专项身体素质训练水平是掌握和提高运动技术的基础，是大负荷训练的物质保证，是不断提高运动成绩的先决条件。

许多优秀跳高运动员都具备良好的身体训练水平，他们不仅在跳高上成绩卓越，在其他某些田径项目上也表现出非凡的成绩。如双料世界冠军阿夫杰延科100 米 10 秒 7，跳远 7.50 米，三级跳远 16 米，60 米栏 7 秒 9。世界冠军舍贝里跳远 7.70 米，16～18 岁期间是瑞典三级跳远冠军（青年），成绩为 15.85 米。再如 22 届奥运会冠军世界纪录创造者原东德韦希格，十项全能成绩达 8000 分。女子跳高也有这种例子，如我国的叶佩素曾多次创造七项全能亚洲纪录，曾两次夺得全运会跳高冠军。还有亚洲女子跳高纪录 1.97 米的创造者金玲，跳远 5.85 米，七项全能成绩 5400 分。

优秀的跳高运动员把专项身体训练看作首要目标，主要靠专项身体训练创造优异成绩。速度训练、力量训练、灵敏与协调性训练是跳高运动员专项身体素质训练的主要内容。

（一）跳高专项速度训练

速度素质体现了个体（或其特定部分）快速运动的水平。尤其是在背越式跳高技术中，运动员的速度素质非常重要，背越式跳高要求运动员在快速助跑后迅速起跳，然后快速跳过横杆。因而，速度训练对于跳高训练来说是至关重要的。

基于跳高技术的要求，速度训练中应该囊括跑步速度、跳跃过程中肌肉收缩的速度以及助跑起跳和过杆的反应速度等几个方面。速度训练应及时把握住素质发展的敏感时期。对于 13 岁以下的跳高运动员来说，应着重训练其动作频率，提高其反应速度和做单项动作的速度，对于 16～17 岁的跳高运动员来说，应着重提高其跑的能力。

1. 跑的速度练习

（1）练习30～40米行进间跑、加速跑、追逐跑、起跑等项目，这些项目可以培养跳高运动员的跑步技术，提高其跑步节奏。反复练习这些项目可以大幅提高运动员的跑步能力。

（2）练习60～150米加速跑、计时跑等项目，以提高运动员跑步的幅度，增强运动员的跑步节奏感。

（3）练习弯道跑项目，有助于提高运动员弧线跑的能力。练习时可以将节奏跑、加速跑、计时跑等训练项目设置在弯道上。

（4）练习从直线跑转换到弧线跑。

（5）练习半径为7、6、5米的圆周跑。在做圆周跑练习时，要注意逐渐缩短圆弧半径，这样可以提高弧线助跑能力。

（6）练习上坡跑和负重跑等项目，使跑的能力有所提高；练习下坡跑，使跑的频率有所发展。

（7）在跑步过程中跑过15～20块实心球或海绵块。海绵块或实心球可根据运动员的步长放置，间距约2.0米。练习快速跑过实心球或海绵块，可以提高运动员的步频，改善运动员的跑步节奏，增大他们的跑步幅度。

2. 发展反应速度的练习

（1）各种活动性游戏球类活动等。

（2）多种练习组成的组合练习。

（3）听信号或看手势完成各种练习。

（4）各种变换速度与节奏的练习。

3. 发展动作速度的练习

快速仰卧收腹举腿、快速摆腿或摆手、快速跳跃等快速重复各种动作的练习可以使运动员的肌肉收缩速度和能力得到提高，进而使运动员身体的协调性和平衡性有所提高。

（二）跳高力量训练

跳高运动员的另一个重要的素质是力量素质，力量素质是发展其他素质的根本保障。跳高运动员技术水平的提高和运动成绩的提高离不开力量素质的发展。背越式跳高的起跳时间大概为0.14～0.20秒，是非常短的。朱建华跳过2.37米横杆时，起跳支撑只用了0.173秒，上升时垂直速度为每秒5.217米。一般来说，技术较好的男跳高运动员在起跳时产生的冲击力可能会超过600千克，这就要求跳高运动员的力量素质必须强大，速度力量占重要地位。跳高力量训练的重点是速度力量训练，即爆发力训练。跳高运动员应具有较强的相对力量，这是跳高运动的特点所决定的，跳高运动员在练习力量素质时，尽量不要使肌肉变粗。

1. 杠铃练习

提高跳高运动员腿部支撑力量和蹬伸力量，可以通过杠铃练习来实现。需要注意的是，在使用杠铃练习时，动作速度要达到跳高技术的标准，不要超负荷练习。

运动员应长期坚持杠铃练习，刚开始作中等负荷（也就是最大重量的70%）练习，这种强度的练习有助于提高运动员的绝对力量。中等负荷练习持续一个月以后，就可以作大负荷练习（最大重量的80%～90%）了，只有当力量训练处于较高水平时，才能进行极限负荷训练。大负荷和极限负荷的力量训练可以有效地提高相对力量，在保持或减轻体重的基础上促使肌肉力量增加。

杠铃练习的主要手段包括以下几个方面。负重快速蹲起（负自身体重的50%），可计时，每组练习不超过5次；负最大重量的85%～100%作半蹲起提膝；抓举；提铃至胸；负杠铃坐蹲起；负杠铃单腿上高台（40厘米左右）快速蹬伸起，重量可逐渐增加，每组5次，可计时；负杠铃（体重的50%～70%）半蹲跳，每组8～10次；负轻杠铃直膝足尖跳，也可半屈膝弹性跳；负杠铃箭步走与负杠铃迈步跳；负轻杠铃大幅度弓箭步交换腿跳，每组重复6～10次；仰卧双腿蹬杠铃或只用前脚掌屈蹬练习；体后拉轻杠铃或肩负杠铃体前屈、体转等。

2. 轻器械力量练习

（1）跳绳练习在提高踝部力量方面非常有用，跳绳的形式非常多，主要有单摇、双摇、多人跑动跳绳等练习方法。

（2）抛实心球和接实心球在提高腰背、腹部躯干力量等方面有显著效果。

需要注意的是，不能只重视抛球练习，也要重视接球练习。

（3）壶铃蹲跳练习。

（4）多种专项轻器械练习。如利用橡皮条、沙袋、沙衣、哑铃练习等。

（5）利用各种力量训练器作专项训练。

3. 徒手力量练习

单杠引体向上、俯卧撑、元宝收腹举腿、肋木悬垂举腿、仰卧挺等是运动员可以徒手进行的运动项目，这些项目是全面提高运动员运动力量的常用练习方法。

（三）跳高速度力量训练

人们常说的爆发力实际上就是速度力量。速度力量对跳高运动员来说至关重要，在很大程度上决定了跳高运动员的成绩。

因此，一定要慎重选择符合跳高用力的生物力学特点的专项训练来提高速度力量的训练效果。这些练习既要与神经肌肉用力的特点相近，也要在起跳阶段的动作结构上接近。

1. 发展速度力量的方法

克服自身体重的练习：如快跑，单、双腿原地纵跳，多级跳助跑跳跃，各种跳深练习，以及各种负重跑跳和快速力量练习。

利用自然环境条件进行的各种练习：如上、下坡跑，上、下台阶跑跳练习，顺风与逆风跑跳练习，沙滩、草地、林间跑跳练习。

克服外界阻力的练习：如双人对抗练习，各种不同重量的负重练习以及轻器械练习。

2. 速度力量训练的主要手段

（1）立定跳远，立定三级、五级、十级跳。

（2）跨步跳，30～60 米，计步数。

（3）单足跳，30～60 米，计时。

（4）蛙跳，三、五、十级跳，丈量距离或计时。

（5）原地纵跳，收腹抱腿或跳起手摸高物，以及纵跳过栏架等。

（6）支撑单足跳，要求直腿提踵，跳起时双臂配合摆动。

（7）深蹲拉杆跳，双手抓住立柱，蹲跳时双手用力拉，以加快跳起速度。

（8）跑跳看台台阶，可以单足连续向上跳，也可以单、双足由上向下跳。

（9）跳深后立即跳起，高度在 50～90 厘米，着重练习反弹跳起的速度与高度。

（10）短程助跑（6 步）三、五级跳，先做交换腿跳，然后练单足跳。

（11）6 步助跑跳过栏架。

（12）助跑触高物。

苏联学者作过研究，结果显示最符合跳高动力学标准的训练有：助跑单脚五级跳、带助跑的单脚向上跳跃、跳深和过栏跳跃等。

三、跳高专项技术训练

掌握科学合理的跳高技术能够最大限度地发挥运动员身体素质的潜力，可以使运动员的跳高成绩越来越好。

运动员可以通过系统的训练不断完善跳高技术，朱建华独特的快速助跑和快速起跳的技术风格，是经过多年艰苦训练形成的，并且不断完善，终于三次创造世界纪录，被称为“朱式跳高技术”。

技术训练应包括教学因素，在学习和掌握跳高基本技术时一定要规范化。

技术训练一定要多年并全年进行，要把掌握基本技术与完整技术结合起来，要注意在不断提高练习强度的基础上进行。

技术训练不仅要严格规范，还要考虑到运动员的个人特点。不必搞统一的技术模式，要注意培养和形成具有个人特点的技术风格。我国著名跳高教练黄健善于创新，根据杨文琴全身大肌肉群爆发力大、助跑速度快，但弹跳力属中等的个人特点，设计了“猫跳技术”，加长了助跑距离，改进了助跑节奏，前几步靠后力量达到较大速度。到弧线时，身体重心要高一些，加大步幅，自然加速。最后 3 步是靠加快频率来提高速度。起跳点也由距横杆投影点 60 厘米加长到 90 厘米。在起跳上要求发挥全身的爆发力（包括摆腿、摆臂）。经过一段时间的训练，杨文琴的助跑速度明显提高，她自己也感到这种助跑技术符合自己的特点，能充分发挥全身的力量和速度，1985 年 4—5 月，她接连以 1.94 米、1.95 米、1.96 米三次刷新亚洲纪录。

技术训练必须与身体训练紧密结合，特别是改进技术细节更是与专项能力的发展水平有紧密关系。如蔡舒 1980 年前助跑角度与横杆投影线夹角太小，起跳点近。助跑快时起跳较难掌握，且易产生旋转过快，倒体早，以及肩、背打杆的毛病。后来将他的助跑夹角改大，向后移了起跳点，使其起跳向上的效果明显提高，既有利于起跳时支撑用力，又防止了过早旋转，克服了肩、背打杆的毛病，1981 年 6 月他接连跳出了 2.24 米和 2.29 米的好成绩。

技术训练还应该结合比赛实际，进行实战训练。当代重大国际比赛一般是第一天及格赛，第二天决赛，因此在训练中，高水平选手必须进行模拟比赛的训练，连续两天进行大强度技术训练，通过模拟训练适应重大比赛的要求，力争在重大比赛中创造优异成绩。图 4-1-1 为背越式跳高完成过程。

图 4–1–1　背越式跳高

（一）助跑技术训练

1. 弧线跑训练

掌握身体内倾技术有助于完成弧线跑训练。弧线跑的训练内容包括：由直道进入弯道跑、弯道跑、各种半径的圆圈跑等。

2. 快速助跑节奏训练

背越式跳高水平的高低取决于助跑的节奏和速度，背越式技术训练的重点是助跑的速度和节奏。在整个过杆技术训练中，一般强调加速，通过对跑后的 8 步进行计时来提高跑速。可以利用助跑起跳、不过杆、快速助跑等练习提高助跑速度，也可以用同步音响信号伴奏的方式训练跑步节奏。还可以利用助跑摸高或中程助跑跳远的方法来训练助跑节奏，在选择具体的训练方法时要基于自身的实际情况有创造性地选择。

3. 助跑准确性、稳定性训练

跳高成绩受助跑的准确性和稳定性的影响。运动员要在训练前提前画好助跑线，为练习的每一步都做上记号，这样才可以确保自己能准确地踏上起跳点。高水准的跳高运动员基本上每次在同一个位置跳高，整个助跑的速度，误差在 0.05 秒以内。只有系统和长期地反复训练，才能实现高度的自动化和高精准度以及稳定性。

（二）助跑起跳技术训练

1. 助跑节奏与起跳节奏的一致性训练

背越式跳高的起跳节奏很特殊，可以充分发挥助跑速度的作用，背越式跳高对助跑与起跳节奏的要求很高，两者要高度一致和连贯。如果助跑快、起跳慢，就不能跳起来，但不能为了适应跳跃节奏而降低助跑速度，而是要通过提高起跳速度找到舒适的跳跃节奏。

使助跑节奏与起跳节奏保持一致的方法有很多，如助跑触高、全程助跑跳皮筋、助跑跳上高架等。一些优秀的跳高运动员也经常使用长助跑起跳“坐板凳”过杆练习，这种练习要求运动员起跳要快速，过杆不挺腹部，这样才能加快起跳速度。

2. 起跳时蹬摆配合的协调性训练

起跳时要将摆动的作用发挥好，协调好蹬与摆这两个动作，把力量集中到一处，这对提高起跳效果有很大的帮助。在日常训练中，做大量的起跳练习时，摆腿和摆臂的作用不可忽视，可以做大量的腿部和手臂摆动练习，以提高摆动能力。

3. 控制腾起方向的训练

想要达到预期的起跳效果，起跳垂直向上是关键的一环。在与地面垂直的同时，要求腿部正向上摆动，两臂完全高摆，使全身呈柱状垂直向上跳起，这样能较好地控制腾起的方向。助跑起跳抓高杠，助跑手、头触高，助跑跳上高架是控制腾起方向的重要练习方法。

（三）助跑起跳过杆技术训练

1. 过杆技术练习

原地背越过杆练习，运动员可以站在高平台上，背对海绵包，跳过横杆，体验空中挺髋、展体、过杆等感觉。经常做挺髋、垫上仰卧成桥、后手翻以及后空翻等练习有助于掌握背弓技术。

在练习背越过杆技术时，中程助跑跳上万能架也是非常有用的。

2. 全程助跑过杆技术练习

全程助跑过杆技术练习在提高运动员跳高水平上发挥着重要作用，它应在全年系统地进行，每周至少安排两节全程助跑过杆技术课，每节课至少作 20 次训练。训练次数应随着运动员技术水平的不断提高而逐步增加。每周应该安排 60～100 次全程助跑过杆训练，每年也要完成 2000 次训练。

在将全程过杆练习和短程过杆练习结合起来的同时，安排一些助跑跳上高架、助跑摸高训练，以提高运动员的专项能力，完善运动员的跳高技巧。

3. 大强度技术训练

在掌握正确技术的条件下，必须不断提高过杆练习的强度，才能巩固正确的技术，有效地提高训练水平。

例如一个一级水平的女跳高运动员，平时技术练习强度是跳过 1.60～1.65 米，跳 1.70 米就属大强度，体力好的时候（竞赛期）技术练习强度每周都要达到或接近 1.70 米，甚至超过这一水平，只有在训练中突破了个人纪录，才有把握在比赛中创造优异成绩。

四、跳高心理训练

世界跳高水平一直在提高，高水平运动员之间的差距越来越小，使竞争越来越激烈。在 1995 年的世界锦标赛中，有两位选手的跳高成绩都是 3.37 米，由于肯普试跳次数比世界纪录保持者索托马约尔少，因此争得了冠军之位。跳高比赛不仅是技术的竞争，也是能力与心理素质的对抗。运动员只有保持良好的心理素质才有可能赢得对手。跳高比赛要求运动员具备较高的心理素质，运动员要在比赛中维持心理稳定、保持自信、积极进取。教练员应意识到心理因素发挥的重要作用，将心理训练置于重要地位。

比赛的成绩受运动员心理状态的影响，在激烈的竞技中任何情况都有可能发生。面对众多实力雄厚的运动员和数以万计的观众，会出现很多想象不到的干扰和影响，此时运动员的心路历程是很难言说的。只有那些心理素质过硬和自控能力很强的运动员，才能在比赛中保持冷静，维持稳定的情绪，才能保证技术水平正常发挥，成为最后的胜利者。

在跳高运动员所有的训练中，心理训练是最为复杂的训练项目，在多年训练中占有重要的地位。心理训练的效果在短期内是体现不出来的，它需要很长时间的训练才能看到效果。人和人之间的心理素质是有差异的，因此应该选择符合运动员个性特征的心理素质训练方法和手段。

（一）表象训练

表象训练是最简单的心理训练方法。表象训练是指人们在头脑中自觉地再现跳高技术的正确过程，与此同时使运动员产生身临赛场的感觉，由此运动员相应的动作部位会产生肌电活动。表象训练在形成正确动作的动力定型方面有很大的帮助，可以加深运动的记忆使运动员掌握动作更加扎实。它也可以作为一种有效的行为疗法来缓解运动员的紧张、焦虑、恐慌等不良情绪。此外，表象训练可以增强运动员的信心。

表象训练也可以被称作念动训练。在欧美等国家，优秀的跳高运动员会把表象训练放在重要位置。例如，美国跳高运动员斯通在每次跳高比赛前都会在心里过一遍跳高技术要点，然后正式试跳，这种做法使他在比赛中发挥出较好的水平。

表象训练是一种不受时空限制的心理训练方法，特别是在运动员受伤或不能正常练习时，表象训练可以发挥一定的作用。

（1）运用“自我暗示”，默读提前准备好的口诀。如“快速跳跃”“注意加速”等，将注意力集中到即将到来的动作上。

（2）在观看了高水平运动员的训练或比赛视频后，要时常在脑海中回想起他们的跳高技能供自己参考。

（3）模拟比赛现场，把即将参赛的现场布置好，在模拟赛场把横杆架到预期的高度，然后反复想象自己“跳过”这一高度。

（二）集中注意力训练

注意力是一种专注于某一特定目标的能力，使人不会受到其他事物或杂念的干扰而分心。对跳高来说，集中注意力的能力特别重要。有些运动员心理训练缺失，比赛经验匮乏，常常因为无法集中注意力导致比赛发挥失常。

（1）在训练运动员的注意力时，使他们对跳高产生强烈兴趣是非常重要的，对跳高的热爱将使注意力训练达到事半功倍的效果。

（2）视觉守点、听觉守音集中能力的培养。如观察钟表秒针转动，眼睛始终紧紧盯着秒针；听手表指针转动的声音，静静地数，反复练习都可以提高集中注意力的能力。

（3）在比赛时达到忘我的境界，暂时忘掉比赛的目的，而专注于即将到来的试跳。例如，西梅奥妮在试跳之前会躺在一个特别的睡袋里休息，以避免分心；布鲁梅尔利用看小说集中注意力；塔尔玛克会戴上耳塞，闭目养神。听音乐也是一种集中注意力的方法。

（三）意志品质的培养与训练

意志是人们自觉地确定自己的目标、控制和调节自己的行为、克服各种困难、实现预期目标的心理活动。意志是一种为实现理想而主动拼搏的精神，从青年时期就要开始培养运动员的自觉性，以及对跳高运动的热爱之情和努力奋斗的精神，在长久的训练中要一直给运动员制订新的标准，激发他们的进取精神，使他们在培养自觉意志的过程中提高跳高技能。

要培养运动员吃苦耐劳、艰苦奋斗的品质。运动员在训练中、生活中和学习中会经常遇见各种各样的困难，例如在炎热或寒冷的环境中训练、超负荷训练、带伤训练，而克服这些困难、磨炼的过程就是培养意志品质的过程。因此，在日常生活中，从小事做起，严格要求自己，逐渐培养自己克服困难的勇气和战胜困难的坚强意志。

要培养运动员持之以恒的精神和坚韧不拔的毅力。绝大部分高水平的跳高运动员都有不屈不挠的毅力。在日常训练中培养运动员的毅力，如制订技术练习计划，要求运动员在某一高度跳过十次，督促运动员坚持完成训练计划。此外，耐力训练和长跑是培养持之以恒的精神的最好途径。可以每天坚持练习跳高基本功，每次训练课结束之后坚持做放松训练、伸展活动，并把这些坚持成一种习惯。这种持之以恒的态度从根本上保证了优异成绩的取得。

要培养运动员的自我控制能力，使他们能够稳定自己的情绪。在跳高比赛中，运动员要学会随机应变，灵活调节和控制自己的情绪，这是保证运动员发挥正常水平、取得优秀成绩的关键，部分运动员在比赛前没有作好心理准备，在比赛过程中情绪波动，不能冷静地应对竞赛进而发挥失常。

心理稳定性可通过“自我暗示”和放松训练来培养。“自我暗示”方法会使自己在预定时间内进入最佳状态。放松训练是一种自我调节的方法，可以提高自我控制情绪的能力。“自我暗示”与放松训练最好请心理学医生指导训练。

（四）培养自信心，勇于拼搏，敢于胜利

运动员努力训练的精神支柱是自信心，取胜的力量也源于自信心。自强不息、积极乐观、坚持不懈、斗志昂扬是自信的人一贯的风格，他们总是坚信自己能打

败对手。

运动员要在正确认识自己的基础上，分析、了解自己的运动潜力。在日常训练中，一定要用完美的试跳训练来结束每一项技术训练，让成功的喜悦刻在脑海中，在下一次的训练中或比赛中，成功的印象会使运动员充满自信。另外，不断改进技术和提高素质也能增强运动员的自信心。

在日常训练中，教练员也要时刻注意自己的言行举止，用亲和的态度对待运动员。平时训练时，应以表扬和鼓励为主，尽量不要批评和责骂运动员，这样做可以有效地提高运动员的自信心。

在技术实践中，在经常跳过的高度上用移近跳高支架的方法进行练习，这样造成的视觉错觉似乎提高了横杆，这样在正式比赛时，支架放宽后也不会感到高。此外，在练习中利用弹性板起跳，运动员的跳高成绩会远高于正常成绩，运动员在体验到高杆的肌肉感觉和心理状态后，会更有自信，更加坚定打破常规的决心。

五、大赛前科学化准备与训练安排

运动员多年艰苦训练的最终目的，就是为了提高运动成绩，为了在重大比赛中获胜。要实现这一目标，完成比赛任务，赛前准备与训练就成为关键因素。

赛前训练是全年训练的重要组成部分，是培养初步形成最佳竞技状态的特殊训练阶段。赛前训练阶段的任务不在于继续提高技能水平和训练水平，而是把已经获得的素质与机能通过技术表现出来，形成稳定的高水平的竞技能力，保证运动员在重大赛期创造优异成绩。

赛前训练和准备是多方面的，首先应是心理上的准备，要有计划地通过各种方式让运动员增强自信心，怀有创造好成绩的强烈愿望。著名教练胡鸿飞的经验是经常对朱建华灌输争取新高度的思想。多提出高度要求，使运动员有了不断努力的目标，这就是先有思想上的高度，才会有横杆上的高度。

赛前技术训练要注重练习的质量，过杆强度要特别慎重。一般在临近比赛的几周，全程过杆强度要适中，多控制在大赛起跳高度，将练习重点放在整个跳跃节奏上，熟练完整技术，检查技术上存在的问题。特别是赛前 10 天，一定要控制冲击强度的欲望，尽量避免技术训练出现差错，在轻松跳过的高度上使技术高度熟练。

在体能准备上，随着大赛的临近，一切训练都应在模拟条件下进行，包括比赛条件与比赛过程，及作息制度和竞赛规程。要培养运动员在比较困难条件下训练，让运动员适应不习惯的条件，在遇到突然发生的情况时能沉着应对，并保持良好的竞技状态和情绪。大赛前的准备阶段，一般持续 6～8 周，主要是合理地安排训练节奏。要因人而异，每周详细规划出训练主要手段、负荷与强度，还要采取相应的恢复手段与措施。

训练负荷的安排应呈波浪式的变化。第一中周期训练负荷要达到相当高的水平，而第二中周期负荷总量要大大减少赛前一周安排，多以积极性恢复为主，保持训练水平，不要破坏习惯的生活规律，加速恢复过程，进入最佳竞技状态，迎接重大比赛。

六、跳高科学化训练计划的制订

跳高训练的一个重要特点就是个性化。每个运动员在年龄、性别、形态、素质、机能、心理品质、智力结构等各方面都具有不同特点。因此，根据运动员的具体情况和训练条件，制订切实可行的训练计划，是有效地控制训练过程十分重要的环节。

训练计划包括多年训练计划、全年训练计划、周训练计划等。

（一）跳高多年训练计划

多年训练计划是对运动员从开始训练至达到高度竞技运动水平全过程的整体规划。根据跳高运动员出成绩的规律，从一名儿童开始训练到成为国际运动健将，一般需要 8～10 年的时间。因此跳高运动员的多年计划首先要确定多年训练分期，制订各训练阶段的任务与训练安排。

1. 跳高多年训练分期及训练安排特点

跳高多年训练全过程分为四个时期：基础训练期（11～14 岁）；专项化初期（15～18 岁）；专项提高期（19～22 岁）；巩固与保持最佳成绩时期（23～27 岁）。

（1）基础训练期（11～14 岁）

少年儿童在这一年龄阶段处于加速生长期，身体主要是纵向增长，女孩比男孩性成熟早 1～2 年。这一时期由于骨骼发育快于肌肉系统，身体各部位肌肉发展不平衡，大肌肉群、上肢肌群和屈肌发育较早，小肌肉群及伸肌发育较迟，因此训练中注意多安排伸展性、灵活性、协调性以及跳跃性练习。

根据儿童的生理、心理特点，教学训练的方法与手段应多种多样，避免单调枯燥的练习，多进行游戏性、对抗性练习与球类活动，场地应经常变换。草地、海滩、沙丘、林间都是有效的活动场所。基础训练的主要手段包括以下几个方面。

①各种跑的专门练习：如加速跑、变速跑、节奏跑、追逐跑、接力跑、障碍跑等等。

②各种徒手跳跃练习：立定跳远，立定三、五、十级跳，单足跳，跨步跳，跳绳，跳台阶，各种纵跳，沙坑或草地足尖弹跳，等等。

③学习跳远、各种姿势跳高等。

④各种轻器械练习：实心球、沙袋、哑铃、壶铃、肋木等。

⑤技巧、体操和球类活动：如各种滚翻、侧手翻、前后手翻等技巧练习，简单的器械体操、健身操及球类活动。

（2）专项化初期（15～18 岁）

此训练阶段的任务是继续提高运动员的健康水平，在全面发展身体素质的基础上逐步提高专项能力。同时掌握完整背越式跳高技术，初步形成个人技术特点，加强心理训练，培养良好的个性心理品质。

这一时期的训练应逐渐加大练习负荷与强度。每周训练 6～8 次，每次 120～160 分钟。一般身体训练占 30%～40%，专项身体训练占 40%～50%，技术训练占 20%～30%。每年参加 8～12 次比赛。这一时期应广泛地采用各种负重的跑、跳练习和杠铃练习来发展速度力量。练习手段应紧密结合专项技术特点，大量采用专门练习，如助跑触高、助跑跳上高架及助跑起跳过栏架等练习，还有短程助跑五级跳、跳远、三级跳远等。

（3）专项提高时期（19～22 岁）

这一时期是运动成绩的“突长期”，当代杰出的跳高运动员大多在这一时期达到世界水平或创造世界纪录。

专注于专项能力的发展是这个阶段的主要训练任务，通过大量训练不断提升跳高技术。在参加大量比赛的基础上，增长参赛经验，提高参赛能力，努力跳出更高的成绩。

这一时期训练安排特点是继续加大训练负荷，以增大训练强度为主。

每周训练 6～9 次，大大加强专项身体训练和技术训练，一般身体训练很少，只作为积极恢复放松手段，每年参加比赛或测验 15～20 次或更多。训练手段更集中、更专项化。

2. 跳高多年训练计划的内容

（1）运动员的一般状况包括年龄、身体形态、身体发育状况、开始训练时间、素质发展水平、专项及副项成绩、个性心理特征、道德意志品质等。

（2）四年或多年训练的总目标，如达到健将标准，在全运会中夺取好名次以及争取参加亚运会或达到奥运会报名标准等。

（3）简要提出每个训练年度的主要任务和方法。这些任务应与多年训练的主要目的保持一致，而且逐年要有变化。此外还包括培养道德意志品质，掌握和提高技术、战术，提高身体素质，获得理论知识等。

（4）训练安排。如各年度训练与比赛次数、早操安排、技术训练与素质训练的比例、各时期的主要手段、各阶段训练负荷与强度等，还有周训练次数、小周期训练安排、赛前安排、检查性测验指标等。

（5）健康检查及机能测定。

（6）每年或一个训练阶段结束时的总结。

（二）跳高全年训练计划

年度训练计划是教练员组织运动训练过程的一个重要文件，制订科学的全年训练计划是实现多年远景规划的必要前提。根据竞赛安排和年度的周期性特点，全年训练可分为单周期与双周期。目前国内外跳高训练多数按双周期来安排。

全年训练计划通常包括以下内容。

（1）运动员简况分析。个人资料、运动水平、技术状况、思想品质、上年度训练概况、训练存在的主要问题等。

（2）本年度训练任务与要求。

（3）跳高成绩指标和各项素质指标

（4）训练安排。主要是训练周期的划分，各训练周期的任务、内容和主要训练手段，训练负荷与强度的控制。

（5）测验与比赛安排。

（6）训练水平的检查与评定。

（7）训练工作的考核与总结

制订全年训练计划的重要依据是运动员的现实状况、年度比赛任务和上一年度的训练总结。而上年度总结对确定本年度的训练任务和重点有重要指导作用。在计划中提出的任务要明确，要求应当切实可行。

根据全年重大比赛来划分周期和训练阶段。每个大训练周期又分为准备期、比赛期和过渡期，各时期都有鲜明特点，在制订年度训练计划时要特别注意各个时期、阶段的衔接，保持训练的连续性，使运动员逐步提高竞技能力，培养竞技状态，力争在重要比赛中创造优异成绩。

（三）跳高周训练计划

周训练计划是具体实施计划，是运动训练中的最小周期。周训练计划是根据阶段、月的训练任务、负荷量和强度的不同要求制订的。依训练任务及内容的不同，可把周的训练分为基本训练周、赛前准备周、比赛周和恢复周四种类型。

一定要依据现阶段目标和全年负荷发展的总目标安排一周训练运动负荷量，而周训练负荷的构成与积累是阶段和全年负荷安排总趋势的基础。由于训练任务不同，小周期的训练计划也表现出明显不同的负荷特点。如基本训练周，主要任务是提高训练水平，负荷特点是逐渐增大（分加量周和加强度周）。而赛前准备周的任务是获得良好的竞技能力、适应比赛要求，负荷特点是适当提高强度、减量。

制订周训练计划必须把全年的任务和运动员近期的具体情况结合起来考虑。

根据阶段、月的训练任务和上周训练情况确定本周任务，训练次数、量和强度的节奏，使训练能符合运动员的实际情况。

在跳高运动员多年训练过程中的不同年龄时期，由于训练任务不同，周训练计划的内容、手段、方法以及运动负荷量与强度都有显著差异。为了便于参考，我们列举基础训练时期的一个周训练计划安排。

基础训练阶段周计划示例（本阶段每周 5 次课，每次课 100～120 分钟）。

星期一：速度与专门练习。

（1）准备活动：速跑 1000 米，徒手操 68 节，全身伸展运动。

（2）跑的专门练习：小步行进跑、高抬腿跑、加速跑各 30 米 ×3。

（3）弯道（半径 15 米左右）加速跑 60×6～8 次。

（4）跳高专门练习：上 12 步摆腿。要求屈膝折叠小腿，上摆踏上 1 米高的木马，双臂配合上摆 20 次 ×5 组。

（5）抛掷实心球：双手前、后各种姿势抛掷共约 60 次。

（6）仰卧起坐和木马背屈各 20 次 ×3～4 组。

（7）活动性游戏 40 分钟。

星期二：全面发展，着重发展灵敏协调。

（1）准备活动：球类活动 40 分钟，徒手体操。

（2）专门练习：行进间踢小腿练习，左右各 10 次 ×10 组；行进间弹腿跳步练习（向前、向侧、向侧前绕环、向后）四种各 10 次 ×10 组。

（3）起跑 30 米 ×6 次。

（4）技巧——垫上运动：前后滚翻、侧手翻、肩肘倒立、头手倒立和前后手翻等共 40 分钟。

（5）跳绳练习：双脚单摇向前、后各 100 次，单脚交换跳 100 次，双摇跳 100 次。

（6）专门练习：海绵包前原地背越模仿练习 10 次 ×5 组；垫上挺 30 次 ×5 组；垫上仰卧挺身跳起 10 次 ×3 组。

（7）大步跑 200 米 +150 米 +100 米。

（8）放松跑与提踵走步交替 2000 米。

星期三：多项教学。

（1）准备活动：慢跑 1000 米，行进操及柔韧性练习 15 分钟。

（2）学跳远：学习跳远起跳、跨步飞跃以及 4～8 步助跑踏上起跳板练习 60 分钟。

（3）壶铃蹲跳及持壶铃上甩各 10 次 ×4～6 组。

（4）跳低栏架 5 个 ×8～10 组。

（5）立定三级跳 ×10 次，单足跳（左、右）各 ×10 次。

（6）小步弹跳 100 米 ×3 次。

（7）垫上伸展各大肌肉群，放松性游戏 20 分钟。

星期四：休息。

星期五：技术与弹跳。

（1）准备活动：慢跑 1000 米左右、徒手操与伸展运动、加速跑 60 米 ×4 次。

（2）4 步助跑跳高。改进起跳过杆技术 15 次，8 步助跑跳高 15 次。

（3）负 10 千克沙袋快跳挺 10 次 ×4～6 组。

（4）负 10 千克沙袋步换腿跳 10 次 ×4～6 组。

（5）跳上跳下 50～60 厘米高跳箱 5 个 ×4～6 组。

（6）单足跳 30 米 ×4 组（中间换脚）。

（7）垫上放松伸展运动 10 分钟，活动性游戏 10 分钟。

星期六：全面发展。

（1）准备活动：15 分钟。

（2）连续迈步跳 50 米 ×10 次。

（3）跨步跳 50 米 ×10 次。

（4）腹肌、背肌各 20 次 ×3～5 组。

（5）组合练习：支撑高抬腿跑 50 次 + 俯卧撑 10 次 + 深蹲走 30 米，共 4 组。

（6）草地变速跑 80 米快 +80 步慢，共 10 组。

（7）放松伸展运动 10 分钟。

每周的训练计划都应有重点并且要符合训练中“交替负荷”的原则。通过改变训练手段和方法来作出调整。我国著名教练胡鸿飞在训练朱建华时就根据跳高专项特点，分为技术周、速度周、弹跳周和力量周。在两个素质周之后安排一个技术周，如速度周—弹跳周—技术周，接下去是力量周—速度周—技术周。这样，每周的重点和训练内容都不同，神经系统会适当得到调整，既不容易产生疲劳，又便于进行技术教学和训练，使整个训练阶段取得最佳效果。

第二节　撑竿跳高科学化训练

一、撑竿跳高项目发展历史

原始的撑竿跳跃在经过一系列的演化之后，形成了今天的体育运动项目——撑竿跳高。生活在古代的人们，由于可利用的交通工具有限，当要跨越河沟或不是很高的障碍物时，借用木棍或竹竿的支撑便可解决眼前的困难。对于撑竿跳高的起源可谓是众说纷纭，有人认为这是古希腊人用长竿撑着身体以越过暴怒的公牛，也有人说它是节日庆典上的娱乐活动，这些说法很难令人信服。早在公元前1892年的古爱尔兰部落聚会上就出现了撑竿跳比赛，这比古代奥运会的历史还要久远。

最早撑竿跳高是作为体操项目训练的。世界上第一个有记载的撑竿跳高纪录是德国运动员在1789年创下的。其后不断发展直至1817年，撑竿跳高有了一定的规则和组织，并拥有了第一个撑竿跳高纪录。当时运动员使用的撑竿并不规范，与我们现在看到的撑竿有着本质的区别。出于欧洲人对撑竿跳高运动的喜爱，在19世纪末的时候，这项运动开始在欧洲许多国家流行开来。

在没有规定撑竿跳高正式的比赛规则之前，运动员在进行比赛时出现了很多的滑稽场面。有的时候甚至还出现了直接将撑竿固定到地面上，并顺势攀爬直接越过横杆的滑稽事情。作为一种体育项目，如果没有比赛规定的限制和保证，那么，将无法充分体现出撑竿跳高运动的意义。为此，在1889年的时候，撑竿跳高比赛有了这样一条成文的规定，明确要求运动员在撑杆起跳后不能双手在撑竿上交换向上攀爬。随着比赛规则的不断完善，以及人们对撑竿跳高比赛的重视，在1896年举办的第1届奥运会上，撑竿跳高被正式列为比赛项目。由于当时的体育运动是严禁女性参加的，为此，撑竿跳高以及其他的田径项目的各种设计都是针对男性运动员而言的。运动员在第1届奥运会上使用的撑竿是笨重、没有弹性且容易折断的木棍，即使是这样，依然没有令人们参与和进行撑竿跳高的热情有所消退。1904年在路易斯城举行的奥运会上，对撑竿跳高比赛规则作出了相应的系列合理化规定，此后，人们便以此规定进行撑竿比赛的评判以及训练。在人们不断进行撑竿跳高比赛的过程中，撑竿跳高技术也得到了改进。有人在助跑起跳离地后，采用摆体技术，创造出了木竿撑竿跳的最高纪录。之后，人们又发现竹子这种材料对于撑竿跳来说更为适合，它比木棍更柔韧，而且重量也要轻，运动员可在找到撑竿点后利用竹子的弹性越过更高的横杆。在竹子撑竿被应用到跳高比赛之后，各国运动员不断提升自己跳跃横杆的高度。美国人大卫斯用玻璃纤维竿作为撑杆跳出了4.83米的高度。随后，又有人采用不同材料做的撑竿进行比赛。

由于撑竿跳借助的是撑竿弯曲时积聚的能量，从而使运动员在撑竿释放能量后能够被带动着越过横杆，因此撑竿的质地与跳跃的高度有着十分密切的关系。随着科技的发展，撑竿也经历了一场技术革命。从以木竿作为跳高的支撑竿开始，逐渐发展到竹竿、金属竿、玻璃纤维竿碳纤维竿。

在19世纪时，人们用最为简单的木竿作为跳高的撑竿，但木竿的柔韧性差、质地坚硬、质量重，从而导致跳高成绩没有突破性的进展。19世纪末20世纪初的时候，人们又开始使用竹竿。但是，竹竿中空的内部结构限制了它能够承载的重量，而且耐用性也较差。当时，重工业已经发展起来，金属材料的制品也已经被应用到人们的生活当中。有人试着将撑竿改成了金属材料，并将这种撑竿应用到跳高比赛当中，从运动员取得突破性的成绩中可以看出，人们运用科技的手段对撑竿所作的改进已经初见成效。随后，人们又用合成材料制作撑竿，铝合金撑竿的广泛应用预示着撑竿正在朝着预期的发展轨道前行。之后，又出现了用化学纤维制成的尼龙撑竿，这种器材也曾一度被人们广泛地应用。不久又出现了重量更轻、更加结实的玻璃纤维竿，而现在跳高运动员使用的普遍是坚固并有良好形态恢复性的碳纤维撑竿。碳纤维撑竿由三层结构组成，最外层的是高强力的碳纤维，它可以保证撑竿的柔韧度和结实度，处于中间层的是碳纤维质地的带状织物，而最里层是绷带状的玻璃纤维。由于玻璃纤维撑竿结构材料的特殊性，使得运动员在撑竿起跳后，可借助较大的弯曲力量，在快速反弹后能够有效地完成撑竿跳高。

在撑杆借助科技的力量不断向前发展的同时，一些其他的辅助设施也得到了改进。1960 年，人们用海绵坑代替了沙坑，同时，也不断改进插斗壁的角度和撑竿跳高架子。设备的进化也提高了运动员的跳高成绩，新的纪录不断地被创造，人们的跳高热情也随着纪录的刷新而高涨。

运动员在快速助跑之后，撑竿飞跃的过程看似轻松、流畅，但其中蕴含的技术含量却是不容小觑的。在助跑的过程中，运动员需掌控好跑跳的节奏，速度逐渐加快，弹跳有力，腰部以及胯部的协同作用以使得身体其他部位全部过竿。在撑竿跳高的整套动作中，可有效地对练习者的速度、弹跳力、灵巧和协调性等进行训练。一些地方的人们为了增强体质或是作为节日娱乐项目而在专门的日子举行有趣的撑竿跳高比赛。使之在作为体育竞赛项目之余也成为一种有着娱乐和强身双重意义的民间运动形式。

我国第一个男子撑竿跳高纪录，是在 1910 年中国第 1 届全国运动会上创造的，成绩为 2.94 米。1936 年，纪录提高到 4.015 米。此后成绩不仅没有提高，反而明显下降。1948 年中国第 7 届全运会第一名的成绩仅为 3.52 米。

中华人民共和国成立后，撑竿跳高运动迅速发展。1956 年，蔡艺墅用金属撑竿跳过了 4.035 米，打破了保持 20 年之久的全国纪录。1964 年，胡祖荣用金属撑竿创造了 4.58 米的男子全国纪录，这也是金属竿的亚洲最高纪录。1966 年，我国运动员开始在正式比赛中使用尼龙撑竿，当年就创造了 4.60 米的全国纪录。1974 年，蔡长希创造了 5.01 米的新纪录，成为我国第一个越过 5 米大关的运动员。现在，我国男子撑竿跳高的全国纪录是薛长锐在伦敦田径世锦赛上创造的 5.82 米。

我国女子撑竿跳高运动兴起于 20 世纪 80 年代，几乎与世界各国的发展同步。1987 年，李琳和胡艳双双越过 3.60 米。1988 年，邵静雯跳出了 3.75 米的世界最好成绩。1991 年，张纯真越过 4.05 米，成为世界上第一个越过 4 米的女子撑竿跳高运动员。1995 年国际田联正式承认女子撑竿跳高世界纪录后，我国运动员曾多次打破室内外世界纪录。现在，我国女子撑竿跳高的全国纪录为 4.72 米，由李玲创造。

在奥运会中撑竿跳高也是十分重要的项目，我国的撑竿跳高运动员虽然在国际比赛中也曾有过优异成绩，但是在最近的奥运会比赛中却鲜有收获。

2008 年北京奥运会，澳大利亚运动员史蒂夫 · 胡克以 5.96 米的高度获得男子撑竿跳项目冠军；俄罗斯著名撑竿跳运动员伊辛巴耶娃以 5.0 米的成绩第 24 次打破世界纪录，获得女子撑竿跳冠军。

2012 年伦敦奥运会，男子撑竿跳的决赛赛场上拉维勒涅以 5.97 米的成绩获得冠军，并打破奥运纪录；女子撑竿跳高决赛中，美国运动员詹妮弗 · 舒尔摘得金牌。

2016 年里约奥运会，男子撑竿跳的决赛赛场上巴西选手提亚哥 · 达席尔瓦跳出 6.03 米的成绩获得冠军；女子撑竿跳高决赛中，希腊选手斯特芬迪以 4.85 米的成绩夺得冠军。

2020 年东京奥运会，男子撑竿跳的决赛赛场上，瑞典选手杜普兰蒂斯以 6.02 米的成绩摘得桂冠；女子撑竿跳高决赛中，美国选手纳吉奥特以 4.90 米的成绩获得冠军。

值得注意的是 2020 年东京奥运会上中国选手徐惠琴以 4.5 米的成绩排名并列第八。

二、撑竿跳高专项科学化训练具体内容和方法

撑竿跳高既要求运动员有很强的速度力量，也要求运动员有高超的技术、技巧，还要求运动员灵活、勇敢。撑竿跳高训练内容包括三部分：身体训练、技术训练和心理训练。只有把适合撑竿跳高特点的高水平身体训练、技术训练和心理训练有机地结合起来，才有可能取得优异的运动成绩。

（一）撑竿跳高身体训练

撑竿跳高运动员需要全面发展身体的各项素质。只有得到更好的身体训练才

能充分地发挥出运动潜力。专项身体训练在全面身体训练中占有非常重要的地位，在手段的选择上，要选择那些更为接近专项的专门练习手段来进行训练。撑竿跳高训练中速度训练占40%，技术训练占40%，起跳力量训练占20%。

1. 撑竿跳高一般身体训练

（1）发展一般耐力的方法和手段

一般耐力是发展体力的基础，其练习手段主要包含以下几个方面。

①跑（慢跑、变速跑、越野跑）。

②轻松的游泳、球类活动（特别是长时间踢足球）等。

越野跑的时间不应太长，最好把越野跑与一般发展练习、柔韧性练习和实心球练习交替进行，如10分钟慢跑+10分钟体操+10分钟实心球。

（2）发展一般速度训练的方法和手段

速度对撑竿跳高起决定作用，主要是通过各种跑的训练来实现，其练习手段主要包含以下几个方面。

①跑的专门练习：快速小步跑练习30米；徒手或负重的支撑高抬膝跑10～15秒；快速高抬膝跑30米；上坡跑50米；下坡跑40米；抗牵引阻力跑10～30米（如拉橡皮带跑）。

②短跑练习：站立或蹲踞式起跑30、60、80米；行进间快跑20、30、40、50米；加速跑40～100米；反复跑120～150米；变速跑30米（快）+30米（慢）+30米（快）+30米（慢）。

除了①②两点之外，还有其他各种反应跑练习。

（3）发展一般力量的方法和手段

全面增强身体各肌群的力量，特别是体前肌群的力量非常重要，其练习手段主要包含以下几个方面。

①哑铃摆臂、哑铃模仿举竿练习。

②壶铃蹲跳。

③负沙袋各种屈体、转体练习。

④实心球练习。

⑤肩负40～60千克杠铃弓箭步走。

⑥负杠铃下蹲（80～140 千克）。

⑦负杠铃跳（40～80 千克）（直腿、屈膝分腿、并腿跳）。

⑧抓举杠铃（60～100 千克）（马步、下蹲抓）。

⑨挺举（快挺、大强度挺举）。

⑩提铃至胸（40～60 千克）。

（4）发展一般弹跳力的方法和手段

可以从跳高、跳远、三级跳远的弹跳练习中进行优选练习手段。

①徒手弹跳练习：主要是向前、向上跳跃，如跑跳步、阶梯跳单腿跳、多级跳（3～10 级）原地纵跳、助跑 4～6 步起跳摸高。

②负轻重量的弹跳练习：如负沙袋、铅背心做同上练习。

③各种跳深练习：从不同高度跳下，接着做向上或向前连续跳起。

（5）发展一般灵敏和协调性的方法和手段

发展一般灵敏和协调性具体练习手段主要包括以下几个方面。

①各种游戏和球类活动（特别是篮球）。

②一般器械体操，起跳板上跳跃、转身、跳水、技巧练习。

③通过掌握田径副项技术（跳高、跳远、跨栏跑等）来培养动作的灵敏性和协调性。

④在越野跑时越过各种障碍，如攀登障碍、跳越障碍、穿过障碍和跨越障碍等。

⑤滑雪和溜冰。

2. 撑竿跳高专项身体训练

（1）发展专项耐力的方法和手段

专项耐力是和撑竿跳高技术密切相关的。专项身体训练是赛前准备的一个组成部分，通过赛前大量的全程助跑起跳和完整技术练习来发展和提高比赛耐力，也可通过多次比赛，从实践中来提高。

（2）发展专项速度的方法和手段

主要通过各种持竿跑练习来提高，主要包括持竿加速跑 30 米；持竿行进间跑 20～30 米；全程持竿跑（举竿、不起跳）；持竿反复跑；持竿变速跑。

（3）发展专项力量的方法和手段

①体操练习

练习手段：吊环上，摆体进入直臂倒立；单杠上，摆体成倒立、并越过高于单杠 50～100 厘米的横杆；单杠悬垂摆体团身；单杠上，按“弯竿—反弹”的节奏由摆体进入倒立；低双杠倒立推起；倒立走。

②负重练习

练习手段：杠铃卧推（60～120 千克）；杠铃坐推；杠铃颈后推；仰卧腿举杠铃、杠铃半蹲、杠铃单腿半蹲；仰卧直臂头后拉举杠铃；在斜凳上固定下肢负重仰卧起坐；单杠或肋木负重举腿。

③吊绳练习

在吊绳上练习最接近撑竿跳高技术的动作。

练习手段：吊绳上各种悬垂；4～6 步助跑跳上吊绳悬垂；吊绳上摆动举腿；沿绳向上展体；悬垂—展体的联合动作；用腿和不用腿的爬绳；倒爬绳；爬绳计时；负重爬绳。

（4）发展专项弹跳力的方法和手段

专项弹跳力练习包括所有与撑竿跳高起跳动作结构相同或相似的跳跃练习。

其练习手段主要包括以下几个方面。

①不同助跑距离的跳远。

②以短、中程助跑距离，徒手结合插穴起跳手臂动作的跳远练习。

③在跑道上做短、中、全程持竿助跑举竿插穴起跳练习（竿头不触地）。

④采用不同硬度的撑竿以短、中、全程助跑的起跳弯竿摆体练习。

⑤跳板、高台、斜坡跑道助跑起跳练习。

（5）发展专项灵敏、协调性的方法和手段

其练习手段主要包括以下几个方面。

①各种器械体操专门练习

单杠摆动转体 180° 下；低单杠翻上，弧形跳下；单杠向前大回环；双杠上挂臂和支撑摆动下；吊环前摆上和后摆上。

②技巧练习

各种前后滚翻；后滚翻展体成倒立过横杆；助跑侧手翻；鱼跃前滚翻；助跑前空翻；后空翻；后手翻；连续后手翻；前手翻；前手翻转体。

③蹦床练习

开始时应从掌握简单动作学起，然后掌握一般和复杂的跳跃练习，还可利用蹦床做撑竿跳高专门练习。

蹦床练习的练习手段主要如下。

折体下落站立；折体下落并转体 180° 站立；跳起转体 180° 和 360° ；各种滚翻、跳跃中团身，团身空翻，直体空翻；连续空翻；空翻转体。

跪姿跳起后，向后倒体和团身落蹦床。

同上练习，但从站立开始。

仰卧团身做跳跃练习，逐渐加大幅度。

（二）撑竿跳高专项技术训练

撑竿跳高技术非常复杂，因此专项技术训练非常重要，在专项技术训练过程中既可以掌握技术又可以发展专项身体素质。专项技术训练包括专门练习和辅助练习两个方面。

1. 撑竿跳高专门练习

（1）持竿跑

持竿跑是撑竿跳高技术训练的主要手段之一。

①持竿加速跑

开始时，持竿跑的距离要长些，约 50～60 米均匀加速，节奏要适宜，持竿要放松，助跑要平稳，通过练习培养运动员持竿技术。

②短距离持竿加速跑

距离约为 30～40 米，逐步加速，在跑的最后阶段达到最大的可控速度。

③持竿行进间跑

持竿预跑 20 米左右，达最大可控速度后保持这一速度到一定距离，如 20 米持竿行进间跑，30 米持竿行进间跑，这是发展最大持竿跑速度的常用方法之一。

④持竿反复跑

持竿加速跑 40 米走回起点，再持竿跑 40 米，重复进行，这是发展持竿跑速度耐力的方法。

⑤持竿—举竿—送竿跑

以持竿跑形式进行，跑到最后要把竿子举起向前送出，在重大比赛前，可作为持竿跑的主要训练手段，一次课可跑 10 次左右。

⑥持重竿跑

竿头绑上 1～1.5 公斤重物，进行持竿跑的目的是提高手臂持竿力量。

⑦持竿上坡跑

发展助跑时腿部力量。

⑧持竿下坡跑

发展助跑时的腿的频率。

（2）插穴起跳和后仰举腿，引体转体专门练习

①插竿的模仿练习：在提高握竿点条件下，用重竿子练习，不要使竿子前端着地，以增大两臂和肩的力量。

② 4～6 步短程助跑插竿练习：要注意及时送竿和积极地向前挺胸。

③ 6～8 步助跑（握竿点稍高）起跳后转入悬垂，然后回落在起跳点上（起跳点最好放薄垫子），力求使弯曲的竿子尽量向前移动。

④全程助跑插穴起跳练习：要求高握点，身体摆过垂直线，并在海绵垫中部着地。

⑤后仰举腿练习：6～8 步助跑，用直竿做上竿和后仰举腿动作，使腿靠近下手握点，小腿和脚向竿后伸出，身体成“L”形倒悬姿势下或做转体下。

⑥后仰举腿接引体转体练习：6～8 步助跑，用直竿做上竿和后仰举腿，引体转体下。

⑦弯竿后仰举腿练习：中程助跑，在弯曲的撑竿上完成后仰举腿练习。要求竿子成垂直复原时完成动作，不转体。

⑧撑竿跳远练习：6～8 步助跑，采用低握点，用硬竿进行，引体转体后，双

腿同时下地。

⑨撑竿跳高练习：中程助跑，采用中握点，用软竿进行过杆练习（横杆放在穴后 1～1.5 米处）。

⑩中距离助跑完整技术练习：采用中握点，应把注意力放在改进最重要的技术环节上。

⑪ 全程助跑完整技术练习：采用高握点，冲击跳跃强度，注意动作完整性和熟练性。

技术训练中应注意的事项主要包括以下几个方面。

①除了提高平跑技术以外，还必须掌握快速的持竿跑技术，多采用结合降竿和插竿的高抬腿持竿跑。

②必须十分重视插穴起跳技术，应大量完成各种快速的插穴练习。

③完整的技术练习必须与大量的相关专门练习结合起来进行，而掌握个别动作也必须和完整练习相结合。

④握竿高度和腾起高度的合理组合，有助于培养跳跃节奏。

⑤掌握技术主要是采用中程和全程助跑的撑竿跳高练习，目的是使动作达到自动化程度和高度的稳定性，不受各种条件和疲劳的影响。

2. 撑竿跳高辅助练习

现介绍国内外最新采用的一些练习方法和手段。

（1）深斗完整技术练习

深插斗比普通插斗深 10～20 厘米，这样可使运动员用 10 步助跑就能达到和全程助跑时同样的握竿高度，由于助跑距离缩短，可使跳跃次数增加。另外，起跳点放上 20 厘米高的跳箱、跳板也可达到同样的训练目的。

（2）斜坡高台跑道训练

斜坡高台采用水泥、砖块或角铁制成。斜坡长 11～14 米，斜度 6° 18″ ，可进行插穴起跳练习和过杆练习。采用斜坡高台跑道练习有利于加快竖竿速度，提高握竿高度。降低训练难度，有利于初学者更快掌握技术，也是高水平运动员提高握竿高度和竿子磅级强度、增加跳跃次数、培养专项心理品质和调节心理负荷的一种有效手段。

但必须注意与平地训练相结合，而且主要安排在准备期技术训练时使用。

（3）高台过杆练习

采用 2 米左右高台进行推竿助跑起跳，后仰举腿和过杆练习，可降低训练难度，增加练习次数，加强时空感觉，减少肌肉和神经能量的消耗，也可采用吊绳来代替撑竿进行练习。

（4）水下撑竿跳高练习

在水下进行撑竿跳高训练是一种独特的训练方法。

它是根据水的自然阻力而形成的力量练习，水下撑竿跳高的器材十分简单，一块 1 米长的跳板和一根撑竿即可。安装时，最好把撑竿固定在跳板的托架上，运动员戴上护目镜就可进行技术练习。

由于运动员在水中的动作较慢，所以能从容地完成每一个技术动作，教练员可及时纠正，直到正确掌握动作或疲劳为止。此外，通过水的阻力能提高参与练习的主要肌群力量和力量耐力。

当运动员在水下掌握了正确动作之后，应及时转移到陆上进行训练。

水中第一个练习手段是悬垂摆体和后仰举腿。

水中第二个练习手段是后仰举腿、引体、转体、推竿练习。

水中第三个练习手段是水中完整撑竿跳高练习。

（5）玻璃纤维竿弹性拉力器练习

目前，为了提高撑竿跳高技术而采用体操器械或固定杆练习，不完全符合撑竿跳高的生物力学特点，也会影响摆体动作，而采用弹性拉力器练习，与撑竿跳高的运动学和动力学结构完全相符。

制作弹性拉力器要适合各种水平运动员所采用的竿子的特点，它能改进撑竿跳高各阶段的动作，并符合撑竿跳高动作的生物力学特点。

弹性拉力器有绳索拉力器：悬挂的橡筋下端采用绳索连接；1/3 竿子拉力器：在绳索拉力器下挂 1/3 撑竿；竿子拉力器：用绳索拉力器下端挂上一根较软的玻璃纤维竿。

运用各种拉力器进行练习手段有以下几种。

①在“绳索拉力器”上先做起跳转悬垂动作，然后做后仰举腿团身动作。

②在“绳索拉力器”上先做团身动作，然后身体沿着绳索向上伸直。

③在“绳索拉力器”上先做起跳转悬垂，随后摆浪成团身，接着身体沿着绳索向上伸直。

④在“1/3 竿子拉力器”上先做起跳转悬垂动作，然后做后仰团身动作。

⑤在“1/3 竿子拉力器”上先做悬垂动作，然后摆浪成团身接着身体向上伸直。

⑥在“1/3 竿子拉力器”上先做团身动作，然后做身体向上伸直动作。

⑦在“竿子拉力器”上先做起跳转悬垂动作，然后做团身动作。

⑧在“竿子拉力器”上先做团身动作，然后身体向上伸直。

⑨在“竿子拉力器”上先做起跳悬垂动作，然后摆浪成团身，再做身体向上伸直动作。

（三）撑竿跳高心理训练

在现代，人们逐渐开始关注心理训练在撑竿跳高运动中的作用，在国外一些运动生理学家看来，训练中心理训练比重应占 30%，运动员比赛的成功 70% 属于训练，30% 属于心理因素，随着运动员年龄增大、成绩提高，心理训练的重要作用也日益凸显。

心理训练的内容包括两个方面：一般心理训练和比赛心理训练。一般心理训练有助于培养运动员的心理素质，使运动员的心理机能得到良好发展，提高运动员的自我控制能力，使他们能够进行自我心理训练，这为比赛打下良好的基础。比赛心理训练有比赛之前和比赛中两个阶段，比赛心理训练有助于运动员形成最佳的比赛状态，能够增强运动员获胜的信心，激发良好的比赛动机。

1. 一般心理训练

（1）心理品质的培养

心理品质是运动员在长期的生活和运动训练中形成的，它取决于运动员的运动和社会志向，包括精神抵抗力、运动员的性格以及自信心、稳定性、责任感、创造性和独立性、运动员的意志、斗志、勇气、自制能力、决心和耐性。这可通过教练员一贯的作风从精神上影响运动员，也可利用训练课的组织、鼓动以及采用比赛等手段创造竞争气氛和长期教育来达到。

在进行撑竿跳高的技术训练时，也可以采用跳水和跳弹簧板等练习，来培养和提高运动员的胆量和勇气，这是发展运动员心理机能的一种有效方法。

（2）自我控制能力的培养

一般的心理训练始终贯穿于整个训练的各个环节，这样可以在日常竞赛实践中融合心理训练，在日常的技术训练中融合心理训练。例如在不同场地、不同风向中进行跳跃练习；采用重量不同、软硬弹性不同的撑竿来练习跳高；在助跑速度不同的情况下进行撑竿技术练习，这一系列的战术性心理训练方法都可以培养运动员的自我控制能力。

（3）从实战出发，狠抓训练作风的培养

可把运动员比赛中经常出现的意志品质和技术相关的问题列出来，通过心理训练逐一解决。如采用“高强度的技术训练”对自己的体力和技术确立信心，克服训练中的心理障碍，在技术训练中采用“超高度训练”提高运动能力，加强空间感觉和节奏感，克服对“高度”的紧张恐惧心理。

（4）运动员意志品质的培养

在极其炎热、狂风暴雨、场地条件差等条件下进行技术训练以及使用重竿子跳高，可以磨炼运动员的坚强意志。在平时训练中发现竿子一软就及时更换，让运动员习惯于换硬竿跳，比赛用竿要在训练中试用，并随着素质的提高和技术改进逐步提高竿的磅级。

为了增强运动员的适应能力，可采用适应各种风向跳。风向的变化是撑竿跳高运动员最头疼的事，因为它会干扰运动员的注意力和意志力，影响技术的发挥。为此，在训练中有意识安排在逆风、侧风、大顺风中跳，以摸索不同风向下的不同助跑节奏。

（5）加强“想象训练”

在实际跳跃中，运动技术的概念随时随地地发生着变化，运动员对动作的感觉也是时好时坏。为了解决这个问题，运动员可以多思考、多回忆、多参考模仿国内外优秀运动员和本人的技术录像，通过对照、分析，来感觉自己技术形成和改进过程，在思想上逐步形成正确的技术概念。

2. 比赛心理训练

为了取得更好的比赛成绩，必须在赛前和赛中采取的措施主要包括以下几个方面。

（1）搞好赛前的最后一次技术训练课

比赛前的最后一节技术训练课在很大程度上影响着运动员的比赛心理。因此无论耗费多少时间和精力，都要成功地完成比赛前的最后一次技术训练。这样做虽然会使运动员的体力有所损耗，但有助于运动员做好赛前准备，运动员能以最好的状态参加比赛，运动员在比赛中精神状态良好，取得优异成绩的可能性更大。

（2）做好赛前的各种心理准备

教练员尽量不要在大赛前的各种小比赛中进行临场指挥，这样有助于培养运动员的自主作战能力，培养运动员独立解决比赛中遇到的问题的能力，提高其自控能力。比赛前也可以安排几次严格的模拟比赛，所有的准备活动都按照比赛的要求进行，如跑步点、第一个高度、试跳次数等，力争过杆的成功率。

（3）做好赛中战术安排

运动员应尽可能地做到不关注赛场中的各种情况，这有助于在比赛中集中注意力，这时候可以利用听音乐的方法让自己的注意力集中。在现代撑竿跳高比赛中，一些有经验的运动员普遍采用高起跳战术，这种战术试跳次数很少，跳得却很高，给其他运动员造成了巨大的心理压力。

三、大赛前科学化准备与训练安排

现代训练的实践证明：比赛是促进运动技术、战术水平提高的最有效因素之一，是最大限度地提高训练水平、培养比赛所需专项耐力和心理稳定性的重要手段。

随着目前竞技体育的发展，商业性资助和有奖比赛不断增多，世界性大赛每年也有增加趋势，因而引起赛季延长，这给训练结构和训练安排带来新的课题。

由于撑竿跳高技术复杂，对运动员各方面素质要求较高，一个优秀撑竿跳高运动员没有10～12年长期、科学、系统的训练，根本不可能达到国内和国际先进水平。所以有必要制订长期的训练计划，用科学系统的训练方法，提高运动员的各项身体素质，不断完善运动员的撑竿跳高技术，并培养运动员不屈不挠的心理素质。加强专项技术训练，提高训练强度，多次参加比赛以及赛前训练合理地安排，这些有力地保证了运动员在重大比赛中呈现最佳的跳高状态。

在长期训练计划、年度比赛任务和运动员的实际情况的基础上来制订年度训练计划。每年的训练计划的任务要明确，重点要突出，训练安排比例要合适，训练结构要合理，运动量强度的节奏变化明显。心理训练、恢复训练要加强，后勤器材要保障。

在全年计划安排上，运动量和强度应随训练时期和重大比赛的日期不同而呈波浪式发展。第一训练期训练量大、时间长、强度中上；第二训练期时间短、强度高、量小；比赛期，量小、训练强度最高。全年训练强度，从训练开始，基本上是逐步提高的。

在准备期就应知道比赛的准确时间，一般在赛季的第4～5次比赛中能表现出较好的成绩。

临赛训练从赛前10～14天开始，大幅度减小负荷，最后几次训练课在接近比赛的条件下进行训练，对技术进行一次全面检查。这时每周训练次数适当减少，强度提高，比赛前可休息1～2天，运动员要利用这段时间了解比赛天气，检查竿子等比赛所需的器械，要精神饱满地准备参加比赛。

撑竿跳高运动员每年需参加16～20次专项比赛（包括冬季的4～5次室内比赛）此外，在赛季开始和结束时还应参加一些副项比赛。在每次重大比赛前，都应安排好赛前训练。

赛前训练时，运动员应加强与教练员的密切配合，并从训练诊断、评价、监督过程中及时取得大量训练信息参数，以便有效控制训练。赛前可组织一定的测验性比赛。

撑竿跳高比赛要求运动员进行最大限度的身体和心理动员。因此赛前神经能量的积累、体力的调整很重要。

在赛前技术训练中，应尽量模拟比赛条件进行。如起跳高度、试跳次数、准备活动时间和内容、场地环境、器械等，都按比赛时的要求组织进行。运动员要增加全程助跑的完整撑竿跳高次数，还必须学会自己对每次跳跃进行分析。

每次大赛前的赛前准备期，应由训练周—诱导周—减量周组成。

大赛前科学化的训练安排示例如下所示。

竞赛周训练安排：

示例（一）：

星期一：发展速度力量。

星期二：改进跳跃技术和专项身体素质。

星期三：发展专项力量。

星期四：赛前检查性训练。

星期五：休息。

星期六：比赛。

星期日：积极性休息，越野跑或游戏。

示例（二）：

星期一：慢速越野跑 30 分钟（恢复性训练）。

星期二：休息。

星期三：赛前技术训练（加速跑、持竿跑、后仰举腿、全程过杆 10～12 次、放松跑）。

星期四：速度训练（加速跑、起跑、持竿跑）技巧练习。

星期五：休息。

星期六：准备活动。

星期日：比赛。

四、撑竿跳高科学化训练计划的制订

训练计划一般分为多年训练计划、全年训练计划、阶段训练计划（各时期、各月份和各周的计划）以及课时计划四部分。

（一）多年训练计划

多年训练计划是根据预测及所规定的目标而制订的。目前，体育发达国家都力图对各项目建立起符合本国实际情况和发展方向的训练体系，目的就是解决从少年到成年、从技术到教法以及各阶段运动技能等一系列问题。

撑竿跳高多年训练计划，应由 5 个阶段组成。

1. 准备阶段（10～12 岁）

目的是吸引广大少年儿童参加撑竿跳高活动，主要任务是使少年儿童对练习产生更大的兴趣。多以接力和比赛的方法进行全面的身体练习和各种撑竿跳高游戏。同时通过体操和技巧练习，使少年儿童打下扎实的体操训练基础。这一时期训练最突出的特点是发展多方面的运动能力。

2. 运动专项开始阶段（13～15 岁）

这时机体已开始进入青春期发育阶段，可逐步增加运动负荷学习一些与撑竿跳高技能和专项素质有关的田径项目如跳远、跳高、跨栏。这阶段的重点是发展速度素质和动作频率，继续发展动作的灵巧和协调性，采用一般和专门体操来发展这些素质，这时期也是掌握简化撑竿跳高技术非常重要的时期。

3. 训练深化阶段（16～19 岁）

此阶段可以分为两个时期，16～17 岁时期，是身体发育最快时期，进一步发展速度素质和保持动作最大的速率仍是一个主要任务，并继续完善体操训练，体操动作应和竿上动作相结合。这时期要完成大量体操练习。在巩固和发展某些与专项有关的肌群时可采用负体重 50～60% 的杠铃以及多种练习器械进行训练。在 18～19 岁时期的首要任务是发展速度力量素质，跑的距离增加，负重的重量也相应增加。体操训练手段更加集中和专门化，同时进一步改进和完善撑竿跳高技术。

4. 训练完善阶段（20～23 岁）

这时机体发育已完成，在完善速度素质的同时，应进一步发展速度力量素质，特别是把这两种素质和专项能力结合起来。如大力持竿跑速度和在快速助跑情况下完成插穴起跳。杠铃和其他练习也应带有专门性的特点，即所选择的练习和完成练习的动力特点应适合于竿上动作的特点和结构，努力提高撑竿跳高的力学效果。

5. 提高阶段（24 岁以上）

这阶段的任务是保持已达到的各项身体素质水平，争取达到最高的运动成绩，并在比赛中取得经验，在重要比赛中表现出稳定的最高成绩。运动量适当减小，但应提高练习的强度和质量。

（二）全年训练计划

随着冬季室内比赛的广泛开展，撑竿跳高运动员的训练计划，应该把全年训练划分为五个阶段：冬季准备阶段、冬季比赛阶段、春季准备阶段、夏季比赛阶段和过渡阶段。

1. 冬季准备阶段

准备阶段的训练目的是为即将到来的比赛所需具备的一般和专项身体素质打下良好基础。准备阶段的训练量应明显大于比赛季节，每周安排 5～6 次训练课。

准备阶段通常还可以分为两个小阶段：第一阶段应侧重于克服身体素质上的弱点和进行技术训练（体操练习和技巧或短跑练习）。第二个阶段的重点是：应由一般身体素质训练转为专项身体素质训练，并继续提高撑竿跳高技术。

一般身体素质训练包括：力量练习、滚翻练习、实心球练习、投掷练习、器械体操和垫上运动等练习。这些练习主要是用于发展上体肌肉的力量。另外，还可以通过克服本身体重的练习，如弹跳和跳跃，来发展腿部的力量。像这样的跳跃练习，运动员可以经常以肩负重物或向上跳台阶、上坡跳和在沙地上跳等增加负荷量的形式来进行。

准备阶段的专项身体素质练习应着重发展手臂和躯干的力量。练习时，可采用各种方式来发展力量和速度。即使运动员的技术已经达到较高的水平，也要把专项身体素质训练列入训练计划。

2. 冬季比赛阶段

在室内比赛季节即将开始的前两周左右，运动员应改变训练的负荷量。整个训练的量须下降，并应以 80 米的加速跑来代替越野跑，但须增加结合短、中、长距离助跑进行跳跃横杆的次数。此外，在比赛之前应安排两天休息。在室内比赛季节中，除了进行撑竿跳高训练以外，还应增加一些其他项目的训练，如短跑、跳远和跨栏跑。

从冬季比赛阶段过渡到春季准备阶段大约需要两周。在这段时间内，运动员可以进行球类活动、滑雪、游泳、蹦床和垫上运动等练习。选择哪一种练习可以由运动员自己决定。

3. 春季准备阶段

春季准备阶段的训练与冬季准备阶段基本相同。第一个小阶段可安排发展一般身体素质的练习和越过各种中等高度的跳跃练习；专项训练的重点应放在冬季暴露出来的弱点上。第二个小阶段的重点应转为发展助跑速度，其中一部分短跑练习应与短跑运动员一起进行。由于第二个小阶段的运动量明显增加，因此必须通过不断变换练习方式来消除疲劳。

在准备阶段的第二个小阶段，专项训练的重点主要应放在提高结合中、长距离助跑轻松越过横杆（高度较高）的技术。这种练习的目的是发展运动员在困难条件下和疲劳时仍能维持个人固定节奏和稳定性的能力。经常持竿进行 30～40 米助跑的练习有助于提高助跑速度。

4. 夏季比赛阶段

在比赛季节中，撑竿跳高运动员的训练安排主要应根据本人的技术、身体能力和比赛日期来决定。一般来说，这时的训练量应显著减少，但强度须相应增加。这就是说，在练习跳跃时应延长助跑距离，增加横杆高度和延长练习之间的恢复性休息时间。每次训练课的跳跃次数应减少到 10～15 次。在练习之间进行恢复性休息时，应对技术进行分析。为了克服心理上的障碍，还须经常试跳超过本人最佳成绩的高度。

改进本人的跳高技术和整个跳跃的正确节奏也是比赛阶段的训练目的。

在比赛阶段，运动员应通过本人 90%～100% 的力量进行 30～100 米跑来发展速度，但在进行跑的练习时必须特别强调身体放松。此外，还可以通过器械体操练习和利用绳子的练习来维持专项力量和一般力量的水平。

5. 过渡阶段

减少训练量和训练的次数，运动员可进行球类活动、体操、垫上运动、投掷、越野跑等练习，以使身体能力保持训练所达到的水平

（三）阶段训练计划

1. 冬季准备阶段一（2 个月）

任务：发展一般身体素质和专项身体素质，以及提高撑竿跳高的技术。一般身体素质的训练的量应大于专项身体素质训练的量。重点是发展力量。

训练内容：短跑（以本人 80% 的强度进行 120～200 米的短跑）、越野跑、跳跃练习、体操、垫上运动、蹦床跳跃练习、撑竿跳高的专项练习。

2. 冬季准备阶段二（1 个月）

任务：重点是提高专项能力和撑竿跳高技术。

训练内容：短跑（以本人 90%～100% 的强度进行 30～60 米的较短距离跑）、跳高和跳远练习、体操、垫上运动、蹦床跳跃练习、撑竿跳高的专项练习、结合中距离和长距离的助跑做跳跃练习。

冬季比赛阶段（6 周）任务：改进运动员的个人动作，使其技术动作稳定下来（包括助跑距离和助跑节奏）。专项素质练习的量应增加，须参加 5～7 次室内比赛。

训练内容：结合中、长距离助跑进行的跳跃练习、短距离的持竿跑、垫上运动、跳远、撑竿跳高的专项练习。

3. 春季准备阶段一（4 周）

任务：主要以较大强度的专项练习来发展一般身体能力和专项身体能力。

训练内容：短跑（距离较长）越野跑、器械体操、垫上运动、球类活动、撑竿跳高的专项练习、结合中距离和长距离助跑进行的跳跃练习。

4. 春季准备阶段二（4 周）

任务：发展和稳定撑竿跳高技术。在训练中须达到实践要求，并应参加 2～4 次教学比赛。

训练内容：较短距离的全速跑练习、跳远、跨栏跑、柔韧性练习、结合中距

离和长距离跑进行的撑竿跳高练习。

5. 夏季比赛阶段（5 周）

任务：根据比赛要求和个人需要来确定训练计划。

训练内容：以全速助跑做跳跃练习、撑竿跳高的专项练习、短跑、柔韧性练习。

6. 过渡阶段（4 周）

任务：减少训练量和训练的次数。心情要放松，以使身体能力保持训练所达到的水平。

训练内容：越野跑、球类活动、体操、垫上运动、投掷等等。

目前，世界上优秀田径运动员在中周期和小周期安排上各有不同。世界纪录保持者布勃卡的教练彼得罗夫为他准备了科学而有效的训练方案，四天构成一个训练周期，第一天训练 6 小时，第二天训练 4 小时，第三天训练 8 小时，第四天训练 2 小时，第五天休息。根据不同的阶段规定不同的训练内容，通过训练以达到根据动作的技术要求，自如地发挥自己的全身各部分的力量。

（四）周及课时训练计划

我们以美国撑竿跳高运动员罗伯茨在非比赛季节中周课时训练计划作为示例。

星期一：举重、越野跑、冲跑（8×150 码）。

星期二：正规准备活动、跑道上间歇训练（8×200 米，26～28 秒内，间歇 90 秒）、体操练习。

星期三：举重、越野跑、冲跑（10×100 码）。

星期四：正规准备活动、间歇训练（4×330 码，38～42 秒内，间歇 90 秒）、体操练习。

星期五：举重、冲刺。

星期六：越野跑、持竿跑（有时撑竿跳）、体操练习。

星期日：越野跑或休息。

比赛季节中，周训练计划如下。

星期一：举重（腿部、上身）正规准备活动（从 150 码减少到 50 码）或持竿冲刺跑。

星期二：正规准备活动、体操练习。

星期三：正规准备活动、用短程或中程助跑作撑竿跳高。

星期四：正规准备活动、体操练习。

星期五：休息。

星期六：比赛。

星期日：正规准备活动或越野跑 3 英里。

美国著名撑竿跳高运动员比利·奥尔森（成绩 5.93 米）在比赛时期的周课时训练计划如下。

星期一：准备活动、6 × 100 码跑、伸展练习、体操练习（单杠、双杠和吊环）、大负荷发展力量练习（3～4 组，每组重复 8 次）。

星期二：准备活动、以极限速度的 50% 进行 3 × 100 码的大步跑、15～25 次最高高度的撑竿跳高。

星期三：同星期一。

星期四：同星期二。

星期五：准备活动、接近极限速度的 6 × 100 码跑、发展躯干肌肉力量的大重量练习（3～4 组，每组重复 8 次）。

星期六：准备活动、室内力量练习、慢跑 1 英里、伸展练习。

星期日：休息或慢跑和伸展练习。

第三节　跳远科学化训练

跳远是人体在高速助跑条件下进行积极主动的踏跳，进而作出起跳动作，选择高效的滞空动作，使运动员飞越最远水平距离的项目[①]。跳远项目训练主要由三个部分组成，分别是心理训练、素质训练、技术训练。这三个训练项目是密切相关的，心理训练全程存在于素质和技术训练中，素质训练中也包含着技术训练，

① 周梦飞 . 专项力量训练手段对跳远运动员运动能力影响的研究 [D]. 北京：北京体育大学，2019.

技术训练中也体现了素质训练的内容。要想在跳远项目上创造优异成绩，则必须在技术、素质和心理上均达到高水平，缺一不可。

一、跳远项目发展历史

第 1 届奥运会发生在 1896 年，此届运动会上跳远选手普遍使用蹲踞式的姿势跳远。第一次使用挺身式姿势的运动员是芬兰的跳远选手图洛斯，他在 1920 年使用该姿势跳出了 7.56 米的成绩。随后 1931 年挺身式姿势又被日本跳远选手采用，该选手使用这种姿势跳出了 7.98 米的成绩。比起蹲踞式空中动作，挺身式空中动作扩大了身体围绕横轴旋转的半径，可以有效克服身体前旋，有助于身体在空中保持平衡，这对提高跳远成绩有明显的帮助。1935 年再现蹲踞式姿势，美国跳远选手欧文斯重新采用了蹲踞式姿势跳远，并跳出 8.13 米的成绩，创造了新的世界纪录。欧文斯的助跑速度非常快，助跑与起跳一气呵成，径直跑过起跳板。这样的助跑与起跳方式使其他跳远运动员深受启发。

欧文斯所创造的世界纪录保持了 25 年之久，直到 1960 年，美国跳远选手波斯顿采用走步式姿势取得了 8.21 米的成绩，他打破了欧文斯所创造的世界纪录。走步式姿势是起跳后在空中接着跑三步半或两步半，走步式动作非常连贯，与助跑和起跳动作衔接自然。走步式动作在助跑和起跳后，有效衔接了空中动作，使跳远动作看起来更和谐。走步式不但有助于发挥助跑速度的作用，能够使运动员在起跳后跳得更远，而且还有助于运动员的身体在空中保持平衡。之后，苏联运动员捷尔 - 奥瓦涅相等人不断刷新世界纪录，并将世界纪录提高到 8.35 米。1968 年，美国跳远选手比蒙在第 19 届奥运会上又创造了 8.90 米的世界纪录。

20 世纪 60 年代末，人们跳远越来越关注速度。在跳远训练中速度训练发挥了重要作用。20 世纪 90 年代，在运动员的训练水平不断提高和人们对跳远运动的认识逐步加深的基础上，人们对高速助跑的重视程度越来越高，特别是最后一步助跑一定要加速，达到跳远前的最大速度。1991 年，在第 3 届世界田径锦标赛上，美国跳远选手鲍威尔创造了 8.95 米的优异成绩，再次将世界纪录提升到一个新高度，他所创造的世界纪录一直到今天仍然没被打破。苏联跳远运动员齐亚科娃创造的女子跳远世界纪录为 7.52 米。

我国男子跳远第一个全国纪录是潘文炳在 1910 年创造的，成绩为 5.918 米。中华人民共和国成立前，男子跳远全国最高纪录为 6.91 米。女子跳远第一个全国纪录为 4 米，在 1930 年由哈尔滨运动员梅仙创造。

中华人民共和国成立前女子跳远全国最高纪录为 5.06 米。中华人民共和国成立后，1953 年解放军运动员高树贵以 6.93 米打破中国男子跳远最高纪录。在 1959 年第 1 届全国运动会上，解放军运动员张启山创造了 7.53 米的全国纪录。20 世纪 80 年代，刘玉煌和陈尊荣等几位运动员先后突破了 8 米大关。到 1995 年，黄庚以 8.38 米的成绩创造了全国纪录和亚洲纪录。他的成绩多次排进男子跳远世界前 10 名。1997 年第 8 届全国运动会的预选赛上，广东运动员劳剑峰又以 8.40 米的成绩创造了新的男子跳远全国纪录和亚洲纪录。

女子跳远成绩也迅速提高。1965 年肖洁萍跳出 6.44 米的成绩，创造全国纪录和亚洲纪录。这一成绩，位列当年女子跳远世界第 9 名。1984 年廖文芬以 6.57 米打破肖洁萍的纪录。1993 年全国田径锦标赛上，姚伟丽以 7.01 米的成绩创造新的全国纪录和亚洲纪录。

在奥运会这个大舞台上，各国运动员们展身跳跃，书写出了优异的成绩，下面将介绍最近四届奥运会跳远项目冠军及取得的成绩。

2008 年北京奥运会，男子跳远决赛中，巴拿马选手欧文 · 哈伊尔 · 萨拉迪诺 · 阿兰达以，8.34 米的成绩获得冠军；女子跳远决赛中，巴西选手毛伦 · 伊加 · 马吉以 7.04 米的个人赛季最好成绩获得冠军。

2012 年伦敦奥运会，男子跳远决赛中，英国选手卢瑟福德以 8.34 米的成绩获得冠军；女子跳远决赛中，美国选手里斯以 7.12 米成绩获得冠军。

2016 年里约奥运会，男子跳远决赛中，杰夫里 · 亨德森以 8.38 米的成绩夺得冠军；女子跳远决赛中，美国选手蒂安娜 · 巴托莱塔以 7.17 米的成绩夺得冠军。

2020 年东京奥运会，男子跳远决赛中，希腊选手米蒂亚迪斯 · 滕托格鲁以 8.41 米的成绩获得冠军；女子跳远决赛中，德国选手米汉博以 7.00 米的成绩获得冠军。

二、跳远专项身体素质科学化训练

专项技术和专项素质是决定专项成绩的两大要素，因此也是跳远运动员训练中的两个重要方面，专项技术依赖于专项素质，专项素质促进专项技术。提高专项素质对跳远运动员掌握和完善专项技术有很大帮助，而充分发挥专项素质的作用的关键是改进专项技术。专项技术动作构成了跳远运动的“形”，专项素质构成了跳远运动的“实”，只有将“形”与“实”完美地结合起来，才有可能创造出优异的专项成绩，二者缺一不可。

我们通常将对专项成绩起关键作用的因素称为专项素质，那么跳远项目的专项素质是什么呢？从前面技术分析中我们已经知道，腾起初速度和腾起角对跳远成绩起着决定性的作用，而在助跑和起跳中，运动员分别获得的水平速度和垂直速度直接影响着腾起初速度和腾起角，详细来说，运动员的助跑速度决定了腾起初速度，运动员起跳过程中的爆发力水平决定了腾起角，因此，在跳远运动员的专项素质训练中，必须紧紧抓住这两个关键的因素。

（一）速度训练

在跑的技术和提高绝对速度的训练方面，应该说在跳远运动员与短跑运动员之间没有什么大的区别，这两方面的要求可参考上文。但从跳远项目的特点来考虑，跳远运动员所需要的速度与短跑运动员需要的速度又有一定的区别。因此在跳远运动员的速度训练中，要根据不同的训练要求提出不同的问题，根据跳远专项的特点安排速度训练，使速度训练达到满意的效果。

1. 跳远项目对速度的特殊要求

通过大量研究发现，从起跑到达最大速度，短跑运动员至少需要跑 50～60 米。而对于跳远运动来说，运动员不仅要高速助跑，在跑的过程中还要保存体力，只有这样运动员才能有效地完成高速有力的起跳，所以跳远运动员的助跑距离不能超过 50 米。在速度训练中，要加强运动员快跑技能的训练，快跑技能的提升可以实现助跑距离的延长，除此之外，运动员在短距离内加速的能力的培养是更需要关注的，提高运动员短距加速能力有助于运动员在有限距离内完成助跑，并达到最大速度且一直维持到起跳结束。

跳远运动员不需要在助跑中提高平均速度，而是要在到达起跳板之前达到最大速度并保持到起跳。因此在速度训练中，不用像短跑运动员在培养保持最大速度的能力方面花大量时间和精力。

跳远运动员不仅要跑得快，而且要有精准的助跑。因此运动员需要有稳定的步长和稳定的跑步节奏，所以在速度训练中，应将运动员跑节奏和步长恒定能力的发展作为主要关注项目。

步长和步频是决定跑速的两个因素。跳远技术的要求是使助跑与起跳更连贯地结合起来，运动员在助跑中的步频必须越来越快，当然这种步频的加快必须是在尽量不缩短步长的前提下实现的，所以在速度训练中，必须针对技术要求重视发展运动员在保持步长的情况下，尽量加快步频的能力。

2. 速度训练的手段

跳远运动员也可以使用短跑运动员的训练方法进行速度训练，除此之外，在符合跳远项目对速度的要求的基础上，教练员可以安排一些专业的训练方法，或对常用的速度训练手段提出特殊的训练要求，使速度训练满足跳远的特点，从而使训练效果有所提高。

（1）短距离冲跑

运动员在行走中或站立时要积极加速，在 40～50 米时尽快达到最大速度。这可以有效提高运动员短距离加速的能力。

（2）加速跑

加速跑是运动员跑的训练中常用的练习之一，对加速跑的距离、跑的方法提出不同的要求，可以起到发展不同能力的作用。跳远运动员可通过从中等至次最大强度进行 80～100 米加速跑，来改进跑的技术，提高跑的动作的协调性。

（3）全力跑

在站立的情况下跑 40～80 米的距离，运动员尽最大的可能在有限的时间内从静止达到最大速度并一直持续到终点。全力跑练习的主要目的是培养运动员的加速能力，使运动员在较短距离内快速达到最大速度并保持住。

（4）反复跑

以中上至次最大强度进行 100～200 米距离的反复跑练习。

（5）发展步频的练习

运动员在跑动中借助下坡（2°～3°）或较大的顺风，可以使步频远大于正常情况下的跑步步频，对打破已形成的神经肌肉系统的动力平衡很有益处，可以推进步频发展。这类练习的距离一般在 60 米以内，以保证运动员能以很快的步频跑完全程。在跑步过程中维持正常步长即可，切忌使用缩短步长的方式加快步频，这样做毫无益处。

（6）发展步长的练习

在培养运动员蹬地的力量和速度时，可以使用增大阻力的训练方法，如上坡跑、负重跑、顶风跑等，达到促进步长发展的目的。值得一提的是，最好将正常跑、发展步长的练习和全程助跑等练习一起进行，这样既可以平衡、协调地发展步长和步频，也有助于在正常跑的动作中呈现出较好的步频和步长关系。

（7）全程助跑

对跳远运动员来说，所有的提速训练都是为提高助跑速度作准备，因此不仅从技术角度考虑助跑练习有重要意义，从速度角度考虑助跑也是必不可少的训练手段，全程助跑训练要求运动员专注于练习，在助跑时发挥自己全部的力量，尽快达到最大速度，并保持到起跳，所以可以说最符合速度训练专项要求的是全程助跑训练。全程助跑练习可以带给运动员诸多好处，有助于运动员掌握助跑的技术节奏、准确性等，其最大的好处是帮助运动员利用好最大速度。教练员在安排速度训练时，绝不能忽视全程助跑这一练习的作用。

（二）力量练习

人体的所有动作的完成都要靠肌肉力量，不管何种项目的运动员，力量对于任何项目的完成都是不可或缺的。虽然跳远成绩受绝对肌肉力量的影响不是很明显，但它在提高运动员起跳腿的支撑能力方面是不可缺少的，力量训练更是提高快速爆发力的基础。有研究显示，支撑能力的要求与助跑速度正相关。助跑速度提高 0.2 米 / 秒或腾起角增大 1°，则起跳力量需增大 2%，所以绝对力量训练仍是跳远运动员训练中的一项重要内容。以专项力量为关键，依据项目技术特点，使参与活动的肌肉及肌群的力量得到明显提升是进行专项力量训练的终极目标①。

1. 影响肌肉力量的因素

影响肌肉力量的因素有很多，但通过训练可以得到改变的因素主要有三种，也就是只要能够有针对性地使以下三种因素得到发展，就可以达到提高力量的目的。

（1）增大肌肉横截面

肌肉横截面的增大有赖于肌纤维的增粗，这是提高绝对力量最有效的途径，没有一定的肌肉体积则不可能有大的绝对力量。采用次最大至最大负荷重量多组数的练习是增大肌肉体积的最好方法，可以在较短时间内使肌肉绝对力量得到明显的提高。但这种方法的副作用是体重会得到较大的增长，这对以将自己的身体抛到尽量远为目的的跳远运动员是不利的。另外，除了体重问题外，过于粗壮的肌肉会影响动作速度和灵活性，显得笨拙。所以跳远运动员不应以此作为提高肌肉力量的主要方法，他们的目标应是在提高力量的同时，保持体重的相对恒定，也就是要努力提高相对力量水平，这样的力量才能有效地发挥作用。

（2）提高肌肉内协调能力

人体每块肌肉内有许多的运动单位，每个运动单位由一定数量的肌纤维组成。肌肉收缩时，参加收缩的肌纤维数量越多，则产生的力量就越大。所以，通过训练提高肌肉内协调性，动员更多运动单位参加收缩则是提高肌肉力量的又一途径。这种能力可以通过采用次最大负荷重量快速完成动作的练习得到有效的提高。

（3）提高肌肉之间的协调能力

任何一个动作的完成，都不是只靠一块肌肉收缩发力完成的。一方面要有具有相似功能的肌肉协同发力，另一方面需要对抗肌的主动放松。完成动作时有关肌肉之间用力和放松的协调配合对提高完成动作的力量起着重要的作用。用中等至次最大负荷重量快速完成动作的力量练习，可以有效地发展肌肉之间的这种协调能力。

尽管以上所述的后两种途径对提高肌肉绝对力量的作用不如第一种，但由于

① 陈小平 . 力量训练的发展动向与趋势 [J]. 体育科学，2004（09）：36-40.

这两种训练方法在提高肌肉力量的同时，肌肉体积没有或基本没有增长，因此可以有效地提高运动员的相对力量水平。另外这两种协调能力的提高实际上还起着提高运动员对现有力量素质的利用能力的作用。所以，跳远运动员的绝对力量应主要通过后两种途径进行发展。

2. 力量训练的原则

（1）循序渐进

在进行力量训练时负荷量和负荷强度都要符合运动员的年龄、性别特征，综合考虑训练年限以及力量水平等一步一步地进行训练。

（2）符合专项要求

根据跳远项目的特征，要在练习手段的动作结构、肌肉用力形式方面符合专项的要求。

（3）持续不断

力量素质的超强可逆性决定着如果中断训练就会发生反弹，所以力量训练必须贯穿在多年和全年的训练安排中，只有这样才能使力量素质在稳定保持的基础上不断提高。

（4）全面、平衡发展

虽然跳远是一个以腿部动作为主的项目，但力量训练不能局限于腿上，而要使运动员躯干、上肢、下肢的力量得到全面发展；此外，在力量训练中，还要特别注意使主动肌和对抗肌的力量得到同步平衡的发展，使其力量水平达到合理的比例，这对防止肌肉受伤极为重要。

（5）与爆发力训练结合进行

绝对力量是爆发力的重要基础，为使绝对力量更好地促进爆发力的提高，绝对力量应与跑、跳练习结合进行。

3. 力量训练的手段

绝对力量训练以杠铃练习为主，而且其中绝大部分是从举重运动员的训练内容中“借用”过来的，这些练习对提高运动员的绝对力量起着重要的作用。

（1）抓举

与举重项目中的抓举技术有一致要求。

（2）抓提

抓提技术的前一部分与举重技术一样，需要抓举，但是当杠铃被抓提到头部时，不要将杠铃翻过头顶而是放下杠铃，再次反复练习这样的抓提动作。

（3）高翻

与举重项目挺举翻铃技术不同的是在翻铃时双腿略微弯曲避免使用下蹲的动作。

以上三个练习主要发展腿、腰背及上肢顺序协调用力的能力。它们均是以腿先发力，下肢三个关节充分快速蹬伸，当杠铃具备一定速度并达到一定高度时，腰背和上肢及时发力完成后面的动作，所以这三个练习仍是以发展腿部力量为主。如果认为它们是上肢力量练习则是概念性错误。

（4）深蹲

运动员用肩膀抬着杠铃，慢慢下蹲到大腿与地面平行的位置，接着双腿发力承受杠铃的重量，伸展下肢三个关节，回到最初的状态。

（5）半蹲

与深蹲要求基本相同，只是下蹲时，大腿与地面需要呈 45° 角。除了下蹲时大腿与地面的角度在 45° 左右以外，其他要求与深蹲相同。

（6）坐蹲

此练习的动作要求与半蹲基本一样，只是在练习时要将一结实的凳子放在运动员身后来控制下蹲的角度。根据运动员的腿长、训练的要求，可调整凳子的高度。运动员下蹲时，当臀部触及凳子，就要马上发力站起。

（7）斜蹲

利用斜蹲架，运动员在身体前倾的情况下进行半蹲练习，这个练习可使运动员用力蹬地的方向更接近实际跑跳中的用力方向。

以上练习（4）～（7）是发展腿部力量的练习，做这些练习时的要求是相似的：抬头、挺胸、背要直，由下蹲转为站起的速度要快。

（8）卧推

主要发展上肢和胸、肩部肌肉力量。

除了用杠铃进行的力量训练以外，近年来还流行用力量练习器和肌肉电刺激的方法发展肌肉力量。

三、跳远科学化专项技术训练

运动员从助跑到落入沙坑期间全部的动作都属于跳远专项技术的范畴。通常，跳远技术由四个部分组成，分别是：助跑部分、起跳部分、腾空部分和落地部分。各部分又包含了多个技术环节，有效合理的跳远技术是由有效合理的技术环节和技术部分组成的。每个技术环环相扣、相互作用，单独地把一个技术环节拿出来分析是不科学的。在阐述跳远技术之前，首先要明确跳远技术各部分的任务和要求，以及跳远技术的各个技术环节的任务及要求。

（一）助跑技术训练

助跑技术训练的主要目的是帮助运动员在助跑距离有限的情况下，快速达到或接近运动员的最大速度，使运动员以个人能达到的最大速度准确踩上起跳板，在身体上和心理上为起跳做好准备。助跑环节在跳远技术中至关重要，如果在助跑环节出问题，那么后面的任何环节都没有办法进行。

1. 助跑技术训练理论

在跳跃运动中，都是通过助跑来获得必要的预先速度或运动惯性，为起跳作好精神及技术上的准备。跳跃的助跑动作实质上与平跑相似，但由于跳跃运动在助跑一定的距离后，还要进行起跳，因此不仅要求在较短的距离内达到必要的水平速度，而且还要为改变人体运动方向作准备，所以不能与平跑并论。特别是助跑最后几步是为起跳作精神上和技术上的准备，所以助跑的结构和节奏发生了变化：（1）着地角逐渐增大，上体逐渐抬起，因为在开始助跑时，上体前倾，快临近起跳时，身体要逐渐抬起，在最后起跳时上体正直或稍后仰。（2）身体重心随着支撑腿膝关节弯曲程度的加深而逐渐降低，跳远最后几步身体重心要适当降低，特别是倒数第二步运动员均有稍下降的动作；背越式跳高由于采用弧线助跑，身体要向内倾斜，这样身体重心就要比垂直跑时降低。身体就得到自然降低。（3）神经肌肉传导反射系统的活性增强，支撑腿伸肌纤维由于被拉长的程度逐渐加大，其紧张性逐步增强，蕴藏在神经肌肉系统内的巨大潜能被充分动员起来。

各个跳跃项目必须具备符合该项目需要的水平速度，虽然助跑的性质和助跑的节奏是基本一致的，但不管助跑各段落的速度分配情况如何，水平速度都是在助跑最后阶段达到较高值。一般讲助跑水平速度越大，起跳脚着地时的冲量也越大，则在支撑器官承受外部压力负荷能力允许条件下，起跳阶段的冲量也越大。

跳跃项目的助跑速度由于受到起跳的制约，不能像短跑那样保持最高速度。但跳跃项目的助跑速度都是加快的，并在最后几步助跑中达到最高速度。由于各跳跃项目的不同，其助跑速度也不尽相同，但它们都有个共同的特点，就是不能为了起跳而降低最后几步的助跑速度，尤其是不使最后三步助跑速度下降。助跑速度与起跳速度是紧密关联的，最后几步助跑速度越高，起跳就越快。

助跑最后几步能否踏上起跳点是很重要的，它直接影响运动员的运动成绩。特别是跳远和三级跳远，所以要求运动员助跑的步幅和节奏要稳定。特别是助跑的最后几步更要平稳，加速节奏更加明显，以便为改变运动方向作好充分的准备。跳跃项目助跑是否准确主要取决于：（1）运动员整个助跑技术和最后几步助跑的稳定性和节奏性；（2）运动员对高速跑本身特殊时空特征的精确分析；（3）运动员良好的心理素质，丰富的比赛经验；（4）运动员对不断变化的外界条件和自己试跳时的机能状态作出正确估计。

2. 助跑训练的内容

关于助跑主要包含以下几个方面的内容。

（1）助跑距离和步数

这取决于运动员的速度和加速度能力。通常情况下，运动员的速度越快，他们所需的助跑距离就会更长。然而，对于一个跳远运动员来说，助跑距离是会不断变化的，影响其变化的因素包括运动员的表现水平和训练水平。只有在实践中不断地尝试和验证，才能确定适当的助跑距离。目前世界上优秀男运动员的助跑距离为40～50米，优秀女运动员的助跑距离为35～40米。助跑是跳远运动最重要的一环，与起跳密切相关。运动员可以在加速能力有所提高的基础上，在较短的距离内展现个人速度水平，运用适当的起跳技巧，以最佳状态起跳。最近几年的国内外重大田径比赛显示，跳远运动员的助跑距离在逐渐变大，这有助于运动员在起跳前达到更快的水平速度。

（2）助跑的起动姿势

在跳远比赛中，运动员采取各种不同的起动姿势，形式各异，大致可分为两类。

①以静止姿态起动

以静止姿态起动类似于站立式起跑的姿势。静止姿态起动的优势是对提高助跑的准确性有帮助，这是因为开始几步的步幅和节奏比较稳定；缺点是在开始加速过程中运动员容易产生紧张情绪，而且想要在起跳前达到最大速度需要更长的加速距离，这就需要消耗更多的能量。

②从行进中起动

在踏上助跑标志之前用慢跑、正常步行或垫步的方法行进。该方法的优点是加速阶段的动作相对自然、放松，并在较短的距离内加速。能够快速达到最大速度，消耗的能量较少。这种起动方式的缺点是运动员在踏助跑标志时容易出错，而且误差的大小不容易控制。此外，也很难把控助跑后的步长和节奏，这在很大程度上影响助跑的准确性，因此这种起动方式需要长期反复练习才能发挥作用。

（3）助跑加速方式

助跑加速方式通常有两种。第一种方式是积极的加速，从一开始助跑迈步就积极加速，上体前倾，用力后蹬，步速要快，类似于短跑的起跑，这种方式有步长和步频的增长相对稳定的特点。上体在速度增加的同时慢慢直起，这种加速方式通常能使运动员在有限的距离内达到比较快的水平速度，所以这种助跑加速方式不需要太长的助跑距离。另一种方式是逐渐加速，与加速跑类似。与第一种方式相比，上体前倾和步长的变化要小一些。步频的加快决定速度的加快，以逐渐加速的方式助跑达到最大速度所需时间相对较长，因此需要更长的助跑距离。这种加速方式发挥速度相对较慢，助跑距离也相对长一些。

（4）助跑节奏

除了起动方式和加速方式对助跑有一定影响外，相对稳定的助跑节奏也影响着助跑的准确性和起跳的平稳性。助跑开始后前几步的节奏是最难掌握的，一开始的几步步长不稳定会使助跑的准确性受到影响，所以一定要保持前几步节奏的稳定性。之后要加快助跑的后 6 步的节奏。在最后一步变得最快。除了最后一步，其他 5 步的步长要相对稳定。最后一步的步长略微缩小，尽量小于 10 厘米才能加快起跳脚踏板的速度。要经过大量的训练才能在全程助跑过程中保持相对稳定性，而且在运动员的身体素质和训练水平得到提高以后，稳定性也会慢慢变化。

（5）助跑标志物

1994 年，国际田联对竞赛规则作出规定：每个跳远运动员至多可以在助跑道上放两个标志物。第一个放在开始助跑的地方，这样放置可以确保运动员开始助跑的准确性；在距起跳板 6 步的地方放置第二个标志物，确保起跳脚准确地踏在标志物处。这个标志物其实不是给运动员用的，因为如果运动员在助跑中还去看是否踏上这个标志物的话，会被分散注意力，降低助跑速度和破坏助跑节奏。所以这个标志物实际上是教练员用于检查运动员助跑节奏和准确性的。第一个标志物的位置应是通过运动员多次比赛和训练而确定的，在一定的阶段内应是稳定的，尽管会由于身体状况、兴奋程度风向、温度及跑道质量等各种情况的不同而有一定的变化，但这种变化应是极小的，一般是相差不到 5 厘米，所以，教练员可以根据运动员踏标志物和踏板的准确性来判断、分析运动员助跑最后 6 步的节奏情况（是倒小步还是拉大步）以及出现问题的原因（是助跑开始阶段的问题，还是最后 6 步的问题）。有些运动员没有第二个标志物，这样虽然运动员可以集中精力助跑，但给教练员检查判断助跑节奏增大了难度。总之，标志物起着帮助运动员提高助跑准确性的作用，应当给予重视。

（6）最后两步的跑法

在助跑最后两步时因为要准备起跳，这时候不能再继续加速。最后两步主要是用来保持已获得的速度并密切衔接起跳的。除了助跑节奏加快以外，这两步在其他方面要与前面的步子完全相同，尤其是不要改变太多的跑步运动结构，仍然要保持下压和快速的后蹬的状态。然而，在最后两步的跑法上，大部分运动员都存在许多的问题，具体来说是倒数第二步着地脚只会消极等待而不是积极下压。这就延长了运动员腾空的时间，使落地速度减慢。脚的着地点远离了重心投影点，脚后跟首先落地，延长转向后蹬的时间。身体重心的大幅度下降并不能保证最后一步以积极快速后蹬的姿势完成。运动员在经历这些动作后的助跑速度损失很大。分析高速摄影结果可得，所有运动员在助跑过程中最后两步都会发生略微的变化，但这是自然发生的，不是刻意为之。观察助跑最后两步的步长变化非常重要，它是检验运动员助跑技术的一个指标，是相对容易的检验方法。男运动员最后两步的步长差为（10±5）厘米时，可以认为其助跑较好，女子为（5±5）厘米可以认定为较好的助跑。只有当运动员的运动结构发生较大变化时，或者说极不稳定时，最后两步的步长差才会很大。在最后一步，要快速积极后蹬，这有利于起跳脚一侧的髋关节向前送，这对起跳过程中的快速前移有很大帮助，起跳前由于髋关节前移超过肩膀造成上体稍微后仰（2°～4°），所以这并不是因为后仰上体的原因造成的。完成助跑最后两步的关键步骤，第一步是倒数第二步的积极着地（以前脚掌或全脚掌），第二步是最后一步快速有力的后蹬。

（7）助跑的速度

跳远成绩受到助跑速度的影响非常之大，这点是毋庸置疑的，是被科学的研究结果证实过的。但是在助跑中，跑得快的运动员也不一定能达到最大速度。助跑速度会受到许多因素的影响，其中有助跑距离、助跑的稳定性和准确性等因素，还有加速方式、助跑节奏等因素。有很大一部分运动员在准备起跳时，受起跳的影响，助跑速度会有明显的下降趋势，因此保持正常的助跑速度是很有必要的，另外，在起跳前尽量不要使速度出现明显的下降。大量数据表明，在助跑最后5米速度下降较少的运动员有很大可能取得好成绩。所以，在培养跳远运动员时要明确目标，使运动员在助跑中充分发挥速度、有针对性地积极攻板起跳，避免起跳前速度的下降。

（8）对助跑总的要求

充分发挥出速度能力，步长衡定，节奏稳定而积极，重心高而平稳，助跑最后两步步长和跑的动作结构变化小，速度下降少，跑的路线直。

3. 助跑训练的方法

关于助跑训练的手段和要求主要包括以下几个方面。

（1）全程助跑练习

全程助跑练习是最基础的助跑练习方法，进行足够多的全程助跑练习有助于运动员慢慢体验和掌握助跑的步长、节奏以及步频的变化，同时可以帮助运动员感受身体前倾角度的变化，把握速度的变化等，在运动员感受和掌握各种变化的基础上形成快速、积极、稳定、准确的助跑技巧。选择体能相对较好的时间进行助跑练习。运动员一定要拼尽全力才能取得好成绩。助跑与起跳密切相关，因此二者应结合起来练习。在助跑练习中，最重要的是保持最后几步积极向前不减速，并且准确地踏板起跳。只练习助跑而不练习起跳的助跑，与实际比赛中的助跑有巨大差异，这样就无法达到最佳效果。由于助跑的强度较大，实际上是最结合专项的速度训练，所以每节课的练习次数保持在 10 次以内。

（2）加速跑（练习节奏）

60～80 米，渐渐加速，一直到最后 20 米的时候，步长和步频都要满足最大限度，主要目的是在保持步长的情况下，感受助跑最后阶段节奏加快的感觉。在最后阶段对运动员提出动作放松、节奏加快的要求，这些要求要在保持步长的情况下完成。

（3）加速跑（练习步长稳定性）

60～80 米，初期以站立姿势渐渐加速，在每一次跑过终点时，尽可能地都是同一只脚落地，前后误差保持在 10 厘米以内。这样的练习实际上是培养运动员步长和加速的稳定性，在提高跳远运动员助跑准确性和稳定性上有极大的帮助，（2）（3）练习可以同时进行。

（4）变节奏跑（快慢节奏交替）

80～100 米，渐渐加快节奏，当节奏达到极限时，慢下来跑 10～20 米，然后再将节奏提到最快。这个练习主要发展运动员在助跑最后阶段积极加快节奏的能力，每次跑可重复 2～3 次节奏变换。

（5）下坡跑接平地跑（快节奏练习）

利用 2°～3° 的下坡（15～20 米），运动员可以较容易地达到较高跑速和较快的节奏，到平地后努力继续保持速度和节奏再跑 10～20 米，主要发展运动员快节奏攻板起跳的能力。

（6）间隔跑（俗称跑格）

在考虑运动员步长的基础上，在跑道上放置间隔标记，选用 20～25 个合适的材料，如海绵块、橡皮膏等做标记，一共放 40～55 米长。标记的摆放距离一开始先逐渐变大，然后在摆放最后 6～8 个标记的时候要渐渐缩短，间隔跑练习主要是为了训练运动员的助跑节奏。要注意标记的间隔距离一定要适当。也可以将标记放在助跑道上进行此练习。

（7）距离判断练习

让运动员背对沙坑向前走，当运动员走到距起跳板 20～30 米的范围内时，教练员发出信号，运动员立即转身向起跳板跑去。在跑的过程中用倒步或跨大步的方法尽早调整距离，保证最后 4～6 步以正常的节奏跑，并准确地踏上板。这一练习主要发展运动员在助跑最后 6 步左右时对助跑准确性的判断能力。判断能力强的运动员在助跑误差较大的情况下可以及早作出调整，从而保证最后几步仍以积极正确的节奏准确踏板起跳；而判断能力差的运动员则常在最后几步调整，这样会大大影响助跑速度和起跳动作。理想的助跑是不进行任何调整而准确踏板，这是创造最佳成绩的前提。但在比赛中，由于各种原因可能使助跑前一段出现误差，这时及早判断并用 1～3 步进行相应的调整，从而在最后阶段保证积极正确的助跑和准确踏板就显得极为重要。距离的判断能力，只是在比赛中不得已的情况下才用于助跑，进行必要的调整，但在助跑训练中则必须要求运动员以最佳的节奏跑，而不做任何调整，绝不能养成倒小步或跨大步的习惯。

（8）意念、想象训练

给运动员提供一个相对静谧的环境，让其闭上眼睛想象一下最佳的助跑节奏，这种非体力的练习在一定程度上有助于强化节奏感，目前已经采用这种训练方法的优秀运动员不在少数，有些运动员在比赛时，起跳前采用这种方式想象助跑节奏及起跳动作。另外，还可以将助跑节奏制作在录音磁带上，运动员经常反复听，也可以起到强化的作用。

此外，还可以利用跑的专门练习、跨栏练习等来练习助跑节奏。当然，全程、半程及短程助跑的跳远练习也同时在练习助跑。一般来说，只要提出要求，一切跑的练习都会对练习助跑起到一定的正向作用。

（二）起跳技术训练

跳远运动员在助跑过程中是水平位移运动状态，起跳后，转变为抛射运动，因此可以说起跳动作是跳远运动的一个转折点，它是跳远技术中最复杂的动作

（图 4-3-1）。起跳是指在不损失或少损失水平速度的情况下，运动员的起跳脚在0.10～0.12 秒这样极短的时间内，通过摆动脚、摆动双臂以及肩头等动作的配合，快速有力地蹬、伸。起跳可以使运动员获得最大的垂直速度，即较大的腾起初速度，并找到合适的腾起角度，这是起跳的主要任务。腾空和落地动作的质量会受到起跳动作完成质量的影响，这也涉及运动员是否能将助跑中获得的水平速度完全发挥出来的问题，因此起跳一直是跳远运动中非常关键的技术部分。

图 4-3-1　起跳

1. 起跳技术训练理论

在跳跃运动中，起跳属于一项复杂的运动，它指的是人体在快速向前运动的时候，主动与地面相互作用。所有经过助跑的起跳动作，起跳点均处于人体重心投影点的前面，在起跳过程中，起跳点与重心投影点之间的距离对人体重心运动方向转换的速度有很大影响。在即将起跳时，人体的下肢部位在某种合理的速度、某种合理的角度下，主动地踏上起跳点。人会有意识地控制着人体肌肉主动收缩进而完成各种跳跃项目的起跳动作，在运动支撑器官与地面发生力的作用时，人体会离开地面。起跳动作可以分解成两部分，分别是弹性支撑与快速伸展。弹性支撑的目的是快速伸展，快速伸展的前提是人体的弹性支撑。在跳跃运动中，并不能单纯地把起跳归结为一种碰撞或非碰撞运动。一方面，在人体运动器官进行弹性支撑时，起跳工作肌群会将退让和克制任务完成；另一方面，在人体运动器官进行快速伸展时，起跳工作肌群会将克制性任务完成。在完成这两个任务的过程中，肌肉用力有着完全不同的特性，肌肉在缓冲时期将退让任务完成，肌肉在蹬伸时期将克制性任务完成，两个任务过程大不相同却密切相关，二者的有效衔接形成了爆发力极强的起跳动作。

跳跃运动在起跳的前半阶段力量加大，而在起跳的后半阶段力量减小。较大的冲撞力和制动力的出现、水平速度的下降以及大量不必要的能量消耗，多发生在起跳的前一阶段中。所以，如何在这一时间内减小不必要的能量消耗以及在蹬伸时发挥更大的爆发式用力是做好跳跃起跳的重要条件。

从各跳跃项目动作结构分析，起跳均分为着地、缓冲和蹬伸三个阶段，每个阶段又有着自己特定的任务和用力特点。

（1）着地阶段

从脚跟接触地面到整个脚掌着地的这段时间为着地阶段。其具体任务是避免过大的冲撞力和减小制动。在起跳时，运动员脚落地之前身体向前运动的速度较高，向前的速度越高，起跳的作用力也就越大，起跳动作完成得也越快。因此，起跳脚与地面相遇的瞬间，所产生的冲撞力也就越大，因此，运动员在做起跳时，可以采用像跑一样的扒地动作和滚动式的着地方法。就是当足跟接触地面以后，迅速向前滚动。这样的落地方法对降低冲撞力和制动作用非常有利，对提高缓冲和蹬伸阶段的用力效果大有裨益。

（2）缓冲阶段

起跳时起跳腿的膝关节从开始弯曲到最大弯曲这段时间，为起跳的缓冲阶段。在这个阶段，把通过助跑使身体获得的动能转化为弹性势能非常关键，在蹬伸时有助于将获得的势能再转化为身体向前上方运动的动能。缓冲起跳腿着地后所产生的制动力，能够使起跳腿的伸肌群发生拉伸，能够充分发挥肌肉的弹性，这将有助于蹬伸动作快速而充分，能够在蹬伸前使身体呈现正确的姿势。

在缓冲阶段，运动员要确保整个身体能够快速向前移动，只有这样才能降低制动作用，使自己的身体姿势符合蹬伸要求。跳高运动员强调身体前移，使蹬身时身体重新位于向上用力的作用线上；跳远、三级跳远运动员强调身体前移能提高向前用力的效果和腾起的速度。

（3）蹬伸阶段

从缓冲结束，起跳腿膝关节开始变大到起跳结束的这段时间为起跳的蹬伸阶段。这一阶段的任务是充分、快速，以爆发式的用力蹬离地面，使身体重心获得最大的运动速度。

当肌肉张力大于外部压力时，肌肉便开始进行克制性的向心收缩，这种收缩是反弹式的，因为这时储存在肌肉中的弹性势能被释放出来，供肌肉反弹收缩产生对外做正功。因此，肌肉的收缩在最短时间内，通过一定的工作距离产生最大的爆发力。

但肌肉在做反弹式收缩的过程中需要具备一定的条件，就是大小腿折叠的角度。一般说，支撑腿膝关节弯曲的程度越小，则蹬地越快，弯曲大，可加长收缩的初长度，但要适度，不能太大或太小。如：跳远起跳腿膝关节弯曲夹角在138°～140°的条件下，拉长收缩产生的功率最佳，如果大于、小于这个角度就会损失弹性力。跳高起跳时，起跳腿弯曲程度比跳远大，这样可以增加肌肉收缩的初长度。

蹬伸阶段是形成腾起初速度的最佳阶段，在整个起跳技术中，蹬伸阶段也是非常关键的一个阶段。从动力学的角度观察发现，只有通过肌肉用力，身体才能与地面发生相互作用，形成蹬伸动作，进而获得正确合理的腾空高度和腾空远度。因此说，肌肉用力是人体运动的根本原因。但是肌肉用力只是影响人体获得最大腾空远度和高度的原因之一，除这一因素外，许多的外界因素和内在因素也影响着最大腾空远度和高度，外界影响因素包括运动员的技术水平、心理素质、身体协调性等；内部影响因素包括肌肉的收缩速度、肌肉的弹性、肌肉用力之间的协调性等。在起跳时，这些因素共同影响着运动员身体的腾起初速度和腾起角，尤其是腾起初速度。

总之，在整个起跳的过程中，着地应柔和以减小冲撞力；缓冲应适度，尽量使肌肉群在收缩前处于最佳的拉紧状态，并使身体处于蹬伸前的有力姿势；蹬伸要充分而快速，要体现出爆发式用力的特点，使身体重心获得最大的运动速度。

（4）动肢体的作用

起跳时摆动动作起着重要的作用，腿和两臂的迅速向上摆动以及躯干的伸展，对起跳都有一定的影响，一般认为摆动肢体的合理摆动方向、幅度和力量可以增大肌肉反弹效果，提高身体重心的位置，如果把人体视为非惯性系统，把肢体相对其他部位的运动看作产生惯性的过程，惯性力的方向与加速度的方向相反。肢体加速度上摆时，产生的惯性力向下，可增大对地面的压力；肢体制动减速时，惯性力向上，增大了克服重力的效果。如：跳远时起跳腿蹬伸的时机要与摆动肢体所产生的惯性力方向吻合，否则惯性力就会抵消一部分支撑反作用力。

在起跳脚落地支撑时，一系列的摆腿、摆臂动作有助于运动员加速移动到起跳点，在此动作期间产生力的作用，能够降低起跳脚落地支撑时的冲击力；快速摆腿、摆臂，离开支撑点是在起跳腿蹬伸开始阶段进行的，这个时候会产生力的作用，这个力既能帮助工作肌群快速牵拉，又能增强身体对支撑点的压力；腿、臂紧急地减速制动发生在蹬伸结束阶段，这个阶段产生的力的作用，能够降低身体对支撑点的压力，对起跳工作肌群迅速收缩有很大帮助，能够引发强烈的牵张反射，促使起跳腿爆发式地完成蹬伸，使身体快速向前上方腾起。

只有搭配协调的蹬摆动作，才能实现基本的有效起跳机制。起跳能够合理有效地完成，依靠的是蹬伸与摆动动作，这两者需要协调配合。实际上起跳中蹬伸与摆动动作之间存在一种协调关系，只有正确认识这种关系才能揭示起跳的机制。想要达到有效起跳的效果，就必须充分发挥蹬伸和摆动的协调作用。在蹬伸与摆动过程中会产生力的相互作用，这有助于人体肌肉的积累以完成起跳任务，这个过程会将助跑中获得的能量以及肌肉收缩获得的能量转化成人体重心运动所需要的动能和势能，使人体在最后阶段能够快速地向前位移。实现能量高效率转换需要蹬摆动作协调一致的配合，只有这样才能使人体离地速度更快，起跳效果更好。

2. 起跳训练的内容

起跳这一部分所包含的主要内容分别是以下几个方面。

（1）助跑最后一步

实际上，起跳动作从助跑最后一步离地就开始了。蹬地腿（起跳时的摆动腿）一离地就应开始积极地折叠前摆，这一动作随起跳腿下压的速度加快，起到非常重要的作用。在最后一步，起跳腿要抬得低一点，起跳腿积极下压，与此同时摆动腿积极摆动，整个助跑中这两个动作使最后一步成为节奏最快的一步。在完成这些动作时膝关节要放松，小腿打开依靠的是大腿的下压动作。在起跳腿踏板之前，腿已经形成一种伸直状态。后腿动作要快速积极，这是以积极的方式踏上起跳板的有效保证，并且能有效降低制动产生的不利影响。助跑最后一步中，最关键的两个动作，一是摆动腿的动作；二是起跳腿的下压踏板动作。这两个动作在整体过程中是至关重要的，必须连贯、紧密结合，确保衔接自然。

（2）起跳腿踏板

高速摄影分析表明，起跳脚与板接触时是以脚后跟领先，迅速向前滚动过渡到全脚掌的。但在理论上全脚掌踏板的提法更为妥当，可避免运动员产生误解。由于起跳腿踏板时。人体正以很快的速度向前移动（男子可达每秒 10.50 米以上，女子接近 10 米），所以起跳脚必须要有很快的后扒动作。根据人体向前移动速度和起跳脚后扒动作速度之间的关系，可将踏板方式划分为三种类型。

①积极后扒式

脚后扒动作速度超过身体前移速度，这种踏板方式没有制动，可以很好地保持助跑中获得的水平速度，但施加给地面的作用力相对较小，难以获得较大的垂直速度，运动员向前性不错，但腾起角偏小，腾起高度不够，就不能发挥出水平速度的高效作用。刘易斯是这种踏板类型的代表人物。

②下踏式

脚后扒动作速度与身体前移速度基本相等，这种踏板方式基本没有制动或制动很小，水平速度有一定的损失，但却相对容易获得较大的垂直速度，从而使运动员能在保持较大的腾起初速的情况下以较大的腾起角跳起来，能使水平速度得到充分的利用。鲍维尔、埃米扬采用的就是这种踏板方式。

③前踢式

脚的后扒动作不够积极快速，明显慢于身体前移速度，水平速度由于制动大而损失过多，虽然相对容易获得较大的垂直速度和较大的腾起角，但结果是跳得高而不向前。此外，由于制动过大，给踝关节造成巨大的压力，容易使踝关节受伤。

（3）起跳腿的缓冲

伸直的起跳腿会在踏板的一瞬间，受到强大的甚至最大值将近 800 千克的压力冲击。助跑时，身体的重力与水平速度的惯性力，这两种力的结合产生了上述所说的巨大压力，在这种压力的作用下，起跳腿的相关关节如膝、髋、踝等，以及脊柱会发生一些弯曲变化，以缓冲这种压力；同时，身体迅速向前移动，使重心很快由支点后方移到支点前上方来，在起跳腿动作中，至关重要的一步是一侧髋关节的快速前移，因为这会影响到起跳地的反作用力是否能够通过身体重心。虽然说起跳过程中要有必要的缓冲动作，但它是被动产生的，因此起跳时一定不要产生主动缓冲的想法。起跳脚一旦踏上起跳板就立马以合理蹬伸姿势进行起跳，这种做法有利于降低缓冲力，能够有效地缩短缓冲的时间。高速助跑有利于缩短缓冲时间，尽早地进行蹬伸动作，最好是在身体重心移动到支撑点上方之前，这些有助于使人体运动方向改变的作用力的作用时间变长，这是更快地改变运动方向的主要原因，也是获取腾起角和较大垂直速度的关键因素。起跳腿缓冲的幅度和开始蹬伸的时机，对起跳动作质量起着不可忽视的作用。

（4）起跳的蹬伸

缓冲动作的质量是影响起跳伸动作的一个重要因素。跳远运动员在跳远过程中应该尽可能地快速结束缓冲，快速开始蹬伸动作。蹬伸时，起跳腿髋、膝、踝三个关节要快速充分伸展。有一大部分的运动员存在髋关节伸展程度不够的问题，这个问题既不利于起跳力量的发挥，又很容易形成起跳时撅屁股的不良动作。上述问题会使起跳力量无法通过身体重心，还会使身体在腾空时前旋，因此提高起跳蹬伸效果必须依靠全身各部分协调配合、集中用力，这是非常重要的，其中摆动腿和双臂摆动动作的作用可达 20%～30%。在起跳腿缓冲阶段，双臂和摆动腿的加速摆动可以加大起跳腿对地面的压力，增加起跳腿伸肌的紧张度，在起跳腿蹬伸时，快速伸展双臂和摆动腿向上，协助起跳腿做减速摆动动作，然后在特定的位置戛然而止，这样就会产生向上摆动的惯性力，惯性力能够降低起跳腿的压力，使蹬伸速度加快。摆动动作的效果取决于其质量和与起跳腿动作的配合，摆动的加速、减速和突停的时机非常关键。此外，摆动腿的积极快速前摆有助于起跳腿一侧髋部的前移；而双臂的摆动则还能起到使起跳动作协调平衡的作用。

（5）跳远起跳中的几个问题

①肌肉用力特点

高度的肌紧张是由于肌肉被动高速拉长而产生的，收缩力量的产生，与肌肉由被动拉长转为主动收缩的时间有关，时间越短，收缩产生的力量越大，这些特点被称为肌肉所特有的牵张反射。所以起跳腿的伸肌在起跳脚踏板之前，一定要提前紧张，这样能够克服踏板时产生的超强压力，被动拉长的肌肉也能迅速主动收缩，这对起跳的力量和速度的有效提高帮助很大。当运动员拥有超强的伸肌由离心收缩快速转换为向心收缩的能力、起跳腿的支撑能力时，就能够快速准确地完成起跳动作。

②起跳时间

起跳动作的速度可从起跳时间中观察到，在对起跳动作有了充分准备后，起跳时间与起跳效果呈反向趋势。一般来说，起跳时间越短，运动员的跳远成绩就越优异。它说明运动员能够在短暂的起跳时间内迅速完成缓冲和蹬伸过程，有利于在高速助跑中获得较大的垂直速度和腾起角，同时可以有效地减少因起跳而使水平速度受到的损失。一般来说，助跑速度越快，起跳时间越短，二者之间相互关联。鲍维尔、刘易斯等举世闻名的优秀跳远运动员，他们的起跳时间基本上都在 0.10 秒左右，我国的陈尊荣、黄庚等人的起跳时间也为 0.10～0.11 秒。研究表明，起跳速度与所跳远度有密切的关系，将跳远成绩从 6.80 米提高到 8.30 米，起跳时间要从 0.13 秒缩短到 0.10～0.11 秒。需要强调的是必须在正确充分完成起跳动作的前提下努力加快起跳速度，否则收不到好的效果。

③起跳过程中的扇角

扇角实际上指的是由身体重心与支点连线形成的一个夹角，这个夹角是在起跳脚踏板和离地的瞬间产生的。扇角的大小反映了运动员身体重心在起跳过程中向前移动的距离，通过分析扇角的大小可以得知运动员在踏板时身体后倾的程度以及离板时身体前倾的程度，此外分析扇角的大小也可以推测出运动员起跳的速度。运动员在助跑过程中高速奔跑，上体稍向后仰，在起跳过程中，前倾程度较小，形成的扇角也就小，扇角小表明运动员在缓冲和蹬伸动作的完成方面很迅速；扇角大的运动员则相反。水平速度越快的运动员，扇角应当越小，这样才能保证好的起跳效果。

④起跳过程中水平速度的损失

跳远运动员利用起跳得到了垂直向上的速度，运动方向由水平方向转变为上前方，这注定会使助跑水平速度有所损失。通常情况下，起跳过程中，垂直速度的获得量与水平速度损失量呈相反趋势。然而起跳效果的好坏不能只靠水平速度损失的多少来评价，还应根据所获得的腾起垂直速度，两者结合起来衡量起跳效果。在助跑水平速度很快时，想要跳得更远、取得更好的成绩，可以把损失较多的助跑水平速度作为代价，来获得较大的垂直速度，进而取得较大的腾起角度。但跳远运动员的努力目标应是在尽量减少水平速度损失的前提下，努力获得尽量大的垂直速度，而不应有意地用牺牲水平速度去换取较大的垂直速度。相对来说，在起跳过程中，损失水平速度相对小一些的一般是一些助跑速度慢的运动员。

⑤起跳过程中主要的角度参数

在起跳过程中，运动员会在角度参数上产生差异性，这是由于运动员的身体素质以及技术水平的差异性造成的。比较优秀的跳远运动员一般都会具备四种特质。

A. 起跳腿踏板较为积极，因此身体重心前移快、起跳腿着地角大。

B. 膝关节在垂直支撑瞬间角度大，缓冲幅度小，后蹬积极。

C. 两大腿夹角在着地瞬间小，以后两个瞬间大，表明摆动腿摆动快速、积极幅度大。

D. 蹬地角大，说明完成蹬伸的速度快。

鲍维尔和刘易斯在着地和离地两个瞬间的膝关节角度分别为171°、171°和165°、171°。而在起跳过程中膝关节的最小角度分别为148°和140°，而且出现的时相均在垂直支撑之前，实际上在垂直支撑时相的角度还要大一些。从他们两人的膝角情况看，鲍维尔缓冲幅度小，完成速度快，更早地开始蹬伸动作，因此获得了较大的垂直速度（3.70米/秒），而刘易斯就差一些，尽管其水平速度很快，但其垂直速度仅为3.22米/秒。

⑥好的起跳动作的特征

尽管不同运动员的起跳动作在一些环节上有较大的不同，但有效的起跳动作应具有一些共同的特征：起跳脚踏板时有积极下压后扒动作，减少对水平速度的制动；起跳腿膝关节缓冲幅度相对小（膝角大于145°），膝角开始加大的时相相对早（在垂直时相之前），表明起跳腿支撑力量强，完成缓冲动作和转为蹬伸动作快；身体的扇角小，说明起跳时上体后仰小，向前性好，起跳蹬伸速度快；摆动腿膝关节在垂直时相已明显超过起跳腿（约达到45°的位置），在起跳脚离地的瞬间，摆动腿至少摆到水平位置，说明摆动腿的动作早（蹬离地面就摆）、快（从一开始摆到结束的时间短）、大（摆动幅度大）；起跳腿离地瞬间起跳腿的能角大于 180°，说明起跳腿一侧髋前移速度快，起跳充分。

3. 起跳训练的方法

起跳训练的手段和要求主要包含以下几个方面。

（1）一、三、五步助跑连续起跳

一、三、五步助跑连续起跳一般在草坪或相对来说有弹性的地面上完成。具体来说每跑一步、三步或者五步，运动员就要起跳一次，这样重复起跳 5～8 次。运动员通过这种训练来掌握正确的动作，包括协调的蹬摆动作、正确的起跳放脚动作，以及协调身体各部位集中用力等。这种训练对起跳脚提出放脚积极的要求，对摆动腿提出大幅度快速摆动的要求。在连续起跳的过程中，运动员要协调好起跳腿蹬伸动作、双臂摆动动作、摆动腿摆动动作，在摆动腿着地后，以最快速度恢复到跑的状态，然后准备下一次起跳。由于此练习强度较小，因此可以多次重复进行，适于年轻运动员在训练中使用，水平较高的运动员在冬训期间也可以采用此练习体会和熟练起跳技术。

（2）短程助跑起跳腿落在高台上（跳箱）

高台与起跳点的距离是 2.5～3 米、高度是 0.5～0.7 米。运动员助跑 4～6 步后起跳，摆动腿要落在高台上。在此期间会对运动员提出摆动腿快速积极且大幅度摆动的要求，这有助于运动员形成腾空步，以腾空步姿势落在高台上。运动员通过这样的练习能够深刻地感悟和掌握摆动腿的动作要领。

（3）短程助跑起跳越过障碍（栏架或横杆）

运动员采用 4～6 步助跑，起跳后保持腾空步姿势越过高度为 50～70 厘米的障碍，障碍位于距起跳点 3 米左右的地方，也可以将助跑延长 8～10 步。

（4）短程助跑起跳用头或手触高悬物

高悬物与起跳点的水平距离大约 3 米。运动员在助跑 4～6 步后起跳，之后用手或头去触碰高悬物，如果用手触碰高悬物，高悬物的高度应设置为 2.2 米以上，如果用头触碰高悬物，高悬物的高度应设置为 2.8 米以下。这项训练要求运动员成功地完成起跳，并且在接下来的腾空步过程中，要使上体充分伸展，确保上体保持正直向上的姿态。这样做主要是为了让运动员掌握起跳中的一系列动作，如提肩、挺胸收腹、顶头等，这对于身体各部分器官相互协作和集中用力有很大的帮助，能够使起跳更有力，进而帮助运动员在腾起时达到最高的高度。根据运动员技术的熟练程度，助跑距离可延长到 8～10 步。在训练中要注意避免为获得高度而在起跳时上体后仰过大、制动起跳等问题。

（5）加高起跳点起跳

运动员在高度为 0.10～0.2 米的台上（用木质或其他坚固材料制成），采用 4～10 步助跑的方法起跳。此练习的主要目的是促使运动员在助跑最后一步积极蹬摆，使身体重心迅速前移。在练习起跳的初始阶段，起跳点可以设置得高一些，随后慢慢放低直到最后可以在平地上完成起跳。在进行加高起跳点的练习时，也要进行平地起跳练习，只有这样，运动员的踏跳和蹬摆动作才能在实际比赛中达到标准。

（6）负重起跳练习

运动员采用 4～10 步助跑进行起跳。负荷重量应较轻，一般为 15 千克（使用沙衣或沙腰带）。此练习的目的主要是加大起跳难度，提高运动员的起跳力量，要注意完成技术动作的正确性，如果技术动作因负荷量太大而受影响则要减轻重量。负重起跳练习要与不负重起跳练习结合进行。

（7）短、中、全程助跑结合起跳

运动员在练习起跳的过程中，使用不同的助跑距离有助于培养助跑与起跳的平稳衔接能力，有效提高在不同水平速度下起跳动作的正确完成率。

以上（3）～（7）的练习都要在起跳后完成腾空步动作，也可以在起跳后进行完整的腾空和落地动作。

（8）起跳模仿练习

运动员在走动中模仿起跳腿的踏板动作以及摆动腿的摆动、双臂摆动、髋关节快速前移等动作，主要目的是帮助运动员形成正确技术概念和体会动作感觉。模仿练习对青少年运动员有重要的作用。

（9）短、中、全程助跑的完整技术练习

任何分解动作练习的结果最终都必须体现在完整技术中，所以完整技术练习是技术训练的最主要手段，可根据训练的不同阶段要求，安排不同距离助跑的完整技术练习，并注意完整技术练习所占的比例。

（10）结合素质训练练习起跳技术

采用垫步跳、短助跑三至十级跳等练习，在发展素质的同时，练习起跳技术。这些专门练习的起跳和蹬摆动作与跳远技术的要求极为相似，因此也是改进、熟练起跳技术的方法之一。

（三）腾空技术训练

助跑和起跳动作完成之后接着就是腾空动作，腾空动作对运动员能否在空中维持身体平衡有很大影响（图 4-3-2）。充分利用腾空抛物线，能够跳出更远的距离。在跳远中，身体重心的抛物线轨迹是在起跳腿离地瞬间由身体重心所获得的水平速度和垂直速度的大小决定的，腾空后的任何动作都不能改变这条抛物线轨迹。但合理的空中动作可以有效地控制身体在空中的向前旋转运动，改变身体各部分相对于身体重心的位置，使双脚在落地瞬间处于身体重心前面更远的位置，从而获得更好的成绩。

图 4-3-2 腾空

腾空动作的好坏受助跑，特别是起跳动作质量的影响，在很多案例中，由于运动员助跑、起跳时出现了一些问题，导致腾空动作也出现问题。同理，腾空技术的好坏也会极大地影响到助跑、起跳的效率，所以在这个意义上说，腾空虽相对来说不如助跑对起跳的作用大，但仍是不可忽视的一个重要技术部分。

目前跳远运动员采用的腾空姿势五花八门、多种多样，但基本上可以分为四种类型，即蹲踞式、挺身式、走步式和混合式。无论采用哪一种腾空姿势，从起跳脚离地到开始做腾空动作，都有一个基本相同的技术动作，称为腾空步。腾空步与起跳腿蹬离地面时的动作极为相似，起跳腿自然放松留在身体后面，膝关节略弯曲，摆动腿大小腿折叠，向前高高抬起。这时保持动作放松很重要，如果起跳腿过于紧张，绷直留在体后，则不利于自然顺利地开始做腾空动作。腾空步的动作延续时间较短，约占腾空时间的三分之一，它是完成好腾空动作的基础。

1. 腾空技术训练理论

人体离开地面后，除了重力和空气阻力以外，没有任何力作用于人体，当合外力小于地吸引力时，人体开始加速回落。这样人体总重心在空间运行的轨迹就形成了一条抛物线。然而这条抛物线轨迹从人体离地瞬间就已确定下来。因为人体靠内力在空中做任何动作都不会改变这条轨迹。所以，跳跃运动员完成起跳后，助跑和起跳这两个相互衔接的动作所产生的作用力，是决定身体重心在空中运行的轨迹的重要因素，运动员的身体在力的作用下发生方向转变。

当人体腾空后，由于内力的作用，使身体某一环节活动，而相应身体环节产生补偿性位移，即身体某一部分绕总重心顺时针方向旋转，而身体另一部分则绕总重心逆时针方向旋转。身体某部分的下潜运动，必然会引起身体的其他部分的上升，身体各部位进行“补偿性”运动。如：跳远中的准备落地动作，当向前上方举腿时，上体必然相应地向前下方转动，上体向前下方转动，必然会升高臀部的位置，降低双脚的位置。因此身体各环节的位移相对于身体重心位移的影响则相互抵消。

人体在空中做任何动作都不可能只有一个环节的位移，而是相应的两个环节同时产生相向运动。如：三级跳远，在前两跳的腾空中，摆动腿高抬与上体前倾的相向运动，可以维持空中稳定平衡。又如：背越式跳高过杆时，为了使重心处于较高的位置上，在空中就要做挺身动作，这样上体就得向后仰，两腿向后摆，形成“桥”的姿态，以形成最有利的过杆姿势，这样上体和两腿就形成了相向运动。

人体腾空后，可以靠肌肉的收缩改变身体各部位相对于总重心的位置，靠肢体的屈、伸来延长和缩短旋转半径。一般说，旋转半径加大，转动惯量增大，转动角速度则相应地减少；反之转动半径缩短，转动惯量减小，角速度增大。根据这一原理设计了各种空中动作，如：挺身式跳远，起跳后需要抑制身体的前倾，就要向前下方伸直摆动腿，增大身体绕横轴转动的转动惯量，人体前旋角速度放慢，有利于维持身体平衡，使上体抬起，挺身后，接着两腿屈膝向前摆动，这时就要求尽量使大小腿折叠紧，缩短转动半径，加快前摆角速度。再如：走步式跳远，两条腿一前一后摆动，后腿是伸直的状态，前腿是弯曲的状态，这样的下肢摆动动作产生了距离，使下肢前移的速度更快；关于手臂的动作，臂在向前绕环时是伸直的状态，臂在向后绕环时是弯曲的状态，两臂不断摆动也产生了距离，这就使上体前移的速度有所降低。此时上体前倾的程度受到上下肢动作的限制，这确保了空中人体的平衡性，使人体在落地前保持合适的姿势，以延长腾空时间。

2. 腾空技术训练的内容和方法

腾空技术训练的手段和要求主要包括以下几个方面。

（1）模仿练习

空中动作要保证准确的动作时机和全身协调的配合度，这是非常关键的两点。运动员在把握动作顺序和过程时，大多进行腾空动作模仿练习，如支撑腾空、原地腾空、悬垂腾空练习。协调各部分动作和把握动作节奏有助于运动员掌握正确的技术要领，提高熟练使用动作的速度。在模仿练习时，要做出尽可能大的动作幅度，腿部发力主要靠膝关节，大腿带动小腿，手臂发力主要靠肩部，上臂带动前臂，轴和肩轴要相向扭动（走步式技术模仿）。

（2）腾空步技术

腾空步是任何腾空姿势的开始部分，它不仅对腾空技术动作的好坏有较大的影响，而且对起跳质量也有影响，因此绝不可忽视它的重要性。腾空步技术可结合起跳动作进行训练，也可以在完整技术中注意改进。

（3）用弹板起跳练习腾空技术

腾空时间的延长、高度的加大可以通过在弹板上起跳的途径来实现，这样可以为腾空技术动作的完成留出充足的时间。

（4）从高处起跳（在跳箱上跑 1～2 步起跳）练习腾空技术

目的、作用和要求同上一练习。

（5）短、中、全程助跑的完整技术练习

重点放在腾空技术的改进和训练上。

（6）分解腾空技术训练

主要用于走步式腾空技术训练中，从腾空步做起逐渐增加第一个空中交换步、第二个交换步，直至完整动作。这是走步式技术（尤其是三步半走步式技术）的复杂性决定的。

（四）落地技术训练

无论采取什么腾空姿势，在双脚触沙之前，双腿要充分高抬伸直、脚跟并齐，脚尖抬起向上，上体抬起，髋关节前送。当脚跟接触沙坑，膝关节立即弯曲缓冲。但这时很关键的一点是，臀部不能立即下降，而是要利用剩余的水平速度，借助双脚的支撑使得臀部以接近水平的路线迅速向前移动到双脚触沙点的前方，否则容易因坐在后面而损失距离。

目前优秀跳远运动员一般采用两种落地方法：一种是脚触沙后，臀部向前移，然后坐在双脚踩成的坑中；一种是臀部前移的同时，侧腿积极弯曲缓冲，双脚向同侧转动，使整个身体侧转，倒在脚着地点的侧前方。这两种方法都能较好地避免因臀部触沙而影响成绩。

在落地前瞬间，尽量保持上体正直，向前送髋的动作极为重要，它可使双脚伸得更远（走步式运动员通常做得较好），如果上体过分前压，会造成髋留在后边，形成撅屁股的姿势，难以充分向前伸腿。

在双脚触沙的同时，双臂要积极有力地向前摆动，帮助身体尽快移过支点。在摆动时要保持一定高度，以避免因手触及沙子而影响成绩。另一个问题是有些运动员落入沙坑时，双脚不能并齐，一前一后，使成绩受到较大影响，这些细小的环节也要引起足够的重视。

1. 落地技术训练理论

人体腾空后，由于重力的作用，上升的速度逐渐减小，当上升的速度减到零的时候，人体重心达到最高点后便开始下落，人体下落时受重力加速度的影响而加速下降，这样着地时对人体的震动很大，为了缓冲落地时的冲撞力，着地时要进行缓冲，尽量加长缓冲距离，以减轻下落时对人体的震动。

落地动作是跳远项目技术动作的最后一个环节，虽然关键技术在助跑和起跳，但在竞争激烈、水平接近，常常以几厘米的优势决定胜负的比赛中，落地动作的好坏起到关键作用，有人测定，身体重心距脚跟的水平距离约占跳远成绩的 8%，落地技术的好坏可相差 30 厘米左右，在激烈比赛中，这是个相当可观的数字。

通常情况下，人体在落地时越向后仰，双脚伸到重心前面的距离就能越远，越能够得到更远的落地距离，但由于身体后仰会使臀部的位置降低，所以人体的后仰会受到一定的限制；但如果使身体向前倾，以延迟落地时间，同时也会使身体重心与脚跟之间的距离缩短，因此在实际落地时，一定要把身体放置在一个合适的位置，既不过于前倾也不过于后仰，上体保持几乎垂直的姿势，双腿以比水平位置低的姿势入坑，双脚落地后马上屈膝缓冲，髋部不要立刻下降，而是向前运动，以身体仰坐的姿势落在沙坑里。以前旋姿势落地是最危险的，只有减少和避免身体前旋，才能获得合理的落地姿势。

2. 落地技术训练的内容和方法

落地技术训练的内容和方法主要包括以下几个方面。

（1）模仿练习

体会落地前收大腿、伸小腿及向前送、上肢的摆动配合等动作。

（2）各种跳跃练习接落地动作

在进行立定跳、立定三级、五级和十级跳以及助跑多级跳等练习的同时，注意练习最后落入沙坑的技术动作。

（3）完整技术练习

在各种形式的完整技术练习中注意改进落地技术动作。

通过上述对助跑、起跳、腾空和落地等部分的技术训练的要求，我们对于跳远的专项技术训练有了一定的了解，下面我们将进行总结。

要保证每一次技术训练的完整性，采用分解练习进行辅助；根据训练时期和训练对象的不同来调整各种练习所占的比例。分解练习在准备期训练中占较大比重，在少年运动员的训练中所占比重也不小，而完整的练习在比赛期训练中常用，在青年、成年运动员的训练中也是主要训练方式。在提高关键技术时，主要是以分解练习结合完整技术的方式进行训练。

在运动员体能状态良好的情况下，首先应安排相应的技术训练。一定要明确技术训练的主要目的，找到 1～2 个主要问题，集中在一节课或者是一阶段处理好。

在改进技术时期，要多练习短、中程助跑，反复练习即可达到良好的效果。在临近比赛的时候，要注意不断延长训练中的助跑距离，一直延长到接近全程助跑距离，这有助于运动员达到比赛的标准。

在对技术动作提出严格要求的同时，也要提高踏跳准确性，这是技术训练中非常关键的环节。假如起跳不在起跳板上进行，一定要找一个显眼的标志放置在起跳点。在日常的训练中，要记得坚持做到这一点，这有助于使运动员的助跑更稳定，否则运动员就会经常出现忽前忽后，或者养成不超过起跳板就跳等不好的毛病。

因为在技术训练中，对中枢神经系统具有较高要求，所以在一周之内完整技术的训练课至多安排 3 次，特别是当训练强度较大时，训练课次数应适当减少。但每天安排一定数量的技术专门练习或分解技术练习是可行的。

技术训练的另一个特点是个体性。由于运动员在身体形态、素质水平等方面的差异，因此对于他们的专项技术也不能用一个统一的标准去衡量和要求。在训练中必须体现因人而异的原则，使运动员的技术带有个人的特点。

四、跳远科学化心理素质训练

当前，一名优秀跳远运动员不仅要具备良好的素质、技术、战术水平，还应具备良好的心理素质。尤其是在参加重大比赛时，运动员心理状态的稳定性直接关系到比赛的胜负。跳远实际上是一种个人间接对抗性运动，这就要求运动员在比赛中控制和调节好心理状态、保持良好的意志品质，要对赢得比赛充满信心。跳远的心理素质训练一般分为两种。

（一）跳远运动员的一般心理训练

此训练可采用一些心理手段与方法来调控，改善运动员的心理品质，例如“情绪调节训练法”“自我暗示与放松训练法”“念动训练法”“注意调节训练法”“模拟训练法”等。例如，念动训练法在学习和改进、巩固技术中的运用，是让运动员在技术课前后在大脑中复述、想象完整的或局部的跳远正确技术，这样的想象有助于运动员透彻理解技术概念，深入感受动作过程、感知和把握用力节奏及动作结构。将这些理解和感受与技术练习相融合，能够在很大程度上改进与提高技术。尤其是当运动员受伤时无法进行技术练习，这时可以进行念动训练，对缺失的技术训练有一定帮助。

（二）跳远运动员的专项心理训练

一些运动员在比赛中出现起跳犯规的情况，这往往是由心理错觉造成的，比如，运动员实际上已经踏上起跳板了，却没有意识到自己上板了。基于这种问题，可以在运动员上板起跳时加以引导，使他们建立新的注意定势，将注意力集中在起跳板后沿，用以纠正运动员起跳犯规的毛病。另外，赛前心理训练也是跳远运动员心理训练中的一个重要环节。赛前心理训练有利于稳定运动员的情绪，而且对增强信心很有帮助。尝试各种方法，解决运动员在赛前可能出现的心理问题，帮助运动员梳理思绪，调节情绪，对运动员进行积极的心理暗示，使他们以一个良好的心态面对比赛。运动员心理训练的实施可分为两种形式，一是请心理学专家对运动员开展心理学知识讲座，并对运动员某些心理素质进行针对性训练；二是教练员将心理训练的内容贯彻在日常的训练、生活。另外，教练或者研究人员也要引导运动员掌握一些简单的心理训练方法，如集中注意力法、自我暗示法、调节情绪法等，来提高运动员自我控制能力，使他们能及时消除临场出现的紧张情绪，克服各种意外干扰。

五、跳远科学化训练计划制订

跳远运动员应在系统的、长期的、持续的周期训练上持之以恒，科学地重复每一个训练周期的计划，逐步提高跳远成绩。

要想取得良好的跳远成绩，运动员必须进行有组织、有针对性的训练，提前规划好训练。科学的训练计划可以指导教练员和运动员以良好的状态完成制订好的训练任务，这是运动员实现愿望的有效方式。

教练员可以为初学者制订训练计划；教练员和医务人员以及科研人员和运动员共同探讨，最后由教练员制订出优秀运动员的训练计划。在明确训练任务、目的、年限和时间的基础上，依据运动员的条件和阶段性训练情况等多方面因素制订训练计划。根据跳远训练的时间跨度，一般将训练计划分为多年训练计划、全年训练计划、周训练计划等多种类型。

（一）多年训练计划

跳远运动水平提高很快，早期专门训练是跳远训练发展的一个重要阶段，要想创造较高的运动成绩，必须从少年儿童中选材，为其制订多年训练计划，进行多年训练。

跳远多年训练计划一般包括以下内容：（1）年训练计划的目的与任务。（2）运动员的基本情况（主要是选材测试和一般调整登记内容，对训练对象完成多年训练任务的估量）。（3）运动员年龄和发育特点对年度训练任务的确定有一定影响，在分析多年训练目标的基础上，制订出各年度相应的训练任务。（4）年度身体训练、技术训练及运动负荷安排的逐年要求。（5）完成多年训练任务的措施和有关注意事项。在认真了解运动员的实际情况后，再去确定多年训练计划的年限。儿童、少年阶段要符合中小学的学制年限，要符合我国少年跳远甲、乙组比赛对年龄的要求；体育专业的运动员要符合现在的学习年限；而那些高水准的优秀运动员要把在国内的大型运动盛会上取得优秀成绩作为目标。就以上各种对象的情况，四年的训练年限是最合适的，对于一些比较特殊的运动员，如年龄较小的运动员，可定为六至八年。跳远多年训练计划是一种远景框架计划，不可能制订得很具体，但要实事求是地建立在可能实现的基础上。根据运动员特点和训练任务，学习跳远运动训练先进经验，同时要有自己的训练观点，沿着多年训练道路，充满信心，坚持不懈地去争取完成多年训练计划，在实践中对多年训练计划加以修改、充实、完善。

（二）全年训练计划

跳远全年训练计划是在多年训练计划所规定的本年度训练任务以及总结上半年训练的基础上制订的。

1. 全年训练的任务

即在提高身体素质、完善专项技术、学习和提高理论知识以及思想教育等方面基本年度所要完成的任务。

2. 全年训练的分期与时间安排

跳远全年训练分期是根据不同项目、不同水平运动员的特点，运动员所在学校的校历，不同比赛任务的要求以及季节气候特点等因素考虑的，其目的是使运动员顺利地、有计划地完成全年训练的任务。全年训练一般可以分为单周期、双周期和多周期的全年训练过程。当代许多优秀运动员的训练实践证明，为了获得高水平的竞技状态，运动员必须经历一个足够时间的准备过程。目前在全年训练中，大多采用双周期的安排，但随着跳远运动的发展，根据高水平运动员比赛增多的特点，也有多周期安排的形式。

单周期训练计划把全年分为准备期、竞赛期和过渡期，双周期把全年分为两个准备期、两个竞赛期和一个过渡期。

准备期的训练，在很大程度上影响着运动员未来竞技状态的稳定性水平。由于高水平运动员的形态、机能等各方面已相对完善，没有足够量的刺激不足以引起实质性的变化。在制订年度训练计划时，准备期和竞赛期要有机地联系起来，在紧张比赛时期也不应间断身体训练，要保持身体训练的连续性，保持和提高比赛能力，以在比赛中创造优异的成绩。

此外，划分全年训练分期，各地也不完全相同，还要特别根据气候特点加以安排。

3. 全年训练各时期的任务与负荷安排

准备期的训练任务一般是全面提高身体素质和专项身体素质、改进技术、培养道德意志品质，为竞赛期训练和提高专项成绩打好基础。准备期身体训练和技术训练的安排应根据运动员水平、个人特点和比赛任务等而定。准备期训练特点是运动量较大、强度较小、训练时间较长、身体训练多、完整技术训练少。增加运动负荷的方法是逐渐增加的，是大、中、小运动量相结合，波浪式有计划地进行。总的强度相对应以中等强度为主，大强度和小强度为次，强度也要逐渐提高。

竞赛期的训练任务主要是提高专项素质和专项能力，巩固与提高技术、改进技术，保持良好的竞技状态，在比赛中争取优异成绩，丰富比赛经验，培养道德意志品质。竞赛期一般身体训练较少，技术训练增多，这个时期的训练特点是在接近比赛的情况下进行的，运动负荷要相对减少，强度加大，平均强度不要太大，在体力和技术较好的情况下，保证大强度训练课的质量。

为便于安排准备期和竞赛期的训练，可在各个时期划分第一和第二阶段的训练。

为了参加较重要的比赛，赛前两天可做小运动量活动，使身体处于良好的竞技状态，保持良好的体力、旺盛的斗志，做好比赛准备。

过渡期的主要任务是消除身心疲劳，积极休息，保持已有的训练水平，总结训练工作，制订下一年度的训练计划，为下一年准备期训练做好准备。运动员训练水平不同，导致比赛次数不同，身心疲劳程度不相同，过渡期的时间长短也不同。优秀运动员参加比赛次数多，过渡期可稍长，应明显地降低运动量，做些其他练习达到积极性休息的目的。初学者、中小学的少年儿童运动员一般在期终考试阶段需要减少训练次数和降低运动量，甚至在考试紧张阶段需要停止一段训练，但要坚持早操，使身体获得积极性的休息，也起到过渡期的作用。除此之外，一般不用专门安排过渡时期。

4. 全年训练各时期内容和比重

由于运动员训练水平不同、专项不同，各时期的全面身体训练、专项身体训练和技术训练等所安排的比重大小也不相同。跳远的战术训练、心理训练和理论知识教育要结合在身体训练和技术训练中进行。规划各时期训练内容比重时还要考虑运动员的专项和个人的特点。

（三）周训练计划

跳远的周训练计划是周训练各课次较为具体的进度。周训练计划是根据训练时期及其季节阶段的训练任务、运动量、强度等要求制订的。跳远周训练计划在各类训练计划中起着“承上启下”的作用，是落实多年和全年训练计划及规定各次训练课的任务、内容、方法的重要环节。在制订跳远周训练计划时要将一个训练时期或其中的一个季节阶段的各周训练计划密切地衔接起来，表现它们之间的完整性和衔接性。

制订跳远周训练计划一般包括以下内容：根据训练时期及阶段训练任务、训练内容的比重、运动量和强度要求，上周训练计划完成情况和本周实际情况等确定训练任务、训练次数和时间、各次训练课的任务，选定各次课的主要训练手段、运动量和强度的节奏等，在制订计划时要考虑运动员训练水平和个人特点。

跳远周训练计划中要以合理的顺序安排运动员的训练内容及其运动量和强度的节奏。一般应把技术和速度训练安排在前两天，耐力和力量安排在后两天。跳远周训练计划中的任务和方法有时可能需要在下周循环重复，但要从实际出发进行必要的重复。随着训练工作的进展，训练方法、强度、运动量需要增减和调整，不断提出较高的要求，不应千篇一律地重复。

第四节　三级跳远科学化训练

一、三级跳远项目发展历史

三级跳远是在田径运动发展史上出现得较晚的一个项目。三级跳远是在 1896 年第 1 届奥运会上被列为比赛项目的，那一年最高的跳远成绩是 13.71 米。一开始的时候，大家对三级跳远的技术特点认识比较肤浅，认为第一跳和第三跳之间的跨步跳，只不过是一个过渡动作。1936 年，日本三级跳远选手首次跳出了 16 米的成绩。该选手的第一跳灵活有力、又高又远，第二跳却非常迟缓而且跳得不够远，第三跳出现了节奏不均匀的问题。在那以后，各国运动员都为三级跳远中的三连跳衔接自然、无停顿付出过努力。1955 年，一名来自巴西的运动员打破了上一次的纪录，跳出了 16.56 米的成绩。一名来自苏联的运动员在 20 世纪 50 年代中期，对“单脚跳”技术作出了改进，他的跳跃中出现比较高的腾空抛物线，落地采用的是高摆腿方式，这些技术特点提高了他的成绩。20 世纪 60 年代初，一名来自波兰的运动员跳出了 17 米的好成绩，再次打破世界纪录。迅猛的助跑速度、相对较低的腾空抛物线、良好的身体向前性是他独有的技术特点，因此他的第三跳跳得非常远。综上所述，随着三级跳远在运动实践中不断出现，人们对这项运动也有了越来越深入的了解。

20 世纪 70 年代三级跳远进入技术和成绩发展迅猛的阶段。全球各地的优秀运动员在实践中获得了经验，完善了落地起跳技术，探寻出更加合理的三跳远度比例。1972年，竟然有人跳出了17.44米的超高成绩。1975年这个项目的世界纪录被巴西运动员以17.89米的成绩打破。英国跳远选手乔纳森·爱德华兹跳出了18.29米的成绩，是现在男子三级跳远的世界纪录保持者。之后，在奥运会上，也正式出现了女子三级跳远项目，现在的世界纪录是委内瑞拉人尤利玛·罗哈斯保持的，纪录为15.67米。

我国三级跳远开展较晚，从1923年才开始设置比赛，水平也较低。1936年，王士林创造了14.36米的中国男子三级跳远最高纪录。

1949年后，三级跳远的成绩提高很快。1954年，北京运动员李荣国以14.66米的成绩打破了王士林的全国纪录。这以后我国的三级跳远纪录不断被刷新，到1964年，田兆钟以16.58米的成绩打破了全国纪录，位列当年的世界第二位。1981年，辽宁运动员邹振先在第11届世界大学生运动会和第3届世界杯田径赛中，分别以17.32米和17.34米的优异成绩荣获冠亚军，并创造了新的男子三级跳远全国和亚洲纪录。他的技术具有助跑速度快、三跳起跳快、空中飞行快、蹬地幅度大的特点。这种技术与现代三级跳远技术的发展趋势相吻合。在1990年的第11届亚运会上，我国优秀选手陈燕平和邹四新分别以17.51米和17.36米的成绩获得冠亚军，但由于是在超风速的情况下跳出的，因而未被承认为新的纪录。近些年来，我国的男子三级跳远水平有所下降，目前很少有人能跳出17米以上的成绩。

我国女子三级跳远在世界上起步相对较早，李惠荣曾创下了14.54米的第一个女子三级跳远世界纪录。但随着该项目在世界范围内的广泛开展，欧洲运动员取得了明显的优势，世界纪录被提高了近1米，而我国的女子三级跳远成绩却只有小幅提高。山东运动员任瑞萍在1997年4月创造了14.66米的新的女子三级跳远亚洲纪录。在2001年的第9届全运会上，广西壮族女运动员黄秋艳，以14.72米的好成绩战胜老将任瑞萍获得冠军，并刷新女子三级跳远全国和亚洲纪录。黄秋艳在2002年国际田联黄金联赛罗马站，以14.47米的成绩夺得冠军，成为我国田径在国际大赛中的一个亮点。她自己最大的愿望，就是想成为中国第一个突破15米大关的女运动员。

近些年三级跳远项目中出现了许多优秀的运动员，他们在奥运会中也取得了优异的成绩。

2008 年北京奥运会，男子三级跳远决赛中，葡萄牙选手内尔松 · 埃沃拉以 17.67 米夺得冠军；女子三级跳远决赛中，喀麦隆选手弗朗索瓦丝 · 姆班戈 · 埃托内以 15.39 米的成绩获得冠军。

2012 年伦敦奥运会，男子三级跳远决赛中，美国小将克里斯蒂安 · 泰勒以 17.81 米的成绩获得冠军；女子三级跳远决赛中，哈萨克斯坦选手雷帕科娃以 14.98 米的成绩夺得冠军。

2016 年里约奥运会，男子三级跳远决赛中，美国选手克里斯蒂安 · 泰勒以 17.86 米的成绩夺得冠军。此外，中国选手董斌以 17.58 米的成绩获得季军。

2020 年东京奥运会，男子三级跳远决赛中，葡萄牙名将皮查尔多跳出 17.61 米的成绩获得冠军，中国选手朱亚明以 17.57 米的成绩获得亚军；女子三级跳远决赛中，委内瑞拉名将罗哈斯以 15.67 米（+0.7 米 / 秒）的成绩获得冠军。

二、三级跳远专项科学化训练的目标与内容

优秀运动员经过了五六年系统训练，其体能得到充分的发展，已经掌握了比较先进的并具有个人特点的技术，专项素质和专项成绩达到较高水平。为使已达到的水平进一步得到提高，训练的针对性要强，重视运动员的个体差异，结合运动员的具体情况个别对待，提高训练效果。

（一）目标

（1）提高各器官的机能，发展专项负荷能力。

（2）继续发展专项素质及专项能力。

（3）完善和熟练专项技术。

（4）丰富大赛经验，提高专项成绩。

（二）内容

1. 专项技术

三级跳远的技术训练以完整技术为主，助跑逐渐加长并接近全程助跑距离，在训练条件和技术及体力准备较充分的条件下可进行全程助跑的技术训练，技术

训练强度逐渐加大，注重有效强度量的积累，在此基础上突出强度，但并非越大越好，要有所控制。

2. 专项素质

训练的内容和手段集中在与专项关系密切的方面。

（1）速度水平的提高举足轻重，在速度进一步提高的同时，努力在助跑中得到发挥。短距离的速度训练、助跑练习以及助跑结合起跳的训练，在速度的训练课中占有重要位置。较长段落的反复跑对保持和提高跑的能力起重要作用。

（2）专门弹跳能力的提高主要通过带助跑的多级单足跳和跨步跳来实现，其跳跃的速度、远度及用力程度十分接近专项的要求。在训练时注意正确的节奏，肌肉紧张与放松的准确交替。而进一步强化专门弹跳能力的发展，带助跑的多级单足跳和跨步跳也被全年坚持采用。

（3）专项力量的发展可以通过肩负杠铃在高凳上起跳、各种负重的跳跃以及单双腿负重的半蹲跳起进行训练。注意其用力顺序、支撑角度和用力幅度应符合专项技术的要求。为避免产生速度障碍，上述训练手段要与徒手训练结合进行。

（4）重视支撑力量、腰腹肌和关节力量发展的同时，更注重上下肢、前后肌群及大小肌群的均衡发展。

3. 负荷

（1）负荷量和强度的安排是有节奏的，应逐渐加大。

（2）负荷的加大主要体现在专项训练上（包括专项技术和专项素质），表现在负荷强度和质量上。

（3）为了承受不断加大的负荷，要加强负荷后的各种恢复措施以保证运动员机体得到迅速的恢复。

三、三级跳远一般身体训练和专项身体训练

三级跳远的一般身体训练包括身体全面发展的训练和专项素质的训练。身体全面发展训练是通过大量一般身体训练和其他运动项目，如球类和体操等，全面发展运动员身体机能和运动素质，为专项提高打下基础。专项素质训练是指为发

展三级跳远运动员必需的各种素质专项技术的训练。

（一）身体全面发展训练

身体全面发展训练的目的是增进健康，发展心血管和呼吸系统的机能能力；改进一般耐力和提高负荷能力；增强支撑器官机能，提高关节的灵活性和肌肉的弹性；发展协调性和运动的和谐共济的能力。

为了完成这些任务，可广泛采用各种不同的预备姿势的训练，原地和行进间的各种训练，使用器械的和同伴帮助下的以倾斜、旋转和摆动方式完成的各种屈伸训练。这些训练既可以是全面训练，也可以是主要发展局部肌群力量的训练。

要注意每一种身体训练的特点：预备姿势、身体各部分运动的方向和速度、动作幅度、工作肌群收缩的顺序和力量的大小、重复的次数以及持续的时间，根据这些特点正确地评价其与专项的关系并安排在不同的阶段。

克服逐渐加大的外界阻力的训练，能提高相应肌群的肌紧张水平，从而有效地发展力量。

增加训练的次数，延长训练的持续时间，可以发展一般和专项耐力。

参与活动的肌群数量多，肌肉用力迅速转换并且有序的、依次紧张的训练手段有助于发展肌肉工作的共济性与和谐性，从而提高运动的协调性和灵活性。

进行全面训练时要注意动作的幅度与放松，保持正确的姿势并与自然的、有节奏的呼吸相结合。训练的重复次数要使肌肉产生疲劳，把 8～10 个训练手段组合成各种不同的综合循环训练，可使全面发展的训练收到最大的效果。

1. 徒手训练

（1）头部运动

前后左右转动和绕环运动，在原地或走动中完成。

（2）上肢运动

向各方向摆振、支撑中屈伸运动。

（3）躯干运动

不同姿势的转动和扭转躯干、背桥练习、屈体和抬腿运动等。

（4）下肢运动

前后摆动，扶肋木的单腿下蹲和各种方向摆动。

（5）肘木前柔韧性练习

直腿屈体、压腿、面对肋木和背对肋木的拉振运动等。

（6）垫上各种柔韧性练习

分腿和并腿的屈体、后倒挺等。

（7）技巧练习

各种翻滚和鱼跃、手翻和空翻及双人动作。

2. 双人训练

（1）不同姿势的双人柔韧性练习。

（2）利用同伴发展力量的对抗练习。

3. 负重训练

（1）实心球练习：各种抛接、持球做转体、屈体和绕环、脚夹球跳传等。

（2）跳绳练习。

（3）负重（哑铃、壶铃、沙袋等）侧屈、上举、下蹲、旋转、双腿和单腿的跳跃和弓箭步走。

4. 体操器械训练

体操器械训练包括肋木、吊环、单杠、双杠马、跳箱等。

（1）各种悬垂、引体、屈腿和直腿上举。

（2）各种摆动和摆荡等。

长段落的慢跑和变速跑是发展一般耐力和提高工作能力最有效的手段，运动员应常年坚持30～40分钟的越野跑，跑的过程中还要有变速、跳跃和头顶树枝或手摸高等动作。

（二）专项素质训练

在三级跳远中，专项素质起主导作用，同时运动技能和素质的统一表现得特别明显。运动员必须在5秒钟左右发挥最高跑速和提高动作速率，紧接着在0.12～0.17秒的起跳过程中克服阻力和发挥最大力量（约500～800千克），改变运动方向 20°～34°，对速度—力量、速度、力量等素质提出了很高的要求。三级跳远的水平决定于专项技术和专项素质的发展程度。三级跳远运动员的身体素质水平的提高直接影响着其技术技巧的发展和发挥。完善的技术需要靠不断提高的身体素质来实现。因此在三级跳远的训练中，要注重弹跳素质、速度素质、协调性和柔韧性等的发展，这些素质对掌握先进技术和提高成绩有着非常大的影响。

1. 速度—力量训练

速度—力量训练包含着一些手段方法，目的是使运动员在快速运动中突破外界阻力，其发展水平对于形成和提高技术具有决定性意义。主要方法手段有以下几种。

（1）克服自身体重的练习，包括单足和双足的原地跳跃、带助跑的跳跃、跳上跳下和跳过各种高物（障碍、栏架、跳箱等）及跳深练习。

（2）在上述手段练习过程中附加重物。如负重沙衣、沙护腿或缚铅腰带等。

（3）快速完成克服外界阻力的练习，如牵拉橡皮带；抛不同重量的实心球和铅球；负轻杠铃的快抓、快挺快蹲和半蹲跳起；联合器械的练习和双人对抗练习；等等。

在进行练习时，应注意如下要求。

（1）必须注意技术要求、动作外形和完成的节奏、动作幅度、用力角度及肌肉最大用力时间等尽可能与专项要求相一致。

（2）集中意志用力，爆发性地完成练习。

（3）跑跳练习中负重不超过体重的 10%，而且必须与徒手训练结合进行，练习中要逐步加大动作频率，特别强调动作用力要放松协调，克服紧张和动作僵硬。

2. 速度素质训练

速度训练能够提高动作速度和绝对速度，融合二者的优势。

要不断对跑的技术作出改进，在提高跑的能力基础上，使助跑更具完善性、快速性和准确性，这是运动员进行速度训练的主要目的。研究显示，在每次起跳中保持其他因素的稳定性，随着速度的增加，三级跳远成绩也会相应有所提高，这表明在三级跳远的成绩中发挥重要作用的是速度水平。跑的技术对速度的提高起影响作用，而助跑又要求跑的技术符合专项要求，即有利于顺利地进行起跳，要求跑时重心较高、步幅开阔、富有弹性、放松协调并有较好的节奏，主要练习手段有以下几种。

（1）40～60 米跑的专门练习：强调抬腿和放腿的小步跑、高抬腿跑和车轮跑。

（2）60～100 米的加速跑，节奏均匀而平稳地把步频增加到最大；变换步频节奏；强调加大步长；适当缩短步长、加大步频。

（3）10～40 米的行进间跑。

（4）20～100 米的起动计时跑。

（5）100～300 米的反复跑。

（6）50～100 米的变速跑。

（7）全程助跑练习。

此外还进行原地和支撑快速高抬腿以及跨栏和跑格练习。跑的练习手段贯穿在全年训练的各个阶段，只不过在准备期着重改进跑的技术和提高跑的能力，以较长段落的成组反复跑为主。

由于速度发展受神经兴奋程度的影响很大，因此发展速度的训练课应安排在体力较好的时候。速度训练时要保持正确动作和良好的节奏，如动作僵硬或变形时不要降低强度或缩短跑的距离。速度训练时要及时地将各次跑的成绩告诉队员，使他们建立起正确的速度感，这对于运动员助跑节奏的建立和速度的掌握是十分重要的。

3. 力量素质训练

力量训练是以培养神经肌肉器官进行三级跳远技术的耐力为目标。当跳远运动员进入着地再次起跳阶段时，其支撑器官所承受的重力高达 800 千克，所以如果运动员的力量不够，就无法承受巨大的重力，更不可能取得优异的成绩。因为三级跳远要求运动员施展爆发力量，并在跳远中克服自己的重量。因此在训练中，大多数运动员都采用强度法，它不但可以提高运动员的绝对力量水平，而且还可以提高运动员的相对力量水平，力量训练中的强度法包括大强度法和极限强度法，其负荷强度为 80%～100%，6～8 组，每组 1～3 次，这种力量训练方法能够使神经肌肉用力高度集中，在维持肌肉体积不变的情况下，使肌肉力量得到发展，特别是使爆发力得到发展。

在大力发展腿部力量的同时，还要注重发展腰背部的肌肉力量。腰背部力量在剧烈的动作完成过程中，保证了下肢与躯干以及上肢用力的整体性。腰背力量弱则会造成上下脱节，不仅会影响跳跃的效果，还会对保持平衡带来困难。

力量训练采用的手段应尽可能与专项动作结构、用力顺序、关节角度一致，这样发展的力量才能有好的效果。采用的手段主要包括以下几个方面。

（1）肩负杠铃（40～60 千克）体前屈和侧屈 ×10 次。

（2）连续抓提或抓举 50～80 千克 ×3～5 次，女子 30～60 千克。

（3）拉铃 100～160 千克 ×3～5 次，女子 80～120 千克。

（4）肩负杠铃半蹲跳起 100～160 千克 ×6，女子 80～130 千克。

（5）肩负杠铃半蹲 140～260 千克，女子 100～200 千克。

（6）肩负杠铃全蹲 100～180 千克 ×13（90°），女子 80～130 千克。

（7）肩负杠铃坐蹲：120～240×5（105° 左右），女子 80～180 千克。

（8）肩负杠铃快蹲（负重量为体重的 60%～80%）×5 次。

为避免速度障碍，在完成大重量力量训练后采用轻负重或徒手进行快速动作的练习，如快速小步跑、屈体快速高抬腿或加速跑以及各种跳跃练习。力量训练后进行成组的跳跃专门练习，可以避免肌肉在大强度负荷下变得僵硬，又可充分利用力量训练的后作用使其转化到跳跃能力上来。

进行大力量训练，同时也要兼顾小肌群的发展，尤其是日常训练中训练不到的肌群，使大小肌群得到平衡发展，保证对抗肌群协调发展，有利于把已获得的力量充分地发挥出作用，甚至能在薄弱环节避免被动损伤。

4. 跳跃能力训练

在发展专项跳跃能力的基础上，提高专项成绩。通过多种多样的跳跃练习提高专项跳跃能力，培养专项技术。

以不同的幅度、速度和抛物线进行单足跳跨步跳和摆腿跳的练习。在三级跳远技术中有两个基本动作，一个是单足跳，另一个是跨步跳。协调上下肢摆动动作依靠的就是这两个基本动作的有效衔接，单足跳和跨步跳对于空中平衡能力的培养和空间感觉的感知有很大帮助，在很大程度上能够提升支撑器官的承受极限。这些练习能够使运动员在弹跳方面有所提高，在发展速度—力量时有很重要的作用。在进行这些练习时要注意动作的规范，否则容易造成错误的动力定型，还要控制好起飞角度，加快蹬摆的速度，加大摆动幅度，减小缓冲程度，使之在动作结构、用力方向、用力时机等方面与三级跳远相一致。

由50～90厘米高处跳下，单足或双足着地，快速跳起越过一定高度栏架的跳深练习，是发展由退让到克制工作能力最有效的手段之一。通常高物与栏架的距离为4～5米，栏架高76厘米以上。要求着地时积极主动、上体正直、富有弹性不停顿。为加强训练效果，优秀的三级跳远运动员可以在高处先助跑2～3步，由单足或跨步的形式向前跳入沙坑。优秀选手可跳8米以上。苏联运动员采用三步助跑跳下三级跳远可达11米以上。小幅度的单腿跳和跨步跳、垫步跳以及双足的袋鼠跳，着重踝的动作，对发展弹跳能力也有良好作用。

经常采用的跳跃手段有以下几种。

（1）单足跳；40～100米。

（2）跨步跳：40～200米。

（3）换腿跳：40～200米。

（4）三步起跳：60～100米。

（5）蛙跳：30米。

（6）由50～90厘米高处跳下的跳深练习。

（7）短助跑的单足和跨步的五级跳、十级跳。

此外还有跳过栏架、跳上跳下器械、跳上跳下看台等。

随着训练水平的提高，专门跳跃练习逐渐集中在对专项有更直接作用的跳跃练习上，训练中速度快、步幅大的单足跳、跨步跳和连续三级跳的成组专门跳跃有助于长期保持跳跃能力。临近比赛期，带助跑的单足的和跨步的五级跳远和十级跳远，成为跳跃训练的主要手段。40～50米段落的连续单足跳、跨步跳和连续三级跳的成组专门跳跃，有助于长期保持跳跃能力。

进行专门跳跃练习时，要有足够的强度，除了在训练初期跳些长段落的练习强度可少一些，大多数的强度应保持在每步3米以上，有时还可计时，否则，难以达到发展跳跃专门能力的目的。

5. 协调性和柔韧性训练

平衡能力与空间感觉是三级跳远中至关重要的因素。平衡影响着跳跃节奏，空间感觉则确保了完美的技术动作和跳跃节奏。因此在进行技术训练和跳跃专门练习时，除有步长和速度等要求外，另一个任务就是要培养运动员把握着地再起跳合理时机的能力。这种能力对协调性要求很高。一些节奏感不同的蹦床跳跃练习有助于平衡空间感觉。

肌肉的弹性与身体的柔韧性有一定关联，另外关节活动幅度也与柔韧性有关，柔韧性能够确保运动员在专项跳跃完成后随即进行大幅度摆动，与此同时柔韧性可以避免受伤。所以要每天进行柔韧性练习，通常在准备活动和训练后的放松活动中进行柔韧性练习。练习的方法有动力性、静力性牵拉肌肉、韧带两种。两种方法交替进行效果较好。

四、三级跳远专项技术训练

（一）三级跳远专项技术训练重点

1. 快速助跑

一名优秀的三级跳远运动员首先应具备良好的速度能力。三级跳远和跳远有一定区别，助跑时运动员获得的水平速度会被用到三次，每一次起跳支撑阶段水平速度都会有不同程度的损失。因此在第一跳和第二跳起跳时，运动员在获得较大的远度的同时，尽量不要使水平速度有损失。所以三级跳远第一跳的合理起跳角度为 16°～18°，小于跳远的合理起跳角度 18°～24°，目的是减少起跳时的速度损失。

2. 积极性的落地起跳（扒地动作）

积极性落地起跳技术一般叫“扒地”动作，主要指三级跳远的第一跳落地接第二跳起跳和第二跳落地接第三跳的起跳过程。积极性落地起跳技术在三级跳远中发挥着重要作用，所有三级跳远运动员要想跳好三级跳，就必须熟练掌握这项技术。

3. 合理的三条比例

三级跳远按照跳法可分为三种三级跳远技术风格：“高跳”型——注重第一跳的远度，“平跳”型——第一、三跳的远度大致相等，“速度”型——提高助跑速度并减少前两跳的制动作用和速度损失以加大第三跳的远度。要根据抛物线的力学原理和作用力与反作用力的原理，按照运动员的特点，选择与之相适应的跳法，使三跳的比例合理是提高三级跳远成绩的关键。助跑与起跳技术的结合是三级跳远技术的关键环节。三级跳远技术训练的重点是第一跳的起跳腾空技术和第一跳的落地与起跳的结合动作。

（二）三级跳远技术训练实施

1. 助跑训练

（1）常用练习手段

在跑道上练习全程助跑、在外界节奏刺激下的助跑练习、全程助跑的计时跑练习、全程助跑上踏板前 10 米的计时跑练习。

（2）实际应用

三级跳远的第一跳不像在跳远中那样强调获得的高度，因而最后几步助跑的步幅更加均匀，身体前倾度比跳远稍大一些，上板起跳脚着地更靠近身体重心投影点，这是与跳远助跑的区别。

跳远与三级跳远项目通常在一个课余田径训练队，绝大多数队员把两个项目互为兼项。为了减少项目间技术环节的相互干扰，一般训练过程中以跳远助跑训练为主，对三级跳远项目助跑不作单独训练，只是在二级跳远专项跳跃的练习过程中加以强调，引起队员的重视，在实践中运用。

2. 第一跳（单足跳）训练

（1）常用练习手段

立定或短程助跑的连续单足跳练习，短、中、全程助跑完成第一跳并起跳腿落地后继续跑进的练习。（图 4-4-1）

（2）实际应用

单足跳练习的目的，是提高队员第一跳接第二跳的技术和能力，练习的方法多种多样。训练时可采用短助跑 5 级单足跳的练习，练习负荷一般为 4～6 次 1 组，做 2～3 组。

短（中、全）程助跑完成第一跳并起跳腿落地后继续跑进的练习负荷一般为

3～4 次 1 组，做 2～3 组。

图 4-4-1 第一跳（单足跳）

3. 第二跳（跨步跳）训练

（1）常用练习手段

立定或短程助跑的多级跨步跳练习。（图 4-4-2）

图 4-4-2 第二跳（跨步跳）

（2）实际应用

跨步跳练习的目的，主要是提高队员三级跳远基本技术和跳跃节奏。跨步跳的练习方法多种多样，通常采用的是在循环力量练习的过程中加入 60～80 米的跨步跳练习，组数同力量练习的组数。另外经常用到的是短助跑五级跨步跳，练习负荷一般为 4～6 次 1 组，做 2～3 组。

4. 第一跳与第二跳相结合技术训练

（1）常用练习手段

短程助跑的各种单足跳和跨步跳组合练习，短、中、全程助跑完成第一跳和第二跳成“腾空步”落进沙坑后继续跑进的练习。

（2）实际应用

通常把第一跳与第二跳相结合技术训练融入日常跳跃练习过程中，做各种单—跨—单—跨、单—单—跨、单—单—跨—跨等练习，一致要求是有助跑，第一跳必须是单足跳。练习负荷一般为50～80米，4～6次1组，做2～3组。

短、中、全程助跑完成第一跳和第二跳成“腾空步”落进沙坑后继续跑进的练习负荷一般为4～6次1组，做1～2组。

5. 第二跳与第三跳相结合技术训练

（1）常用练习手段

跳远助跑跑道上做各种单、跨结合的多级跳跳入沙坑的练习。

（2）实际应用

练习时起跳进入沙坑前的最后一步必须是三级跳远的第二、三跳支撑起跳腿做动作。最常采用的是短助跑五级跳，练习负荷一般为4～6次1组，做2～3组。

6. 完整三级跳远技术训练

（1）练习手段

短、中、全程助跑完整的三级跳远技术练习。

（2）实际应用

短、中、全程助跑完整的三级跳远技术练习中，安排的训练负荷一般为4～6次1组，做1～2组。

7. 着地的技术练习

掌握好着地技术是三级跳远技术训练的重要任务。

着地技术练习一般有模仿、结合单足跳、跨步跳以及体会正确的着地技术为主的跳跃。在练习中注重要点：当腾空后段抛物线下落时大腿抬平，微勾脚尖，肌肉预先紧张准备迎接即将来临的重负荷；躯干不要过于前倾，以利于抬腿和送髋；着地动作由膝关节发力，抬平的大腿积极下压，小腿前伸，整条腿几乎成直的姿势向下向后做积极的扒地动作，伸出的腿又扒回在身体重心投影不远的地方，用全脚掌着地，同时髋关节主动前送以利于快速完成再起跳的任务。

8. 降低完成技术动作难度的练习

这有助于运动员体会和掌握技术动作。如在技术训练中采用缩短助跑距离、降低助跑速度进行技术训练，有助于专项速度的提升。

9. 增大技术难度的练习

在技术训练中，可采用轻负重（沙衣、铅腰带）来加大训练难度，这对提高专项跳跃能力有良好作用，但不宜安排过多，以免造成速度障碍，形成不良的动力定型，这种负重的技术练习要与徒手的技术练习交替进行。

10. 全程助跑结合第一跳的练习

可提高运动员神经转换能力、肌肉承受能力及建立完成动作的良好肌肉感觉。另外可提高助跑的准确性、熟练助跑节奏并与第一跳有机结合。

11. 器械（跳箱）技术练习

利用跳箱进行技术练习可以培养运动员良好的跳跃节奏，强化起跳角度，对掌握和改进技术起到一定的辅助作用，可进行一二跳的结合，二三跳结合，也可进行完整三级跳远技术训练。由于跳箱富有弹性，有利于多次反复练习，优于塑胶跑道，关节不易受伤。在进行技术训练时要注意以最大用力和 2/3 的力交替进行，避免慢腾腾的练习。助跑可以短，但用力力度不能减，技术训练应安排在体力较好、兴奋性比较高的时候进行，否则练习效果不好。

五、大赛前科学化准备与训练安排

（一）大赛前最佳竞技状态

1. 影响大赛前最佳竞技状态的因素

运动训练的目的是在重大比赛中创造最佳成绩，为此人们通过制订计划，对训练过程加以控制，使运动员在参赛期处于最佳状态。竞技状态的形成与发展并达到最佳状态是十分复杂的工作，尽管人们对它的认识越来越深刻，但在世界大赛中仍有多数运动员难以达到最佳竞技状态。这是因为影响最佳竞技状态的因素很多，而且一种因素不能由另一种因素代替，也不能由另一种因素弥补。

（1）训练实力

较强的训练实力表现为极大的工作潜力和较快的恢复速度，要通过大负荷训练获得。

（2）神经肌肉系统

神经肌肉系统高度协调表现为完善的技术和完成各种练习的节省化。

（3）调整的时机

准确地掌握调整的时机能够使长期艰苦训练之后疲劳的机体和神经系统以及心理状态得到放松并重新动员，达到超量恢复的目的。

（4）动机

动机与心理放松也会对实现最佳竞技状态产生影响。

2. 大赛前理想的竞技状态

大赛前理想的竞技状态最重要的特征是运动员在比赛中表现出高水平的运动成绩。具体特征如下。

（1）有机体各器官的机能能力有较大的提高，相互间高度协调，恢复过程缩短，肌肉很有弹性，柔韧性比平时好。

（2）运动素质得到理想的发展并与专项有机结合。

（3）技术稳定，动作准确协调，用力效果好。

（4）中枢神经兴奋性很高，心跳加快。

（5）渴望比赛，情绪高涨，对比赛充满自信心，相信自己能取得好成绩，同时有一定自控能力。

（二）重大比赛前科学的训练安排

它是多年、全年计划中的一部分，但又是一个特殊的阶段。合理地安排好这一阶段的训练，对保证运动员在大赛中处于最佳竞技状态、发挥最高水平具有重要的作用。

1. 任务安排

（1）形成、保持并提升竞技状态。

（2）提高专项能力和比赛能力。

（3）巩固稳定专项技术。

（4）作好心理准备。

2. 阶段划分

（1）加强训练阶段

用两个月（8～9 月）时间，在此阶段内进一步提高以负荷量为主的侧重于专项素质的大负荷训练，为获得较大的超量恢复、形成较好的竞技状态打下基础。

（2）提高竞技状态阶段

用一个月时间，在上一阶段形成竞技状态的基础上，进一步保持和发展竞技状态，力争在参赛时处于最佳竞技状态。

3. 负荷特点

（1）前一阶段负荷主要大在负荷量方面，负荷强度也逐渐加大但有所控制，机体受刺激比较深，为超量恢复创造条件。

（2）后一阶段主要是提高专项技术和运动状态，要考虑恢复的问题，使训练和恢复达到平衡。专项强度达到较高水平，起到赛前诱导作用。

（3）赛前几天要进一步降低负荷，做到恢复大于负荷，以利于超量恢复，这段训练要控制强度，培养跃跃欲试的状态。

4. 训练内容

（1）专项技术

以完整技术为主，在积累有效强度量的基础上突出专项强度。

（2）专项素质

强调专项速度中的助跑速度和跳跃速度；发展专项力量，提高和保持最大力量和速度力量水平。

（3）一般训练

调节专项强度、缓解神经系统的紧张程度并保持训练水平。

（4）培养应变能力

有计划地安排模拟大赛的适应性训练。如安排连续两天有强度要求的专项训练以适应及格赛。有可能的话应到赛场适应风向和场地。

（三）赛前训练要注意的问题

（1）掌握好负荷量和负荷强度的动态关系，使负荷和负荷强度有规律地交替上升，两个方面同时加大的安排不可取。

（2）由于负荷强度的不断加大，加深了对有机体的刺激，所以要注意安排好负荷的节奏，加强恢复措施。

（3）不要安排新的训练手段，减小新异刺激，以免影响竞技状态。

（4）训练强度要按比赛的要求来控制，并非越大越好，尤其临近比赛，盲目追求加大强度不可取。因为强度过大会消耗宝贵的神经能量，有关资料表明，神经细胞的高工作能力只能保持 7～10 天，因此大赛前的专项训练强度要适宜，要保护神经的兴奋程度。

（5）作好赛前的心理准备。良好的技术战术水平和良好的心理素质是优秀的三级跳远运动员必须具备的素质与能力，运动员在参加一些大型比赛时，决定比赛成功与否的关键就是稳定的心理状态和自控能力。

第五章　投掷类田径运动科学化训练

本章的主要内容是投掷类田径运动科学化训练，主要从四个方面进行了论述，分别是推铅球科学化训练、掷铁饼科学化训练、掷标枪科学化训练、掷链球科学化训练。通过本章，我们可以对投掷类田径运动如何进行科学化训练产生更深入的认识。

第一节　推铅球科学化训练

一、推铅球项目发展历史

古代士兵们利用与炮弹形状和重量相同的石头发展臂力，锻炼体魄，后来逐渐演变成了现在的推铅球。根据国际业余田径联合会规定，比赛用的铅球重量男子为 7.26 千克，女子为 4 千克。推铅球作为现代奥运会的正式比赛项目，男子始于 1896 年第 1 届奥运会，当时的成绩是 11.22 米；女子始于 1948 年第 14 届奥运会，当时的成绩是 13.75 米。目前男子推铅球的世界纪录是 23.12 米，由美国运动员巴恩斯于 1990 年创造；女子推铅球的世界纪录是 22.63 米，由苏联选手利索夫斯卡娅于 1987 年创造的。

自推铅球运动诞生至今，推铅球技术的发展大体上经历了以下五个阶段。

第一阶段（1896 年前）：原地推铅球阶段。在这一阶段中先后出现了正面原地推铅球、侧向原地推铅球、背向原地推铅球和上步推铅球等技术。1886 年记载了第一个男子铅球（7.257 千克）的世界纪录，是 10.62 米。

第二阶段（1896—1928 年）：侧向滑步推铅球阶段。相较于第一阶段的技术，侧向滑步推铅球的水平速度有所提高，肌肉也预先收缩，这样使铅球的初始速度大大提升。美国的罗斯是这一阶段的典范，他在1909年取得的15.54米的良好成绩打破了世界纪录，维持了近二十年。

第三阶段（1929—1952年）：半背向滑步推铅球阶段。相较于第二阶段的技术，半背向滑步推铅球增加了投掷距离并更有效地用腰部发力。美国的弗克斯是这一阶段的典范，他在1950年取得的17.95米的良好成绩打破了世界纪录。

第四阶段（1953—1972年）：直线背向滑步推铅球阶段。相较于第三阶段的技术，直线背向滑步推铅球具有更快的滑步速度、更长的加速距离和更协调的动作，还更有效地用腿部发力，铅球的初始速度大大提升。美国的奥布莱恩是这一阶段的典范，他多次打破世界纪录，被誉为最优秀的田径运动员之一。1967年另一名美国运动员马特森以21.78米的成绩创造了直线背向滑步推铅球的最高纪录。

第五阶段（1973年以来）：背向滑步与旋转推铅球并驾齐驱阶段。在这个阶段，推铅球技术展现出了丰富性。相较于前一阶段的技术，背向滑步与旋转推铅球更有助于提高水平速度，延长力量作用的距离，调动更多肌肉，铅球的初始速度大大提升。美国的费尔巴哈和德国的苔默曼是使用背向滑步推铅球技术的典范，世界纪录分别达到21.82米和23.06米；苏联的巴雷什尼科夫和美国的奥特菲尔德是使用背向旋转推铅球技术的典范，世界纪录分别达到22.00米和22.82米。

推铅球是我国开展较早的田径运动项目之一。早在1910年第1届全国运动会上，男子铅球就被列为正式比赛项目。女子铅球也于1930年第4届全国运动会被列为正式比赛项目。但是中华人民共和国成立前的铅球运动发展缓慢。

中华人民共和国成立后，铅球运动有了较快的发展。20世纪80年代后期到90年代初期是我国铅球运动快速发展时期，尤其是女子铅球达到了高峰。1988年我国有4位女选手突破20米大关，河北籍选手李梅取得了21.76米的良好成绩，打破了中国和亚洲的纪录，名列世界第二，在汉城举办的第24届奥运会上她取得了21.06米的良好成绩，名列第三。接着黄志红又连续夺得1989年第5届田径世界杯冠军、1991年第3届世界田径锦标赛冠军、1992年第25届巴塞罗那奥运会亚军和1993年第4届世界田径锦标赛冠军，在我国铅球运动史上写下了辉煌的篇章。在此期间，我国男子铅球也有了较大的进步。辽宁选手马永丰先后9次刷新全国纪录，是我国第一个突破18米、19米大关的男选手。

我国推铅球项目发展较早，近些年，在奥运会上也在此项目上取得了较好的成绩。

2008 年北京奥运会，男子推铅球项目中，波兰选手托马什 · 马耶夫斯基以 21.51 米的成绩夺得冠军；女子推铅球项目中，新西兰选手瓦莱丽 · 维利以 20.56 米的成绩获得冠军，中国选手巩立姣获得季军。

2012 年伦敦奥运会，男子推铅球项目中，波兰选手马什 · 马耶夫斯基以 21.89 米的成绩获得冠军；女子推铅球项目中，维利 · 亚当斯以 20.70 米的成绩夺得冠军，巩立姣以 20.22 米的成绩获得季军，李玲、刘相蓉分别取得第四名和第六名的好成绩。

2016 年里约奥运会，男子推铅球项目中，美国选手瑞安 · 克鲁瑟以 22.52 米的成绩夺得冠军；女子推铅球项目中，美国选手米歇尔 · 卡特以 20.63 米的成绩获得冠军，中国选手巩立姣获得亚军。

2020 年东京奥运会，男子推铅球项目中，美国选手瑞安 · 克鲁瑟以 23.30 米的成绩获得冠军；女子推铅球项目中，中国选手巩立姣以 20.53 米的成绩，连续刷新个人纪录，获得冠军。

二、推铅球一般素质科学化训练

所有体育运动项目通常都包括技术、素质和心理这三个方面的训练。铅球运动项目也同其他项目一样，离不开这三个部分的训练，这三个部分的训练是相互矛盾、相互制约又相互和谐的统一体。技术训练不可能完全离开素质训练，素质训练又必须依托于专项技术的要求进行，而心理训练应贯彻训练的始终，推铅球的成绩受限于运动员的动作质量，而力量、速度、技术因素会影响到动作质量。要想提高推铅球的能力，需要通过持久的训练来平衡力量、速度、技术方面的发展。实质上，铅球运动员的专项运动能力，主要是以上三个方面的综合反映。教练员在实施运动训练的过程中，要牢牢地把握住三者间的相互依存、相互关联的关系。而且，越是高水平的运动员，在这方面的表现越突出，也就是说，专项运动能力水平的高低，是评价高水平优秀运动员的主要依据。对铅球运动员专项能力训练的主要方法与手段有以下几种。

（一）绝对力量训练

进行绝对力量训练可以锻炼身体与力量相关的主要肌群，这些肌群在髋关节和膝关节之间，包括背棘肌、腹肌和股四头肌等。这些肌群与速度的相关性较强，在铅球项目中具有关键的作用。上体肌群也是不能忽视的，它们对推铅球动作的执行起到了关键作用，因此肌群的力量产生是至关重要的。在铅球项目中，上体肌群扮演着关键的角色，其中包括斜方肌、胸肌、背肌、三角肌、肱三头肌以及前臂肌肉和腕部肌肉。针对肌群的力量训练包括：卧推、颈后借力、壶铃、斜板、站立等多个种类的推举。一些有助于力量提升的辅助性训练包括仰卧腿举、膝盖弯曲、腿部弯曲伸展、背部伸展以及斜板卷腹、侧屈体和负重坐姿扭体等旋转身体动作。

当前教练员较常用的杠铃练习，对提高运动员的绝对力量起着重要作用，一般说来较常用的有高翻、抓举、挺举、卧推、下蹲等。在绝对力量练习中，容易被忽视的是小肌肉群的练习。然而，小肌肉群在推铅球项目中往往起到重要的协同作用，对于优秀运动员更是如此，而对青少年运动员必须是优先发展的。经常采用的方法：上肢负重屈肘、负重屈腕、颈后弯举、快速上挺等；躯干负重体侧屈、侧位壶铃、负重体转、负重腰绕环等；下肢壶铃蹲跳、负重弓箭步跳、负重提踵等。

为了使训练能够卓有成效，力量训练需要不断变换训练项目，并且及时且合理地调整训练强度。运动员的训练水平越高，越能适应大强度和高负荷的训练。

（二）爆发力训练

爆发力代表了肌肉在短时间内作出的最大功，是力量和速度的结合。

对于铅球项目，爆发力就是在投掷过程中手臂肌肉或腿部肌肉产生的力量。爆发力由力量和速度决定。要增强爆发力，就应当注重力量训练和速度训练。需要同时进行力量训练和注重整体移速的速度训练。

要想获得最佳的训练结果，就应在制订全年训练计划中考虑到平衡发展爆发力的两个组成部分。要达到此目的，就必须合理安排好力量、速度和爆发力训练的强度、量和频率。

有些举重动作包括抓举、快速提杠铃至胸并上挺和各种高提拉动作会产生动能，此外，这些动作涉及多个身体关节，这些力量训练注重速度和爆发力，需要运动员快速作出反应并执行动作。投掷铅球时可以增强记忆效果。

从科学观点看，这种训练是直接应用训练的特殊性原则，采用爆发力的举重练习比其他任何练习都更近似于投掷所需的身体动作。

除利用杠铃作爆发力训练外。以下的训练实例，也将对教练员有所启发：双腿跳跃栏架、单腿上下跳台阶、立定跳远、立定三级跳远、单腿后跳、跨跳、跳深等作为一般训练手段，对优秀运动员而言应在此练习的基础上，加大强度，如穿负重背心或手持哑铃等，以增加运动负荷。

三、推铅球专项素质科学化训练

铅球运动员要达到较高的比赛水平，训练计划中就应包括很多的短跑、跳跃和一般的快速投掷练习。这些练习可帮助运动员发展将力传到器械上的速度。在短跑和跳跃练习中，可增强膝和髋部肌的爆发力，并提供同样的弹性动作，使之在投掷中应用。所以出色的投掷运动员在短跑和跳跃项目上也应出色，而且有杰出纵跳力的人可以成为灵敏的投掷运动员。下列的速度练习可帮助发展投掷的速度与灵敏。

（一）短跑练习

蹲踞式或站立式起跑后的加速跑 15～30 米，行进跑 20～30 米，加速跑 60～80 米（在 20～30 米为最大速），跨栏跑（3～5 个栏架），听信号改变方向跑，发令后迅速转体 360° 起跑等。

（二）跳跃练习

主要内容为多级水平跳、超长收缩跳和分腿跳，可以在台阶和栏架上进行。

（三）腿部爆发力练习

主要内容为轻负重的分腿跳和计时半蹲起。

（四）肩和臂的爆发力练习

用摆动器械的方法进行超长性收缩练习，单臂负中等重的哑铃作快速推举练习，单或双臂的实心球投远练习。

众所周知的人体三大能源系统中，动员速度最快的是磷酸原系统，并且 ATP 是人体唯一的直接能量来源，而磷酸原系统在体内含量少只能维持 10 秒以内的供能。经常进行 100 米完整练习可提高 ATP、CP 的快速供能能力。此外，进行 100 米跑能够提高反应速度、动作速度以及位移速度等速度专项素质，这对提高运动员推铅球的初始速度大有帮助。

四、推铅球专项运动能力科学化练习

（一）专项力量的练习

在准备阶段末和比赛开始前，应较多地安排专项力量训练。优秀运动员经常采用下列的手段与方法，用以代替一项或多项辅助练习。

1. 推杠铃

运动员用 30%～40% 的力量，从地面把杠铃提起稍停，然后将杠铃推入沙坑。

2. 从木箱上推杠铃

运动员坐在一只高 50 厘米左右的木箱上把杠铃放在胸前位置，快速站起发力，将杠铃推入沙坑。

由提铃至胸前支撑姿势，两臂伸展并将杠铃推出。运动员由提铃至胸前支撑姿势开始，向右转动，成一条腿稍屈的不均衡的发力姿势，然后通过站立，用双臂将杠铃推入沙坑。

肩负杠铃两脚间距为 40～60 厘米，上体不前倾，下蹲，蹲至大腿与地面平行时向上蹲起并迅速提踵跳起。

肩负杠铃体前屈，肩不能低于骨盆，起立时加速。

（二）实心球练习

实心球练习主要用于青少年运动员早期发展柔韧性和力量素质。教练员可按下列的内容，根据不同的任务合理组合：胸前传球、双手头上向前抛球、跨坐式胸前推球、模仿铅球最后用力推球、仰卧起坐推球、下蹲式胸前推球、分腿站立侧向抛球、用脚内侧踢球（以加强腹股沟肌肉练习）、用脚外侧踢球（以加强腹股沟肌肉练习）、双脚固定（双人）扭转躯干背向传接球。

（三）专项投球练习

铅球运动员的专项训练器械，是最重要的训练器械。让运动员在训练中多接触球是极为重要的训练手段，投掷铅球的标准过程如图 5-1-1 所示。下列训练手段，可供教练员在训练中有机组合：正面推球（双脚平行站立）、正面原地推球（双脚前后分立）、侧向原地推球、背向原地推球、上步推球（正面、侧向、背向）、坐推铅球、跪推铅球、连续滑步推球、推球过杆、多球组合推等。

图 5–1–1　投掷铅球标准过程

（四）不同重量铅球的练习

在训练中使用不同重量的铅球进行训练，是十分重要的训练因素，日复一日地推相同重量的铅球，仅对神经肌肉产生作用。使用不同重量的铅球能使运动员在其他方面取得进步。

什么时候使用轻铅球、标准铅球或重铅球呢？这要由每个运动员的需要而定。当运动员的投掷能力不佳时，教练应该鼓励他们使用标准铅球甚至轻铅球。然而，在力量素质的发展阶段，需要使用重铅球甚至杠铃，使用不同重量的铅球，采纳各种策略来对神经系统和肌肉组织产生积极影响。

值得注意的是，选择铅球重量时需要设定一个明确的标准。如果采用太轻或是太重的铅球，将造成明显的技术变形。在推铅球的技术训练中，所用的不同铅球的重量，原则上应控制在标准铅球重量的 ±1 千克范围之内。一次系统的训练课，必须着眼于完整的技术。

（五）空心铅球的练习

为了更好地满足青少年铅球训练的特殊需求，我们需要培养运动员出色的推铅球能力，并加强对正确技术动力定型的学习和巩固。考虑到青少年的特性，在他们的训练中，使用空心铅球是非常必要的。

在对青少年进行铅球训练的过程中，使用轻型器械作为练习工具，使其逐渐形成正确的技术动作观念，以便更好地实现这些技术动作。然而，令教练感到困扰的是，如果增加器械的重量，运动员已经建立的正确动作动力定型在新的重力刺激下，很难继续保持。轻型器械无法在比赛中使用，为了帮助运动员重新适应标准器械，教练付出了巨大的努力，进行了多次训练，目的是帮助运动员重建正确的技术动力定型。但是，新建的技术动力定型不但不稳定，而且在成绩方面表现出巨大落差。

然而，使用空心球训练能够有效地应对上面提到的难题。例如，在女子铅球运动的技能练习过程中，将 4 千克铅球的中心部分挖空使其变为 2.5 千克的铅球，并在表面旋上螺丝以保持其外观不变。这种做法不但减轻了器械的重量，而且由于铅球的外形仍然是标准的，有助于运动员保持练习的手感。通过使用空心球进行技能练习，运动员能够在一段时间后逐步建立正确的技术动作动力定型。教练在不告知运动员的前提下，向空心球中加入微量水银以增加器械的重量，逐渐添加至 4 千克，这使运动员在一段相对长的时间里，慢慢地适应了标准器械的重量。已经形成的动力定型不仅未受到破坏，还由于练习次数增多变得更为稳固。

除此之外，使用空心球不仅可以保持运动员的心理稳定，还能提高训练强度。例如，运动员在投掷 2.5 千克铅球时成绩为 19 米。在所有的训练过程中，都强调运动员需要多次达到 18 米或更高的成绩。在每次给器械增重后，都要确保训练强度和成绩要求不降低。当铅球的重量逐步增加到 4 千克时，运动员虽然不知情，但随着能力的提高，使用标准器械也能达到相应的运动成绩要求。在这一成绩得到稳固之后，再向运动员进行详细的解释和说明。当运动员达到一定的训练标准时，由于其积极的心理状态，他们在较短的时间里可能会因为信心的提升而取得更出色的表现。空心球不只青少年运动员可以使用，专业运动员也可以在训练中使用。

五、推铅球的心理训练

随着人体科学和教育科学的不断进步，现代竞技训练的基本原理也在不断地更新和发展。众多成功案例表明，心理训练已经处于至关重要的位置，并成为现代竞技体育训练的核心组成部分之一。

例如：除反复进行身体训练外，心理定向也能加深投掷的运动痕迹。在运动心理学中，定向表现为物理运动学的范围，其基本形式反映为自愿而有意识的努力和产生的身体动作之间的关系。在进行定向训练的过程中，运动员需要将他们的精神完全集中在正在进行的投掷运动上，并且设想该动作的各个阶段。当他们达到最专注的状态时，精神应该完全进入这一状态。在这种情况下，除了投掷动作完成的那一刻，其他动作过程都是缓慢的，这时的反应速度也非常关键。当运动员将他们的精神集中在最后的肌肉发力时，可能会产生这种感觉。

心理训练可以引发神经系统和肌肉组织的强烈反应，这些反应进一步加深了运动的痕迹，并形成了一套连续的投掷动作。这正是铅球运动员在进行技术和力量训练时，必须考虑速度的理由。要想让铅球运动员提升自身的投掷速度，他们必须关注自己的心理状态、神经系统和肌肉组织活动。运动员需要在心理层面自我调整，以达到投掷速度的最大值，从而达到力量的最大值。无论是室外训练还是室内训练，速度因素都应被纳入考虑范围。因为速度是一种十分复杂的随意运动反应，所以理解和明白身体和心理活动之间的关系，是取得高水平投掷成功的关键之一。

不仅在力量、速度方面是如此，实际上，上文所提的空心球练习，在很大程度上也是心理训练的一种形式。并且，心理训练和意志品质的培养，应体现在训练的全部过程之中，无论是平时训练、赛前准备，还是在比赛进行当中，越是重要的比赛、越是情况复杂多变，越是对运动员心理负荷能力的一种考验，也越是运动员心理训练的实践机会。

第二节　掷铁饼科学化训练

一、掷铁饼项目发展历史

铁饼是一种经过在投掷环内旋转用一只手将铁饼投掷出去，以投掷的距离远近决定成绩的体育运动。在公元前 708 年的第 18 届古代奥运会上，掷铁饼被正式纳入比赛项目，并且它也是“五项全能运动”中起始的项目。

文献资料显示，掷铁饼可以追溯到一些掷石片的行为。在遥远的古代，为了获取生活必需品，人类经常使用石头来向鸟类和兽类投掷；在收集高大树木果实的过程中，人类通常会用石头来投掷或击打树枝和果实促使果实掉落，从而方便收集。这项运动与我们的日常生活紧密相连，它不仅是人们日常生活的一部分，同时还是一种自然的、能让人获得满足感的活动。在天空中或在水面上投掷扁平石块，可能标志着掷铁饼这一项目的初步发展。

在古希腊，投掷石头和铁饼已经是常见的体育运动。在古希腊诗人荷马创作的长篇史诗《伊利亚特》和《奥德赛》里，这一点也得到了证实。

在古代奥运会的铁饼项目中，最初使用的铁饼是石头做成的，其形状类似现代的凸透镜，中心部分的石头比周围更厚。但随着时间的推移，这种铁饼的原料逐渐被铁、铜和铝等金属材料取代。据考古挖掘的史料证明，古代铁饼的直径大部分为 15.24～22.86 厘米，重量为 1.36～4.08 千克，另外也有直径 27.94 厘米，重量达 6.80 千克的，这是在训练或竞赛中分别给少年及成年运动员使用的。在那个时代，铁饼的表面通常都有描述事物的文字、特定的形状甚至运动员的肖像等图案。

现代奥运会的掷铁饼项目曾经可以用双手投掷。掷铁饼的技术发展历程包括正向原地投掷、侧向原地投掷、侧向旋转投掷以及背向旋转投掷这几个主要阶段。铁饼可以由木材或橡胶等任何合适的材料制成，男子铁饼的标准重量是 2 千克，女子铁饼则为 1 千克；男子铁饼的标准直径为 22 厘米，女子铁饼则为 18.1 厘米，填充物为水。在比赛过程中，运动员需要在直径为 2.50 米的投掷环里进行投掷，有效角度为 40°。2002 年颁布的《田径竞赛规则》有所变化，从次年 1 月 1 日起，铁饼等田径项目的有效角度将从原先的 40° 缩小为 34.92°。

1896 年，男子铁饼成为奥运会体育项目；1928 年，女子铁饼成为奥运会体育项目。我国分别于 1914 年和 1933 年把掷铁饼列为中国全运会男子和女子比赛项目，但运动水平较低。到中华人民共和国成立时，男女铁饼的全国纪录分别为 42.15 米和 30.05 米。

中华人民共和国成立以后，掷铁饼运动水平得到迅速提高。男子掷铁饼到 1959 年第一届全运会时已经达到 53.48 米。而女子铁饼则是最早进入世界先进水平的投掷项目。在 20 世纪 50 年代和 60 年代期间，女子掷铁饼成绩多次进入世界前 10 名，最好成绩达到 55.89 米。

进入 20 世纪 80 年代以来，我国掷铁饼水平又得到进一步的发展，曾多次打破了全国和亚洲纪录，并在国际大赛上取得优异成绩。李晓惠成为第一个掷过 60 米的女运动员，并 3 次打破亚洲纪录。在 1992 年肖艳玲成为我国第一个把铁饼掷过 70 米的女运动员，创造了 71.68 米的女子铁饼全国和亚洲纪录，列当年世界最好成绩。李伟男成为男子铁饼第一个掷过 60 米的运动员，并连续 3 次获亚运会冠军，7 次打破全国纪录。1990 年张景龙以 61.72 米的成绩打破了伊朗运动员保持了 16 年的亚洲纪录。现在的男子铁饼全国纪录是由山东运动员李绍杰创造的，成绩为 65.16 米。

21 世纪以来，我国掷铁饼运动发展水平提高，也曾在奥运会中取得较好成绩。下面将介绍最近四届奥运会掷铁饼项目冠军及取得的成绩，以及我国运动员曾取得的优秀成绩。

2008 年北京奥运会，男子掷铁饼项目中，爱沙尼亚选手格尔德·坎特以 68.82 米的成绩夺得冠军；女子掷铁饼项目中，美国选手斯蒂芬妮·布朗·特拉夫顿以 64.74 米的成绩获得冠军。

2012 年伦敦奥运会，男子掷铁饼项目中，德国选手克里斯托弗·哈丁以 68.27 米的成绩获得冠军；女子掷铁饼项目中，克罗地亚人佩科维奇以 69.11 米的成绩夺得冠军，中国选手李艳凤以 67.22 米的成绩获得亚军。

2016 年里约奥运会，男子掷铁饼项目中，德国选手克里斯托弗·哈丁以 68.37 米的成绩夺得冠军；女子掷铁饼项目中，克罗地亚选手佩尔科维齐以 69.21 米的成绩获得冠军。

2020 年东京奥运会，男子掷铁饼项目中，瑞典选手斯塔尔以 68.90 米的成绩获得冠军；女子掷铁饼项目中，美国选手瓦莱丽·奥尔曼以 68.98 米的成绩获得冠军。

通过多年系统的训练，提高掷铁饼运动员的身体机能，全面发展与掷铁饼相关的身体素质，锻炼运动员的思想品质和心理素质，使之符合现代训练和竞赛的要求，同时还要使运动员掌握先进的掷铁饼技术和积累丰富的比赛经验，最终达到提高掷铁饼成绩的目的。现代掷铁饼科学化训练的主要内容有身体训练、技术训练、心理训练等。

二、掷铁饼的一般身体训练

（一）力量训练

力量素质是决定掷铁饼成绩的最主要的身体素质，力量训练是掷铁饼身体训练中的一个主要部分。力量是进行专项训练的基础，一般性力量训练多是肌肉训练，属于一般素质，它不能直接转为专项运动素质。只有通过专项训练，才能使投掷者的专项能力水平在专项动作上表现的肌肉力量达到很高的程度[①]。

① 黄积君. 对青少年男子铁饼运动员专项力量训练的实验研究 [D]. 济南：山东师范大学，2006.

1. 力量的练习形式

（1）等长练习

一般来说，这是发展铁饼运动员最大力的有效形式。具体做法是，每天进行5～10次最大等长收缩练习，每次5秒钟，每周进行5次训练。

（2）等张练习

在这个练习形式中，人们多采用杠铃，它可以加强神经肌肉的协调性。一般来说，适合掷铁饼运动员发展力量的负荷重量为5RM（注：能重复完成5次的最大重量）。另外，在掷铁饼的力量训练中运动员有时也采用一些退让练习，有人也将它归入等张练习。总之，发展不同性质的力量素质有不同的等张练习方法。

（3）超等长练习

肌肉被迫做离心收缩后，紧接着进行向心收缩的练习形式。一般多以各种跳跃、跳深等练习方式进行。这种练习形式特别用以发展爆发力，其效果非常好。但这种练习形式局部负担量大，易受伤，所以在选择练习强度时要慎重，一次练习数量不宜过多。

2. 力量练习的方法

（1）简单训练法

一般采用运动员当时所能完成的最大重量的75%～80%的重量。在同一重量级别上用同一次数做若干组，每组之间可以安排短暂的休息。每组练习开始的时候要快，目的是增加肌肉收缩速度；后来则要慢，目的是增加肌肉体积，它可以使快肌、慢肌纤维的体积都增大，对发展最大力量比较有效。掷铁饼运动员在恢复力量素质时也多采用这种训练方法。

（2）极限重复训练法

一般都采用运动员当时所能举起最大重量的70%～80%的重量。每组重复做，直到不能再做为止。经过休息后，再重复同样的重量，做到不能再做为止。这种训练方法的优点是，可以调动较多的肌纤维参加工作，锻炼运动员的意志品质，增加肌肉力量的效果一般都很好，但它易使运动员产生疲劳，一般需要24～48小时来恢复。

（3）金字塔式训练法

一般方法是，从一个适当的重量开始做一定的次数，然后，随着重量的增加，所做次数相应减少，负荷重量到达最高点后，再逐渐减少重量和增加所做次数。这种训练方法的特点是开始的重量不大，强度和次数始终是变化着的，显得不枯燥，也不易受伤。通过练习强度和次数，以及每一次之间重量差度的不同组合，可以发展不同性质的力量素质。

（4）合型训练法

练习方法是，开始时与金字塔式训练方法相同，也是随着负重的增减，所做次数也相应地减增。但是，在达到最顶端时保持重量和次数，再做 1～2 组。

（5）循环训练法

将多项阻力练习按顺序排成一组，将一组每个练习手段都做完为一个练习循环。这种练习的特点是，一个循环组内的练习手段、练习量和强度可以随时变换。一个练习对下一个练习有增强练习效果的作用，不容易产生疲劳。

（6）综合训练法

这种方法是将静力性练习和动力性练习交替放在一次练习中，并且不断地进行重复。

（7）对应训练法

练习方法是将 2～3 个练习手段编为一组，每一组中都有一个较大重量和一个较小重量，进行对应练习。一套练习一般由 3～4 组练习组成，每组之间稍有休息，不同组所采用的负重强度也不同，一套练习结束后休息 2～3 分钟。这种训练方法一般用来发展快速力量。通常只适用于高水平掷铁饼运动员的力量训练。

（8）保加利亚对比训练法

练习的方法是，将一个练习手段的不同负重强度和重复次数的练习组成一组，在一个单元训练中选择 3～4 组为一套。它的特点是同时发展不同的力量素质。

这种训练方法要求最快重复时间为 10 秒钟，超过 10 秒将转为发展耐力，一个单元的训练只采用一种手段，例如卧推或深蹲，否则负荷量过大；在一个训练小周期中，可以选择其中几组为一套，例如：上半周使用全部 4 个组，下半周可选择第2、第3和第4组。一般多在赛前采用这种训练方法。

（9）负重模仿和投掷重械器的练习方法

这是发展专门力量的最好方法之一。因为它在肌肉用力方向、时机、程度上都与投掷铁饼类似，所以它成为掷铁饼运动员越来越喜爱的训练方法。

（10）电刺激法

将电极置于肌肉的起止端，每两天刺激一次，每次通电10秒，间歇50秒，持续10分钟。根据试验表明，14次电刺激之后，男子肌力增加30%～35%，女子肌力增加25%。但这种增加力量的方法很少被运动员所采用。

（二）柔韧性训练

良好的柔韧性可以帮助运动员增加技术动作幅度，增加用力程度，也有助于避免运动员受伤。掷铁饼运动员必须重视柔韧性的训练。

从生理上讲，柔韧性在10～13岁自然发展停止。因此，对于优秀运动员来说，只有通过训练才能得到柔韧性的进一步改善。所以柔韧性练习必须经常进行。在柔韧性的训练中，训练强度应是逐渐增加的、通常当运动员感到胀痛时，用同样的强度保持一段时间，当运动员感到肌肉麻木时，就应停止所给的强度。强度的增加可以是主动的，也可以是被动的。所有的柔韧性练习最少连续做5～10次，否则效果不大。长时间中等强度的拉力产生的效果优于短时间大强度的作用。多方面的柔韧性练习，强度要小。

柔韧性训练的手段主要包括以下几种：扶肋木，上体转动练习；扶肋木，左右跨腿练习；腰绕环练习；弓箭步压腿、摆腿等练习。

三、掷铁饼的专项身体训练

（一）专项力量训练

专项力量练习是掷铁饼运动员训练的主要内容之一。科学、系统的力量训练对促进青少年生长发育和提高运动水平有重要意义。因此，专项力量训练必须要符合掷铁饼运动的专项技术特点和用力特点。

1. 专项基础力量类（发展最大力量和最大功率）练习

（1）肩负杠铃深蹲或半蹲起练习。

（2）肩负杠铃半蹲跳、分腿跳、多步换腿跳练习。

（3）负重提踵练习。

（4）杠铃快挺、高翻、抓举、卧推练习。

（5）体前屈屈臂提铃练习。

2. 专项机能力量类（发展最大功率和爆发力量）练习

（1）肩负杠铃半蹲左右转体练习。

（2）肩负杠铃体前屈、左右侧屈练习。

（3）肩负杠铃半蹲跳起转髋练习。

（4）肩负杠铃坐姿转体练习。

（5）持杠铃片或哑铃做扩胸练习。

（6）持杠铃片连续直臂挥摆练习。

（7）仰卧在长凳上，两手持杠铃片于体侧，做自下而上直臂摆动练习。

（8）肩负杠铃成最后用力姿势，然后做拧腰和转髋发力练习。

（9）侧对投掷方向，肩负杠铃或半蹲，旋转后接最后用力阶段的右腿转蹬练习。

（10）肩负杠铃连续旋转练习。

3. 专项投掷力量类（发展爆发力量和专项速度）练习

（1）原地或转体抛掷杠铃片、铅球、壶铃等练习。

（2）前后抛铅球或杠铃片练习。

（3）跳深、跳栏架、跳台阶等练习。

（4）持重器械、轻器械或小铁球背向旋转投掷练习。

（5）大强度原地或旋转投掷铁饼练习。

（二）柔韧性训练

出于专项技术的特殊要求，掷铁饼运动员应从小打下坚实的专项柔韧性和灵敏性基础。这是因为发展掷铁饼运动员肩关节、髋关节的柔韧性和灵敏性可以加大投掷臂与肩轴的拉引角度和肩轴与髋轴的扭转角度，形成最后用力前良好的超越器械动作，加大最后用力的工作距离。各种转肩、转髋和摆腿练习方法如下。

（1）正面两腿左右交叉转髋走练习。

（2）沿直线快速连续旋转练习。

（3）借助肋木做各种体前屈、体侧屈练习。

（4）负重做转髋、转体拉肩、拉臂练习。

（5）徒手或持杠铃片臂绕环练习，以发展肩带专项柔韧性。

（6）肩负杠铃转体练习，以发展躯干专项柔韧性和专项力量。.

（三）专项速度训练

专项速度训练目的主要是发展旋转速度和最后用力速度。在提高快速力量水平的基础上，通过旋转和模仿技术练习，发展旋转速度，通过投掷轻器械发展最后用力速度。

（1）侧向连续快速旋转练习。

（2）徒手或持器械左右支撑转换移动速度训练。

（3）各种轻器械的组合抛掷练习，突出快速动作。

（4）背向旋转投掷轻器械，在保持正确技术的前提下做加快投掷速度的练习。

（四）专项耐力训练

要循序渐进，注意专项练习内容的多种组合变化，避免过度训练的发生。

（1）中等运动量完成各种投掷练习。

（2）速度和力量组合练习和循环练习。

（3）大强度的背向旋转掷铁饼练习。

（4）进行专项测验和参加各类比赛。

四、掷铁饼专项技术科学化训练

（一）掷铁饼专项技术

1. 握饼

5 指自然分开，拇指和手掌平靠铁饼，其余 4 指末节扣住铁饼的边缘，手腕

微屈，铁饼上缘靠于前臂，铁饼的重心垂线在食指和中指之间。铁饼握好后，持饼臂自然放松下垂于体侧。（图 5-2-1）

2. 预备姿势和预摆

（1）预备姿势

背对投掷方向，两脚左右分开比肩略宽，平行站立于投掷圈中线的两侧，两膝微屈，身体重心落于两脚之间，身体放松，眼睛平视。

（2）预摆

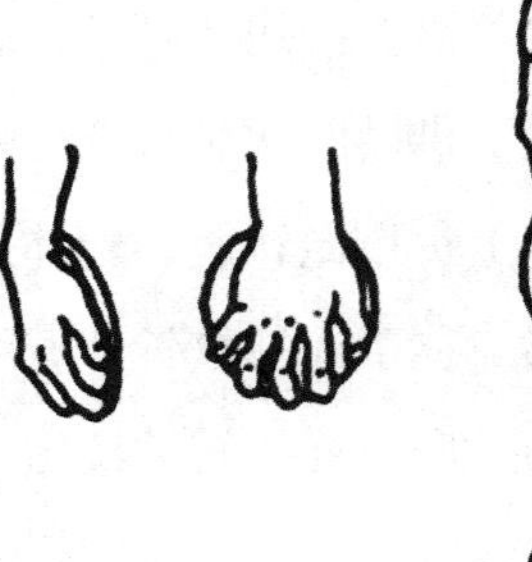

图 5-2-1　握饼方法

旋转前预摆 1～2 次，预摆的任务是为顺利完成旋转动作创造有利条件，使投掷者获得最有利的工作状态。常用的预摆方法有两种：

①左上右后摆饼法（图 5-2-2）：预备姿势站好后，持饼臂在体侧前轻微摆动，当铁饼摆到体后时，右腿蹬地用躯干带动持饼臂向左上方摆起，体重移向左腿，身体稍左转，为防止铁饼脱手，左手可在下面将铁饼托住。回摆时，躯干带动持饼臂把铁饼摆到身体右后方最大限度的部位，身体向右扭转，随着摆饼动作体重又移到右腿上，上体稍前倾，两腿微屈，左臂自然屈于胸前，眼平视。此种方法较为简单易学，多用于初学者的训练。

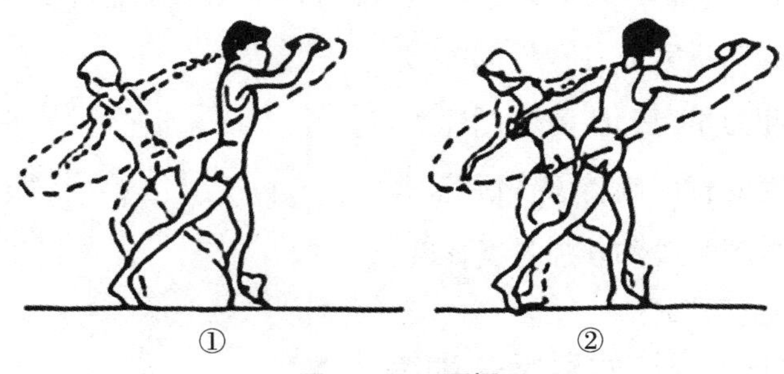

图 5-2-2　预摆

②体前左右摆饼法（图 5-2-3）：预备姿势站好后，持饼臂在体侧前后轻微自然摆动，当铁饼摆到体后时，体重移向右腿。然后，躯干扭转带动放松的投掷臂经体前向左摆动，当铁饼摆至身体前面时持饼手掌逐渐翻转向上，右肩稍前倾，

体重靠近左腿，然后将铁饼向身后回摆，持饼手掌逐渐翻转向下，体重由左向右移动。右腿弯曲同时上体向右充分转动，使身体形成扭转拉紧状态。

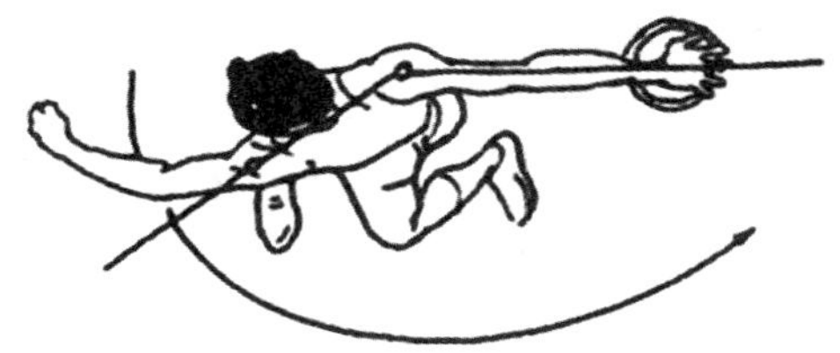

图 5-2-3　预摆结束时身体的扭转拉紧状态

不论采用哪种方法，在预摆过程中，都必须做到平稳、协调、放松而自然。以躯干的转动带动投掷臂摆动，合理地移动身体重心，加大摆饼幅度，预摆结束时身体要充分扭紧。

3. 旋转

旋转的主要目的是确保身体与铁饼在最后用力之前达到预定的速度，从而保持一个便于发力的身体姿态，为合理的发力奠定基础。良好的旋转投掷比原地掷成绩可提高 6～12 米。旋转是从预摆结束开始至旋转后左脚着地为止。

预摆结束时，身体处于扭紧状态，重心首先集中在右腿，接着双腿弯曲并支撑髋关节，使上半身开始旋转，左臂向投掷的方向伸展，重心逐步向一边弯曲一边转动的左腿转移。左前脚掌领先积极外转。同时，重心下降，身体随之转动，头部稍领先于肩轴向投掷方向转动，左脚尖转至与投掷方向约成 45° 角时，右腿向左稍加转动，但不离地，使右大腿内侧肌群处于适度拉长状态，为右腿蹬离地面进入摆动作好准备。

当左膝、左肩和头继续向投掷方向转动时，左膝弯曲“前顶”，左肩位于左膝之上并沿着弧线向投掷的方向旋转，左肩和左脚所形成的身体左轴会逐步倾斜至圆心，从而实现向前的旋转动作。右脚离开地面但仍保持较近的距离，膝盖轻微弯曲并通过大腿来驱动小腿，使之围绕左腿进行大幅度弧线形运动。当重心转移到微屈的左腿时，左脚轻微地蹬起，重心向投掷环圆心方向移动，右侧髋关节转动，右腿朝圆心运动。

左脚蹬离地面后，进入腾空阶段，右髋右腿快速内转下压，同时左腿屈膝积极向右腿靠拢。此时左肩内扣，上体保持微收腹前倾姿势。

腾空结束后，右腿以前脚掌内侧落在投掷圈圆心附近，右脚着地时，左肩位于右膝上方，左臂保持自然伸展内扣姿势，躯干扭紧，此时铁饼被远远留在身体后上方。右脚落地后要不停顿地转动，推动右髋向投掷方向转动。在右脚支撑旋转时，左腿在髋部带动下，屈膝靠近转动中的右膝，由后向前快速向投掷圈前沿落地。

4. 最后用力和维持身体平衡

最后用力从左脚触地的一刹那开始，铁饼掷出即完成。

在掷铁饼项目中，最后用力环节至关重要。这一环节的核心目标是确保与旋转环节衔接紧密，最大化地利用旋转产生的力量，在最后用力之前形成便于发力的姿态。通过手臂力量的集中，可以确保铁饼达到最佳的投掷速度和角度，收获最好的投掷效果。

左脚以前脚掌内侧落于投掷圈投掷方向中线左侧靠近投掷圈前沿的位置。此时重心在右腿上，人体肩轴和髋成交叉扭紧状态并充分超越器械。左脚的着地开始了稳固的双腿支撑用力阶段。随后，右腿快速蹬地转动，重心逐渐转向左腿，与此同时，左臂弯曲肘部并与左肩一同向投掷方向移动，头部轻微左转。当左肩前方开始和投掷方向保持一致时，立刻进行制动，从而形成一个稳固的身体左侧支撑结构。在这种情况下，右腿主要蹬地伸展，同时左腿朝上发力，以推动髋部前行。在此之后，肩部紧随髋部，身体完全展开，利用胸部带动手臂迅速进行挥臂鞭打。掷出铁饼的一刹那，食指、中指和无名指拨动铁饼，确保铁饼在空中沿着顺时针稳定地旋转并向前飞。掷出铁饼的高度大约和肩部相当，投掷角度大约是 35°。

铁饼出手后，为避免犯规，要及时交换两腿，降低身体重心，并顺惯性作用向左转，以维持身体平衡。掷铁饼完整技术如图 5-2-4 所示。

（二）掷铁饼的训练

掷铁饼运动员要达到高水平的运动成绩，必须从少年阶段抓起。许多优秀掷铁饼运动员都是经过业余训练而达到高水平的。青少年时期，正是掷铁饼的基础训练阶段，因此必须重视运动员在发展全面身体素质的基础上，掌握正确的掷铁饼基本技术，逐步提高掷铁饼的专项素质，以便承受高级专项训练的运动量和运动强度，使专项水平达到本人的最高水平。

图 5-2-4　掷铁饼的技术

青少年掷铁饼运动员的训练必须要作长远打算，不能急于求成，不能计较一时的得失。必须要根据青少年的生长发育规律，在全面发展身体素质的基础上，注意优先发展速度、小力量、爆发力、协调性和柔韧性。在训练负荷上，不宜采用大重量的杠铃练习。在采用轻器械练习时，要注意培养青少年放松、协调和正确控制铁饼的肌肉感觉，以及平衡能力和节奏感，并加强对旋转与最后用力衔接技术的训练。

1. 掷铁饼的技术训练

技术训练是青少年掷铁饼训练的重要内容。掌握正确的投掷技术不仅有利于发挥运动员的运动能力，创造良好的运动成绩，而且对青少年的长远发展非常重要。青少年时期是学习运动技术的最佳时期，要抓住这一有利时机加强技术训练，使之掌握正确的运动技术。青少年技术训练应以基本技术训练为主，保持青少年自然合理的动作，着重培养运动员控制铁饼、协调用力投掷和放松能力，形成正确的技术空间结构和快速节奏；要根据青少年特点精讲多练，充分发挥青少年模仿能力强的特点，帮助青少年运动员学习和掌握规范的运动技术。掷铁饼技术训练的主要手段如下。

（1）掌握基本技术的练习

徒手、双人、扶肋木做各种转髋、转体、扩胸、摆腿、旋转练习。

持铁饼做摆饼、滚饼、抛饼、预摆等熟悉铁饼性能的练习。

徒手或持轻辅助器械做预投 、原地投、旋转和旋转投的模仿练习。

徒手或持器械做最后用力模仿练习。

徒手或持器械做进入旋转和旋转模仿练习。

（2）掌握和改进旋转技术的练习

原地站立做 180° 、360° 的旋转练习。

徒手或持轻器械，以左腿为轴旋转 360°，体会以左侧为轴的旋转动作。

扶栏杆做转髋练习。左手侧扶栏杆，然后向前摆腿转髋和转体 360°，右手扶栏杆成最后用力预备姿势。

侧向前进方向站立，右臂预摆后向前进方向连续旋转，后半圈时加快腿和髋的转动速度，形成最后用力前的预备姿势。

做徒手双腿支撑起转模仿练习，体会身体重心的移动和左腿屈膝转动，保持好上体和肩臂的移动路线。

肩负竹竿做旋转练习，体会肩轴与髋轴在旋转中正确的超越关系。

徒手或持器械做各种旋转模仿练习。

做正面跨步与侧向旋转投掷练习，体会转换与最后用力的连贯、衔接。

（3）掌握和改进旋转和最后用力衔接技术的练习

徒手或持辅助器械体会右脚落地至左脚落地的动作。

徒手或持辅助器械做正面旋转投掷模仿练习。

做正面旋转向投掷网掷铁饼练习。

利用轻器械做完整技术练习，经常投掷 1 千克的铁饼或其他轻器械，体会速度感和节奏感。

（4）掌握和改进最后用力技术的练习

徒手原地做最后用力阶段的右腿、右髋转蹬练习。

负重或双人对抗（给上体以适当的阻力）练习，做右腿屈膝转蹬动作。

拉橡皮带练习。侧向站立，右手握橡皮带，然后转髋、转体拉紧橡皮带。

鞭打标志物练习。手持橡皮管，快速挥臂鞭打标志物，体会最后用力动作。

坐或站立，单手经体侧向不同方向掷实心球、沙袋、小铁球的练习。

原地投掷实心球、沙袋、小铁球或铁饼的练习。

右侧对投掷方向，预摆后左腿后撤，屈右膝单腿支撑转动成左侧对投掷方向，不停顿地接双腿支撑用力掷饼。

听信号投掷铁饼练习。背向持饼，听信号后迅速转髋 90°，顺势掷饼。

（5）完整技术练习

利用投掷网做旋转掷铁饼练习。

在投掷圈内做旋转掷铁饼练习。

（6）增加难度的技术练习

在斜坡上做原地旋转模仿练习。练习时坡度不宜过大，斜坡练习要和原地练习相结合进行。

在各种气候条件下（顺风、逆风侧风和雨中）进行练习。

在湿滑的场地上进行练习，以培养自控能力。

2. 技术训练的负荷与安排

投掷的强度与训练任务紧密相关，当训练的目标是学习技术或提高技术时，在学习技术的过程中，通常会选择使用较低的投掷强度；在提高技术的过程中，中等的投掷强度是比较适宜的。据科学研究，大脑中枢神经兴奋性过高或过低都不利于学习掌握或改进技术动作。技术被基本掌握，就应马上采用大强度投掷，这是为了从中发现学习中隐藏的问题，同时还可以体验新动作中肌肉的用力感觉，如果发现技术出现错误，则可将强度再次降低。当投掷任务是要发展投掷专项能力或是赛前适应性训练时，投掷强度就应该是大的（也有的学者认为，赛前不宜进行大强度投掷，否则会将比赛状态提前）。

一般来讲，投掷量大有利于巩固技术动作和发展专门能力。但是，一旦投掷量大过头，其作用就是相反的了。投掷量采用多少首先取决于能否保证技术质量，其次是运动员所拥有的训练时间和训练课的任务，训练时间少或者是处在赛前准备中，投掷量自然就要减少。

五、掷铁饼的心理训练

仅仅具有良好的身体素质和技能水平，还不能使运动员在比赛中取得成功。比赛时，运动员要在几秒内完成一系列复杂动作。稍有分心，几个月，甚至几年的训练汗水就付之东流。所以，一个优秀掷铁饼运动员还必须具有很好的心理稳定性，善于自我评估，自我调节能力强，勇敢果断，吃苦耐劳。

（一）掷铁饼心理训练的任务

（1）培养运动员具有掷铁饼运动所需要的各种心理品质和能力。

（2）培养运动员具有掷铁饼比赛的适宜的心理状态。

（二）掷铁饼心理训练内容

1. 心理能力训练

心理能力训练包括注意力的训练、集中能力训练、速度感觉训练以及心理动力的培养。

2. 智力训练

智力训练包括：对空间表象能力的训练、思维能力的训练以及对综合能力的训练。

3. 个性训练

个性训练包括：对情绪稳定性的训练、对实现个人意愿能力的训练、对自我强化以及对环境依赖性的训练。

4. 动机、态度、兴趣的培养

动机、态度、兴趣的培养包括对进取动机、成功动机、练习动机的培养。

（三）掷铁饼运动员心理训练的实施

心理训练与身体训练一样，只要运动员认真地去做，总是可以将自己的心理素质大大地提高的。

每个运动员都有极大的运动潜力，运动潜力的发挥往往与运动员的动机有密切关系。运动员的动机也是影响运动员运动寿命的一个主要原因。所以，在掷铁饼运动员的心理训练中，首要一条就是解决运动员“为什么而练”“练到哪儿”的问题，也就是说，要帮助运动员建立一个比较远大的目标，让运动员成为一个有事业心的人，然后再帮助运动员寻找一个适合自己的训练目标，这将有利于运动员运动潜力的挖掘。奋斗目标的大小、难易，都将影响运动员运动潜力的挖掘，过难和过易都不会取得最佳效果。训练目标不是一成不变的。

赛场环境千变万化，运动员的应变能力是取得比赛成功的必要条件。所以，在训练中有意识地安排运动员参观比赛、参加比赛都有助于提高运动员遇事果断、善于应变、临阵不乱的能力。

教练员应注意提高运动员集中注意力的心理素质，每次训练课中，都要求运动员集中注意力，高质量地完成每一次练习是非常重要的。教练员在训练中甚至可以人为地制造一些复杂而嘈杂的训练环境，让运动员在这种环境中得到锻炼提高。

频繁地向运动员提问技术方面的问题有助于他们养成思考的习惯，而独立的思考方式能够帮助运动员养成独立的行为习惯。在大型比赛中，这一点是非常重要的。心理训练可在一次课中专门进行，但多数是在日常生活和训练中一点一滴地培养，甚至是潜移默化地进行的，这样能力提高后是非常稳定的。

（四）掷铁饼心理训练的原则

1. 灵活性原则

运动员的心理活动是非常活跃的。根据不同的情况，采用不同的心理训练手段，可以取得事半功倍的作用。可以说，心理训练随时随地都可以进行，而且都可以取得好的效果。

2. 耐心细致

心理训练不同于身体训练的地方是，它更难以预测，只有细致观察，认真分析，才能找到问题所在，心理训练也不能急功近利。有的心理问题可能几年解决不了，有的也可能一句话就解决了。

3. 重视心理诊断

心理训练的实施方案，首先来源于心理诊断。运动员心理活动复杂，心理活动与行为效果的关系有时是曲折的。有意识地对运动员进行心理诊断，可以使心理训练更加科学化。

第三节　掷标枪科学化训练

一、掷标枪项目的发展历史

掷标枪是一项历史悠久的运动项目。古代标枪的外形、重量、长度与现代标枪有较大差异，投掷技术、比赛规则也与现在不同。掷标枪也曾是一种常见的竞技体育项目。在 19 世纪末至 20 世纪初，现代掷标枪运动逐渐形成并发展。在那个时期，北欧的芬兰、瑞典和挪威等国家举办了掷标枪项目并且名列前茅。在 1908 年举行的第 4 届奥运会上男子标枪被列为正式比赛项目。女子掷标枪比赛在 1932 年的第 10 届奥运会上被列为正式比赛项目，该次比赛冠军的成绩为 43.68 米，是由美国运动员迪德里克森创造的。

掷标枪技术的发展也经历了一个漫长的历程。在 19 世纪末和 20 世纪初，运动员投掷标枪时并无固定的姿势，握枪和持枪的方法、助跑的方式和最后用力动作都有较大差异。经过不断的发展和比赛规则的不断完善，现代掷标枪技术基本趋于一致，由国际田径联合会制订的比赛规则也对投掷技术作了严格的规定。投掷标枪时，投掷者必须一手持枪，在助跑道内沿直线助跑后，充分发挥全身力量，以最快的出手速度，经肩上把标枪掷出，标枪落地时，标枪尖应完全落在圆心角为 29° 的扇形落地区内。

1984 年，民主德国运动员霍恩创造了 104.80 米的世界纪录。1986 年，国际田联采用了重心前移 4 厘米、尾部直径加粗的新型男子标枪，进一步保证了比赛过程的安全性和裁判结果的精确性。同年联邦德国运动员创造了 85.74 米的新世界纪录。国际田联决定，从 1999 年 4 月 1 日起，将女子标枪的重心前移 3 厘米，并将重新设立女子标枪世界纪录。由于标枪的重心前移，使标枪在飞行中较早地落地，标枪落地角度大大增加，同时降低了掷标枪的远度。

掷标枪在我国开展相对较晚。我国男子掷标枪在 1924 年第 3 届全运会上被列为正式比赛项目，当时的冠军成绩只有 43.78 米。女子掷标枪于 1931 年被列为正式比赛项目，1935 年第 5 届全运会上被列为正式比赛项目，冠军成绩只有 26.28 米。

中华人民共和国成立以后，掷标枪运动水平得到迅速提高。1960 年，男子掷标枪运动员马长路以 74.58 米的成绩达到国际先进水平。女子掷标枪成绩也在 1965 年首次突破了 50 米大关。1977 年，男子掷标枪运动员申毛毛首次把标枪掷过 80 米，以 81.68 米的成绩创造了新的男子标枪全国和亚洲纪录，1978 年获第 8 届亚运会冠军。随后他又多次打破亚洲纪录和全国纪录，并在 1980 年以 89.14 米的成绩进入世界先进水平。20 世纪 80 年代以来，我国标枪水平又得到显著的发展，多次打破全国和亚洲纪录，并在国际大赛上取得优异成绩。在 1991 年第 3 届世界田径锦标赛上，我国女子掷标枪运动员徐德妹勇夺冠军。使用新式标枪后，我国男子掷标枪的全国纪录是 83.38 米，是由张连标于 1994 年 10 月第 12 届亚运会上创造的。女子掷标枪的全国纪录是 62.97 米，是由魏建华于 1999 年 8 月在第 7 届世界田径锦标赛上创造的。

近些年我国在掷标枪这一项目中培养出了许多优秀的运动员，最终在 2020 年东京奥运会上取得了我国的首枚奥运会掷标枪金牌。

2008 年北京奥运会，男子掷标枪项目中，挪威选手安德烈亚斯 · 托希尔德森以 90.57 米的成绩夺得冠军；女子掷标枪项目中，捷克名将斯波塔科娃以 72.28 米的成绩获得冠军，也创造了女子标枪世界纪录。

2012 年伦敦奥运会，男子掷标枪项目中，特立尼达和多巴哥选手沃尔科特以 84.58 米的成绩获得冠军；女子掷标枪项目中，捷克老将斯波塔科娃以 69.55 米的成绩夺得冠军。

2016 年里约奥运会，男子掷标枪项目中，德国选手罗赫勒以 90.30 米的成绩夺得冠军；女子掷标枪项目中，克罗地亚选手科拉克以 66.18 米的成绩获得冠军。

2020 年东京奥运会，男子掷标枪项目中，印度选手尼拉吉 · 乔普拉以 87.58 米的成绩获得冠军；女子掷标枪项目中，中国选手刘诗颖以 66 米 34 的成绩获得冠军，吕会会最终以 63.41 米获得第六名。

二、掷标枪的身体训练

掷标枪的身体训练可分为一般身体训练和专项身体训练。

（一）掷标枪一般身体训练

主要全面发展掷标枪运动员的身体素质，为将来掌握掷标枪技术和提高运动成绩打下基础。

一般身体训练主要发展速度、力量、快速力量、灵巧、柔韧性和协调性等。训练的量可根据年龄段的不同而有所调整。

（二）掷标枪专项身体训练

根据标枪技术的要求，发展与技术有密切关系的素质是十分重要的。专项素质的内容主要有力量训练、速度训练、投掷能力的训练、灵巧和柔韧的训练。

1. 力量训练

由于标枪是投掷项目中最轻的器械，需要的是较大的加速力量。在力量练习时，既要发展掷标枪所需要的大肌肉群力量，也要十分重视发展所需的小肌肉群的力量。掷标枪时以大肌肉群发力为始，以小肌肉群发力为终，这个过程是递进式的，动作速度逐渐加快。有些运动员只重视大肌肉群的力量训练，尽管力量得到了增强，但是动作速度并未提升，这是小肌肉群训练不足导致的力量不足。

在力量训练时，动作速度要快，动作幅度要大，要避免那些高频率、小幅度、屈伸不到位的训练方法。要重视手臂快速力量的训练，手臂是向标枪传递力量的终端，是投掷力量和速度的结合点，是决定标枪出手速度的关键因素。掷标枪力量训练标枪属于力量与技术双向结合的运动[①]。

2. 速度训练

速度是掷标枪需要的主要素质，它包括助跑速度和最后用力的动作速度。一般采用的练习有短距离跑（30 米、60 米、100 米跑）；持枪助跑；持枪跑结合引枪和投掷步练习；低重心交叉做蹬地送动作；原地、上步击打空中高物、投小球、

① 刘建国 . 田径 [M]. 北京：高等教育出版社，2009.

投石块和标枪等练习。具体方法如下。

（1）行进间快速转髋交叉跑。

（2）侧向连续快速旋转练习。

（3）徒手或持器械的左右支撑转换移动速度训练。

（4）各种轻器械的组合抛掷练习，突出快速动作。

（5）背向旋转投掷轻器械，在保持正确技术的前提下加快速度。

（6）投掷各种轻铁饼、小铁球和轻杠铃片练习。

3. 柔韧和灵巧性训练

标枪运动员的柔韧和灵巧性十分重要，不仅能确保投掷动作的标准，还能确保投掷技术的规范性。要提升标枪运动员身体的柔韧和灵巧性，关键在于增强相关肌肉群的能力，尤其是髋部和肩部的旋转能力以及肌肉和韧带的拉伸能力。为了增强柔韧性，可以进行急速的拉伸和收缩训练。

（1）各种转肩练习，双臂与肩轴的水平拉引练习。

（2）各种转体练习，肩轴与髋轴的相向扭转练习。

（3）沿直线快速连续旋转练习。

（4）借助肋木做各种体前屈、体侧屈练习。

（5）负重做转髋、转体拉肩、拉臂练习。

（6）徒手或持杠铃片臂绕环。发展肩带专项柔韧性练习。

（7）站立或坐立肩负杠铃转体，发展躯干专项柔韧性和专项力量训练。

三、掷标枪专项技术科学化训练

掷标枪专项技术训练的主要目的是不断改进、完善掷标枪技术，确立适合自己条件的技术，充分发挥自己的体能获得优异的运动成绩。

（一）握持标枪技术训练

1. 握枪和持枪

（1）握枪

有两个常见的握枪方法。

如图 5-3-1 ①所示，现代式握枪使用拇指和中指，将标枪斜置于右掌心，拇指和中指握住缠绳末端的边缘，食指自然搭在标枪上，无名指和小指自然握住缠绳。

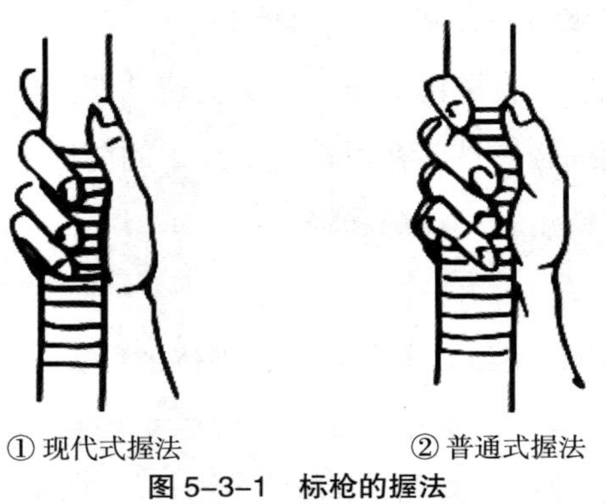

① 现代式握法　　② 普通式握法

图 5–3–1　标枪的握法

如图 5-3-1 ②所示，普通式握枪使用拇指和食指，拇指和食指握住缠绳末端的边缘，中指、无名指和小指自然握住缠绳。

现阶段，标枪选手主要使用的是现代式握枪方法。这种方法的显著优势是利用修长的中指发力，延长最后用力的作用距离，释放更强的力量，利于标枪在投掷时的挥臂鞭打动作和旋转动作。

（2）持枪

有两种常见的持枪方法。

如图 5-3-2 所示，肩上持枪的姿势为当运动员处于预备助跑状态时，右手位于右肩之上，手部位于头部耳侧持枪，枪身应与地面平行，或者枪尖低于枪尾。现阶段，许多杰出的运动员使用的是肩上持枪方法，这是因为动作简单且便于控制。

肩下持枪的姿势为当运动员处于预备助跑状态开始后，右手持枪，右臂自然下垂，枪尾朝前，双臂随着跑步节奏自然摆动，在跑步时抬起右臂投掷。

2. 原地插枪技术训练

握持标枪技术训练主要使用原地插枪训练，可通过以下两种技术进行训练。

① 枪身与地面平行

② 枪尖低于枪尾

图 5–3–2　肩上持枪的姿势

（1）原地正面插枪训练

运动员正对投掷方向，两脚前后站立，左脚在前，右脚在后，脚间距与肩同宽；右手持枪于肩上，将身体的重心稍微向后转移到微屈的右腿上，枪尖低于枪尾，指向前下方几米处；插枪时，持枪手臂稍微向后上引，右腿蹬伸，以肩带臂，沿枪纵轴快速鞭打，向前下方插枪。练习过程中，应该重点强调肩带与投掷臂的鞭打动作，强调对运动员沿标枪纵轴用力能力的培养。

（2）原地侧面插枪训练

运动员侧对投掷方向，两脚左右开立，脚间距略比肩宽，两脚尖与髋部朝向右前方，右膝弯曲，身体的重心落在右腿，右手持枪，投掷臂向后伸开，左臂自然抬起，左肩内扣，头部略左转，目视投掷方向，枪尖位于右眉梢处，略低于枪尾；插枪时，右腿进行积极蹬转，带动身体向前通过挺胸、转肩，带动投掷臂鞭打用力，将抢插向前下方。在训练过程中，应该强调侧向插枪比正面插枪肌体参与的肌群更多，动作的幅度与力量更大，插枪距离更远。

（二）助跑技术训练

助跑的核心目标是确保身体和标枪达到预定的速度，并在投掷步过程中作出引枪和超越器械的动作，从而为最后用力打下基础。

助跑路径是直线。尽管助跑距离没有受到规则约束，但通常男子标枪的助跑距离是 22～30 米，女子标枪的助跑距离则略短。

当助跑速度较快时，为了确保和最后用力环节衔接紧密，不仅需要助跑动作流畅自然、有节奏感，还必须具备出色的标枪控制能力，以确保标枪在运动的整体过程中比较稳定。助跑通常被划分成预跑阶段和投掷步阶段。

1. 预跑阶段

如图 5-3-3 所示，预跑阶段即从第一标志线到第二标志线之间的距离。当预跑开始的时候，一般是左脚踩在第一标志线上，然后迈右腿，跑到第二标志线结束，然后就是投掷步阶段。预跑阶段的跑步动作是有周期的，通常的预跑距离是 12～20 米，需要 8～14 步。以力量见长的运动员预跑速度较慢，距离相对较短，而以速度见长的运动员则需要更长的预跑距离，发挥个人的速度优势。

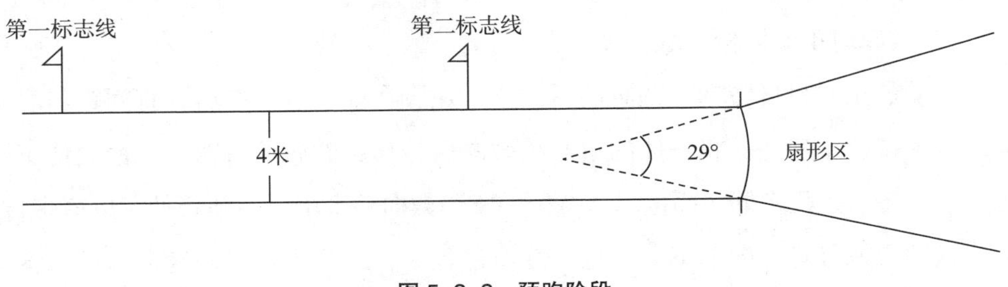

图 5-3-3　预跑阶段

预跑阶段的核心目标是确保身体和标枪达到预定的速度，以便为投掷步阶段创造前提。助跑的速度应根据运动员的技术水平和身体状况来调整。随着技术进步和训练强度提升，运动员需要逐步加快助跑速度。在预跑阶段，运动员的动作需要自然放松，上半身垂直于地面，下半身的动作和跑步类似，但是具有弹性和节奏感，助跑时沿直线路径提速，眼睛平视。

2. 投掷步阶段

投掷步阶段一般是从左脚踩到第二标志线并迈出右脚的那一步开始，一直持续到左脚最后一步落地。在这个阶段，需要在较高的速度下进行引枪、交叉步和超越器械等动作，并连贯地进入最后用力环节。投掷步阶段的核心目标是尽可能维持现有的移动速度，加速腿部的蹬地和摆动，并确保各个动作的正确执行，从而为最后用力打下基础。

投掷步可以采用跳跃式或者跑步式的形式来完成。在当今时代，标枪运动员一般会使用较为平稳的跳跃式，这能够充分利用腿部力量来进行引枪、超越器械动作。现如今，出色的运动员在投掷步阶段，通常展现出身体重心低、运动轨迹平、助跑速度快的特点，概括为低、平、快。

（三）投掷步掷标枪技术的训练

投掷步通常以四步或六步的形式进行，也有人选择五步或七步的形式。双数步从右脚开始，单数步从左脚开始。下面介绍四步投掷步的技术，如图 5-3-4 所示。

图 5-3-4　投掷步阶段

第一步：左脚踏上第二标志线后，将右腿向前迈出，右转上半身，持枪右臂向后引枪，左臂在身前放松，保持视线向前，确保髋部对准投掷方向。

第二步：在右脚着地后迅速用力蹬地，左腿向前摆动进行投掷步的第二步。在这一刻，持续右转上半身，用身体侧面朝向投掷方向。右臂向后引枪，当左脚触地时，右臂伸直进行引枪动作，动作完成后，右手和右肩齐平，标枪头部贴近右眉，标枪的垂直轴和肩部的轴线平行。在执行第一、第二步动作时，要确保身体垂直于地面，这样可以保持身体的速度。

第三步：这一步也叫作交叉步，在左脚着地后右腿向前摆动时开始。左脚着地后，迅速向前踏出并用右腿有力地向前移动，用大腿带动小腿促使动作速度提高，完成出色的超越器械动作。在右脚着地后，左腿在右脚前边，这样可以加快左脚着地的速度，同时保持身体向后倾斜 20° 至 25° 。

第四步：这一步起到从助跑环节向最后用力环节的过渡作用。动作的执行是否准确，会直接决定最后用力的成效。当右脚触地时，右腿会弯曲膝盖进行缓冲。重心移至右脚的支撑点之上，右腿发力蹬伸，以推动肩部向前移动。当左脚触地时，需要确保身体向后倾斜的角度稳定。

杰出的男子标枪运动员投掷步长度如下：第一步在2米左右，有利于向后引枪；第二步通常为1.8～2.0米，为过渡到后两步打下良好的基础；第三步最大，男子运动员可达到2.0～2.2米，有足够的时间完成合适的超越器械动作，并为最后用力环节打下基础；第四步一般是1.4～1.6米，较小的步长是为了更好地连接助跑与最后用力环节，用左侧身体提供支撑。世界优秀运动员最后一步的时间通常为0.18～0.20秒。

在投掷步阶段中，运动员应当努力维持预跑阶段的速度，各步的节奏也存在差异。通常来说，第三步最慢，第四步最快，第一步和第二步介于二者之间。

世界水平的男子标枪运动员在投掷步阶段的平均速度可达到6～8米/秒，女子运动员的平均速度可达到5～6米/秒。由于助跑使人体和器械获得一定的预先速度，因而助跑投掷可比原地投掷成绩提高20～30米。

投掷步掷标枪的技术训练可以按照交叉步掷标枪—引枪—引枪接交叉步—投掷步掷标枪的顺序来进行。

1. 交叉步掷标枪的技术训练

运动员侧对投掷方向站立，开始姿势与原地掷标枪动作基本一致。然后，右腿向后蹬离地面，以大腿带动小腿屈膝向左腿前方摆动，身体向前移过左脚，左腿积极用力后蹬离地，使身体在空中形成两腿交叉状态。身体向前运动的同时，右脚跟外侧首先落地，顺势滚动，右腿屈膝缓冲支撑，当身体重心移过支点的瞬间，左脚积极前伸，即开始完成后续最后用力动作。由于交叉步投掷练习是在动态中学习掌握和改进提高最后用力技术的重要练习方式之一，教师在教学中，应重点强调运动员两腿摆、蹬、落、撑的动作协调与配合，运动员初次进行训练时，教师可以通过采用徒手或者持其他器械等方式帮助运动员进行诱导性的辅助训练，从而降低技术训练的难度，让运动员尽快掌握正确技术。

2. 引枪技术的训练

（1）原地引枪训练

运动员的两脚并拢站立，右手握枪，肩上持枪，右肩后撤，投掷臂顺势向后伸展引枪，左肩右扣，左臂协调抬起，枪尖上仰引至右眉处。

（2）走步中引枪训练

运动员的两脚前后站立，左脚在前，右脚在后，右手持枪于肩上；右腿前迈，撤肩引枪，左脚继续前迈着地，完成引枪动作。要求运动员上下肢动作协调配合。

（3）慢跑中引枪训练

慢跑中引枪训练在走步完成引枪的基础上进行练习，加快双脚摆动速度。训练时应该注意引枪前左臂的自然摆动，持枪臂与标枪随跑动协调摆动，引枪动作要尽可能在两步之中完成。

（4）快跑中引枪训练

快跑中引枪训练在慢跑完成引枪的基础上进行练习，进一步加快跑动速度，增加动作的幅度，持枪臂与标枪随跑动协调摆动，正确完成引枪动作。

3. 引枪接交叉步训练

（1）走步中引枪接交叉步训练

运动员面对投掷方向，双脚前后站立，左脚在前，右脚在后，肩上持枪；右脚前迈开始引枪，在两步内完成引枪动作后，左腿积极后蹬；同时右腿屈膝用力前摆，身体略有腾空向前，下肢超越上体完成交叉步，以右脚跟外侧着地向前滚动，屈膝支撑，左腿迅速着地制动，身体向后倾，保持投枪之前的身体姿势。

（2）跑步中引枪接交叉步训练

运动员面对投掷的方向，在走步中引枪的基础上，双腿积极快速摆蹬，形成下肢超越上体，上体超越标枪的超越器械动作，在跑动中完成引枪接交叉步动作。

4. 投掷步掷标枪训练

（1）徒手引枪、交叉步接翻肩挥臂

运动员在走步或者跑步中徒手完成引枪与交叉步动作后，在左侧有力的支撑下，以正确的用力顺序继续完成最后的用力动作。训练过程中，运动员徒手模仿和持枪练习可以交替反复进行，从而加强运动员的本体感觉，强化正确的技术动作。

（2）走步或者跑步中完成投掷步掷标枪

运动员应该在走步或者跑步中完成投掷步掷标枪技术。在训练过程中，运动员应该注意交叉步与最后用力动作之间的紧密衔接，同时还应该明确持标枪的位置与投掷方向的调控。训练的开始阶段，运动员应该处理好自己的心理紧张感。

（四）最后用力技术的训练

在投掷步的第三步中，当右脚触地后，右腿弯曲膝盖进行缓冲，身体持续前移。当重心超过右脚的支撑点之上且左脚尚未触地时，右腿则蹬地伸展以施加力量。当左脚触地时，左腿发力制动，这有助于提高上半身的动作速度。当右腿持续蹬地时，右髋能够快速地朝投掷的方向移动，髋轴超出并驱使肩轴转向投掷的方向。在这时，投掷臂会迅速地向上转动，这使得运动员上半身转向投掷方向，从而形成一个蓄力的姿态。此刻，投掷臂位于身体的后方，其高度和肩部相当，并且和身体主干的角度近似 90°。

蓄力完成后，保持胸部前移，确保投掷臂尽可能地在身体后方，同时让右侧肩膀的肌肉得到最大程度的伸展。在惯性向前的影响下，左腿弯曲膝盖，但随后快速发力进行蹬地伸展。同时，胸部和右侧肩膀被用来驱动投掷臂向前完成挥臂鞭打的爆发动作，并借助标枪的竖直轴来确定力量的方向。

在最后用力的阶段，合适的发力顺序成为达到出手速度最大值的决定性因素。从右腿着地后迅速发力到右臂挥臂鞭打和掷出标枪，身体各部位构成了连贯的运动链。参与运动的多个肌群从下到上按照次序发力，从而实现不同部位的速度调整，有效传递了动量，并达到初始速度的最大值。如图 5-3-5 所示，在投掷标枪的过程中，各个身体部位以及标枪的速度都会发生变化，这揭示了在最后用力阶段身体部分的发力次序和连接方式。

图 5-3-5　掷标枪时身体变化

鉴于标枪的初始速度结合了助跑和投掷的速度，为了更高效地利用助跑速度，现代标枪投掷技术越来越注重助跑与最后用力环节之间的动作连接。为了使连接更加紧密，运动员在交叉步时应避免跃起高度过高。右脚落地时迅速发力，左脚快速主动下落，进行制动并为发力提供支撑。

在投掷标枪的最后用力阶段，身体左侧的支撑力量和用力动作对最终成绩具有极其重要的影响。当左脚着地时，左腿能为最后用力提供一个稳固有力的支撑点，这能够显著提高上半身前移的速度，左腿膝盖短暂的弯曲缓冲和迅速蹬地伸展发力有利于加快身体和标枪垂直向上的速度并提升动作高度。在投掷标枪的最后用力阶段，通过左臂及时、迅速的摆动和制动能够显著提高右侧身体的动作速度，从而加快标枪的初始速度。

1. 原地掷标枪技术训练

运动员侧对投掷方向，两腿开立，右腿弯曲，身体的重心转移到右腿上，身体略后倾，右手握枪，投掷臂向后放松伸直与肩轴基本一致，枪尖在右眉处，枪尖仰起，左臂自然抬起。投掷标枪时，运动员的右腿提踵、压膝快速蹬转，从而推动髋与上体向投掷方向转动，左腿积极支撑用力配合身体运动，之后挺胸、转肩带动投掷臂快速鞭打，将标枪沿纵轴向前上方投出。因为原地掷标枪的动作结构最接近掷标枪运动的最后用力动作结构，所以原地掷标枪是学习掌握最后用力技术的一种重要训练方法，同时也是掷标枪运动教学的重点。运动员在练习时，应该突出身体右侧的用力方式，特别是右腿的提踵压膝与蹬转送髋、转肩翻肘的鞭打动作，以及左侧的支撑用力配合。训练过程中，运动者应该注意保持动作的连贯性。

2. 上一步掷标枪技术训练

运动员侧对投掷方向，双脚前后站立，右腿在前，左脚在后，屈膝支撑身体，右手持枪，脚尖点地于右脚跟处，左臂屈肘抬起，左肩内扣，头略转向投掷方向，上体稍微向后倾。投掷标枪时，右腿蹬转送髋，左腿积极前伸迈出配合身体运动，脚跟着地滚动支撑，不停顿地完成后续的用力掷枪动作，出枪瞬间左腿应积极用力伸。训练过程中应该注意右侧正确发力的同时，左腿应该积极着地制动与蹬伸用力，从而更好地体会动作的协调配合。

3. 上两步掷标枪技术训练

上两步掷标枪技术训练建立在上一步投枪练习的基础之上。开始姿势与原地掷标枪动作基本一致，投掷标枪之前，运动者的上体与投掷臂姿势保持不变，右腿向前迈出一步，带动身体前移，以右脚跟外侧首先着地，屈膝支撑向前滚动，左脚离地向前跟进到右脚跟处时，继续完成上一步投枪动作，并做好投掷后的身体平衡。

（五）完整技术的训练

通过短助跑掷标枪技术与全程助跑掷标枪技术的训练，使运动员正确认识掷标枪的完整技术动作顺序与技术的要点，从而逐步掌握、改善并提高掷标枪的技术。

1. 短助跑掷标枪技术的训练

（1）肩上持枪助跑

运动员保持自然站立，肩上持枪，枪尖稍微低于枪尾，向前跑动 20～30 米。跑动过程中，速度应该适中，同时富有弹性；上体保持放松，投掷臂前臂与持枪手伴随跑的节奏微微摆动，非投掷臂于体侧自然摆动，目视前方。

（2）徒手模仿短助跑接投掷步掷枪

运动员保持自然站立，肩上持枪，枪尖稍微低于枪尾，助跑 4～6 步，助跑速度应该适中，在训练的初期应该注意控制跑动的速度，重点训练正确的引枪及投掷动作。

（3）短助跑接投掷步投轻器械训练

站立及呈持枪姿势与徒手短助跑接投掷步掷标枪相同，助跑 4～6 步，接投掷步投掷轻器械（如小垒球、小沙包等），助跑的速度应该适中，节奏要从慢到快，注意交叉步与最后用力动作之间的衔接。

（4）短助跑接投掷步掷标枪训练

在短助跑接投掷步投轻器械练习的基础上，进行掷标枪的训练。训练过程中应该注意控制助跑的速度，从而为投掷步以及最后用力创造更好的条件。在动作熟练之后，运动员可以逐步提高助跑的速度。

2. 全程助跑掷标枪技术训练

（1）8～10 步助跑接投掷步掷标枪模仿训练

训练过程中应该确定助跑步点，重视下肢动作的配合与整个技术动作的连贯。

（2）8～10 步助跑接投掷步投轻器械训练

在练习（1）的基础上，注重上下肢、左右侧之间的动作配合，从而更加连贯、快速、有力地完成掷标枪的技术。

（3）8～10 步助跑接投掷步掷标枪训练

在练习（2）的基础上，强调完整技术的连贯性，对助跑速度与节奏进行更好的把握，重点体会在助跑中人与标枪之间的关系，做好引枪、超越器械以及最后用力掷标枪环节动作，从而保证各技术阶段动作的正确完成。

第四节　掷链球科学化训练

一、掷链球项目发展历史

19 世纪后期，现代的掷链球运动在苏格兰和爱尔兰逐渐兴起。在 1900 年举办的第二届现代奥运会将掷链球列为正式竞技体育项目，并制订了相应的规则。

1890—1920 年，爱尔兰裔美国人约 · 费拉纳根，14 次改写掷链球世界纪录，曾连获第二、第三、第四届奥运会冠军。1913 年，美国人帕 · 瑞安创造了第一个被世界公认的世界纪录（57.73 米）并保持了 25 年之久。这一时期的运动员都采用以左脚尖为圆心的旋转技术。1920 年以后，运动员开始使用 3 圈的旋转技术。当时，美国运动员弗 · 图尔完善了脚尖旋转技术，其技术特点是旋转 3 圈，旋转速度逐渐加快，并形成超越器械动作，保持了一个强而有力的最后用力姿势，他的最好成绩是 59.44 米。

在 20 世纪 30 年代初，德国的体育教练塞 · 克里斯曼以力学理论和人体特征为基础，借助电影手段分析了掷链球动作。他认为，掷链球应该以左脚跟的外侧旋转开始，从左脚外侧旋转到前脚掌旋转，再到左脚跟旋转。此外，他还开创了在身体前方用双手拉住并旋转链球的方法，确保左脚起到支撑作用，从而使运动员在旋转过程中保持身体平衡和动作可控。另外，由于两臂充分伸展，加大了链球的旋转半径，有效地提高了链球的出手速度。这一技术结束了掷链球史上的脚尖旋转技术，被认为是一个划时代变革，推动了链球运动的发展。

20 世纪 50 年代初，掷链球运动在欧洲得到空前发展，掷链球技术逐渐趋于完整、合理，并向快速方向发展，掷链球水平普遍提高。匈牙利运动员约 · 切尔马克在 1952 年第十五届赫尔辛基奥运会上，以 60.34 米的成绩获得冠军，成为世界上第一个将链球掷过 60 米的运动员。1950—1970 年的 20 年中先后有 9 人 22 次创掷链球世界纪录。美国运动员哈 · 康诺利获第十六届奥运会冠军并于 1960 年突破 70 米大关，1965 年达到 71.26 米。这一时期，掷链球运动员采用大量的杠铃训练，力量普遍增大。如康诺利的最大深蹲力量达 260，硬拉 320 千克，抓举杠铃大都在 130 千克以上。

1970—1986 年，共有 8 人 19 次创掷链球世界纪录，呈高水平持续发展趋势。1978 年，苏联的鲍 · 扎伊邱克取得 80.14 米良好成绩的同时打破了世界纪录，成为首位在链球项目中成绩突破 80 米的运动员。谢 · 迪赫 6 次创世界纪录，最好成绩达 86.74 米。

20 世纪 80 年代后期以来，掷链球运动稳步发展。第二十四届至二十七届奥运会前 3 名运动员的成绩均超过 80 米，而各名次之间成绩差距很小，这使得掷链球比赛更加激烈，扣人心弦。随着田径运动的飞速发展，国际田联 1993 年在德国斯图加特第 39 届代表大会上规定“女子掷链球 1993 年以来创造的最好成绩将作为世界纪录，存入档案”。1994 年，新修订的田径竞赛规则中设立的世界纪录、世界青年纪录中，增设女子掷链球纪录。这为女子掷链球的发展提供了良好的契机。1994 年 2 月 23 日，俄罗斯的库岑科娃在阿德勒取得的 66.84 米的成绩成为第一个女子掷链球世界纪录。1999 年又创造了 76.07 米的世界纪录。1997 年，女子掷链球又被列为 1999 年世锦赛和 2000 年奥运会的比赛项目。从此，女子掷链球项目迈进奥运大家庭。

我国掷链球运动起步较晚。1954 年苏联田径队访华，才第一次举行掷链球比赛。中央体育学院的研究生王宏于同年在该项目上取得了 29.92 米的成绩，开创了中国链球项目的纪录。1956—1966 年，中国的链球运动发展迅速。1956 年杨少善率先掷过 40 米，一年后山东运动员毕鸿福以 50.68 米突破 50 米大关。1963 年，解放军运动员李云彪取得了 62.3 米的良好成绩并打破中国纪录，和世界纪录仅相差 7.47 米。

1967—1972 年，链球运动的发展速度较慢。1973 年，链球运动再次兴起。1976 年，解放军运动员纪绍明取得了 63.96 米的良好成绩并打破中国纪录。随后纪绍明、胡刚、谢英琪先后 6 次创全国纪录，推动了我国掷链球运动的发展。1988 年后起之秀、江西省运动员毕忠 6 次创全国纪录，并以 77.04 米创当时亚洲纪录，为我国链球运动冲出亚洲奠定基石。1973—1990 年是我国掷链球运动发展的又一次高峰。

进入 20 世纪 90 年代，由于我国掷链球项目普及较差，基础较薄弱，我国的掷链球运动发展出现了徘徊不前的局面。但女子掷链球运动的兴起又为我国掷链球运动的发展带来了曙光。1994 年，我国开始了女子掷链球的选材与训练工作。1998 年 7 月 19 日，我国选手顾原在第十二届亚洲田径锦标赛上夺得女子掷链球冠军，并先后 3 次以 61.42 米、61.86 米、62.28 米的成绩打破亚洲纪录，一举进入当年世界前 10 名，为我国女子掷链球运动的崛起打下了良好的基础。2000 年，中国八一队赵巍以 65.70 米创亚洲纪录，2001 年 5 月，八一队小将张文秀又将亚洲纪录提高到 66.30 米。陕西选手顾原在第九届全国运动会上以 66.97 米的成绩再次提高亚洲纪录。2012 年 5 月 24 日在国际田联挑战赛捷克俄斯特拉发站比赛中以 76.99 米的成绩再次打破亚洲纪录。中国女子掷链球的快速发展在中国乃至世界掷链球运动的发展史上添上了浓重的一笔。

进入 21 世纪之后我国掷链球项目发展态势良好，张文秀和王峥两位选手也在奥运会上取得了较为优秀的成绩。下面将介绍最近四届奥运会掷链球项目冠军及取得的成绩，以及我国选手的成绩和排名。

2008 年北京奥运会，男子掷链球项目中，斯洛文尼亚选手普里莫兹 · 克兹穆斯以 82.02 米的成绩夺得冠军；女子掷链球项目中，白俄罗斯选手米安科娃以 76 米 34 的成绩破奥运会纪录，获得冠军，中国选手张文秀以 74.32 米的成绩获得季军。

2012 年伦敦奥运会，男子掷链球项目中，波兰选手诺维斯奇以 82.52 米的成绩获得冠军；女子掷链球项目中，俄罗斯选手塔吉扬娜 · 莱森科以 78.18 米的成绩夺得冠军，中国选手张文秀获得季军。

2016年里约奥运会，男子掷链球项目中，塔吉克斯坦的迪尔肖德·扎罗夫以78.68米的成绩夺得冠军；女子掷链球项目中，波兰选手安妮塔·沃达雷兹克以82.29米的成绩获得冠军，也打破了当时的女子链球世界纪录，中国选手张文秀以76.75米的成绩获得亚军。

2020年东京奥运会，男子掷链球项目中，波兰老将沃伊切赫·诺维斯基以82.52米的成绩获得冠军；女子掷链球项目中，波兰选手安妮塔·沃达雷兹克以78.48米的成绩获得冠军，中国选手王峥以77.03米的成绩获得银牌。

二、掷链球专项身体训练

（一）力量训练

力量素质，一般的测试方法是用杠铃的重量来衡量的，例如能抓举150千克，下蹲250～300千克，这个力量就算很好了。当然力量越大越好，但不代表力量大链球投得就远，也有的运动员下蹲300多千克，抓举160千克，但链球投不远。

发展链球运动员主要肌肉群力量的手段有以下几个方面。

（1）把杠铃放在肩上，上下踏台阶。对发展股四头肌和髋部肌肉有效果。

（2）提杠铃100～120千克向左、右转体（向左转体后放下杠铃再提起向右转体放下杠铃为一次，一般做6～8次为一组，两脚不能移动位置）。

（3）下蹲时要把杠铃放在胸前（放在肩上对初学者来说很容易弯腰，使臀部后坐，这样脊椎易受伤，另外在掷链球中也没有这个动作）。

（4）直臂抓举，对链球运动员最重要的是发展专项力量，即该项的爆发力。爆发力测试的手段是：立定跳远（3米）、立定三级跳远（不少于9米）、前抛7.26千克铅球（20～21米）、后抛（23～24米）。

掷重物或壶铃，不做预摆直接投出去（即原地投），旋转投时重点放在加速上。采用这个练习，不是说链球成绩马上会上去，要考虑效果的转移，有时当年掷重物成绩增长了，但当年的链球成绩是没有增长的，这种转移效果要在一年以后甚至两年以后才可能出现，故安排上要细致、周到。

发展爆发性力量练习，可做50千克的蹲跳起，轻的跳起来比重的、慢的有效。这个练习做5～6次，注意力集中的时间是5～6秒，时间长了爆发力效果就差。有的人做20次，一边做，一边往前跑、跳，这对跑跳运动员可能好，但对投掷运动员来讲有7～8次一组就可以了。一般情况下准备期做8组，比赛期做3～4组。

跳跃性练习是投掷运动员需要的练习。跳跃练习可以做多级跳、单腿跳等一些传统性跳的练习。但对投掷运动员最有效的是跳深，即跳下去跳上来，做这些练习效果好，可以发展爆发力。但练习时要非常谨慎，因为强度掌握不好易受伤。这个练习在心理上和神经上强度是大的，运动员容易疲劳，因此安排上要细致，要善于观察运动员的反应和具体情况。

总之，力量训练的目的是提高力量及有关素质，使肌肉达到获得快速爆发的能力。问题的关键在于怎样才能使获得的基本力量及时地高比例地转化为专项力量。为了把获得的力量能力最大限度地转化为专项能力，常采用力量练习和专项投，专项投和小力量练习，以及轻、重器械多种投、连续投的方法。除此之外，在选择力量练习手段时要尽量符合专项技术（完整技术成部分技术）的要求。越是高水平运动员越应加强专项力量的训练，把获得的力量能力最大限度地转化为专项能力，唯一的途径是科学训练。

（二）速度训练

链球成绩的好坏在很大程度上取决于速度，因此对链球运动员的速度训练至关重要。

关于速度训练，测试速度的手段很多，一般是30米起跑，如能用4秒跑完就是一个速度快的运动员，超过4秒就是一个慢的运动员。出色的链球运动员也有超过4秒的，但达到标准的也不一定就是一个旋转快的链球运动员，像谢迪赫、扎依丘克、鲁金科夫这些优秀链球运动员跑得并不一定快，我们要的是链球运动员的专项速度。测试的方法：用轻球旋转投，最后用力时不必用力只用旋转速度把球放出去，看能有多远。

发展专项速度用轻的器械，这种轻器械对少年来说应该很轻，等级运动员用5千克的球，较高水平的运动员用5.6～6千克，用什么重量的器械适合，要根据每个人的情况确定，首先是要根据他们的体重，如体重是100千克，用5千克的球就轻了一些。像扎依丘克体重93～95千克，就用5.6千克的球发展专项速度；像尼库林、达姆体重大，115～118千克，就用6和6.8千克的球。

发展专项速度的手段是把链球的链子缩短到70厘米，由于链子缩短可以使旋转角速度增加，这也是发展整体速度。

在练习时，一是看完整技术结构的速度，二是看部分技术的动作速度，这就需要教练员细心观察，要善于发现运动员技术的哪部分、哪个环节处于落后状态，并指出后使其加以改进。如用杠铃片转体用10千克重量比用20千克重量做得更快一些就能发展动作速度。年轻运动员和高水平的运动员都应多做拉橡皮带快速左右转体的练习，一组作7～8次，这对改进转四周加速能力效果很好，可以使髋转上去。

加速跑的练习，各项运动员都很需要，除了发展速度还可以发展踝关节肌肉力量。

（三）耐力训练

每次训练课能正确投25～30次，就有器械感。训练课中如投50～70次，其余的30～40次就没有器械感或技术不大正确。为了避免这一点，就要改变器械：投10千克球，10～15次（其中用全力投1～3次）感觉是正常的；投7.26千克球，10～20次（其中用全力投3～5次）感觉也是正常的。感觉神经系统疲劳了就要改变练习内容与手段，可做持杠铃片左右转12次×8～10组，也可作30分钟～40分钟的力量练习，就可缓解投掷练习的紧张程度。再去投7.26千克球15～20次（其中全力投5～10次）。这样这堂训练课就是在正常感觉下进行投掷的。括号内的数字都全力投，其他应控制在中等强度区，全力投的次数对高、低水平运动员是不变的，变的是中等强度，根据运动员水平进行调整。

三、掷链球专项技术训练

(一)现代掷链球的技术

在链球比赛中，参赛者会双手握持链球，在投掷圈内旋转以增加链球的速度，最终把链球投掷出去。一般将掷链球技术划分为六个方面：握持链球、预备姿势、预摆、旋转、最后用力、维持身体平衡。

1. 握持链球

常见的链球握持方法是扣锁式握柄方法(图 5-4-1)。例如，左旋投掷链球时，左手食指、中指和无名指穿过链球把柄，弯曲指节成钩状并握住把柄，伸展手掌。右手拇指放在左手指根处并握住左手食指，左手拇指握住右手拇指，拇指交叉，相扣紧握形成扣锁。

2. 预备姿势

图 5-4-1 握球的方法

运动员背朝投掷方向站在投掷圈末端，双脚分开，两脚间的距离与肩同宽或稍宽，为了方便运动员的预摆和旋转。左脚靠近中线，右脚适当远离。屈膝，向前倾向右转，体重稍偏右，链球放在圈内身体右后方，两臂伸直。(图 5-4-2)

3. 预摆

图 5-4-2 预备姿势

预摆是从预备姿势开始，链球绕人体纵轴由高点到低点的椭圆形运动。其目的是使链球获得适宜的预先速度，为平稳地进入第一圈旋转创造有利条件。投掷者一般采用两周预摆。

第一周预摆动作是从两腿蹬伸、上体直归左转拉伸两臂开始的，使链球从身体的右后方沿向前—向左—向上的弧线运动。随着链球向前移动，体重逐渐从右腿移向左腿。当链球摆在体前、肩轴与髋轴相平行时，两臂充分伸直，随后链球向左上方运动。当链球摆到左侧高点时屈两肘，两手位于额前上方。当链球通过预摆斜面高点后，两臂逐渐伸直，体重移向右腿，左膝稍屈，肩轴向右自然扭转 70° ～90° 。此时链球由上经身体右侧向下摆至低点，然后紧接着开始第二周预摆。第二周顶摆链球运动斜面一般与地面的夹角较小，速度加快，幅度增大，对人体的拉力也相应增大。

4. 旋转

当预摆最后一圈链球运行至中心线时，肩轴与髋轴平行，投掷者两膝弯曲，重心降低，两臂伸直成等腰三角形，两脚用左脚前掌与右脚的前掌内侧支撑转动，待链球向左上方高点移动时，重心左移，右脚蹬离地面进入单支撑旋转。

旋转是链球投掷的重要环节。旋转能使链球的运动速度更快，实现动量的累积，完成超越器械的动作，以便为最后用力打下坚实基础。

（1）第一圈旋转

第一圈旋转是接最后一周预摆开始的，当链球摆至身体右侧与肩齐平时，两腿弯曲，两臂伸直，球随骨盆与上体左转。当球运行至身体前方（中心线）肩轴与髋轴平行时，向左转髋，同时两脚开始左转，左脚以前脚掌、右脚以前脚掌内侧支撑地面，分别左转约 90° 和 60°，上体随之向左转 90°；伸直的两臂随着身体的左转大幅度地将球送向左上前方，右脚随即蹬离地面，右腿屈膝靠近左膝主动绕左腿旋转，身体重心移至左腿，进入单支撑转动阶段。此时，要特别注重重心的跟进，右脚要积极地蹬离地面，抬向左腿，使身体很快进入以左肩至左脚为垂直轴的转动。在球超过高点时，左脚积极转动，左膝加大弯曲并下压，右腿配合左腿积极下压，右脚掌在指向 270° 的方向处积极着地完成第一圈的旋转。单支撑阶段的旋转，骨盆和两腿、两脚要特别主动，使链球在高点运动时能放出，从高点向低点运行时能把链球拉回来，完成超越器械。

（2）第二、三、四圈旋转

现代掷链球旋转中 4 圈旋转与 3 圈旋转的技术结构基本相同，只是 3 圈旋转技术中的第一圈旋转节奏较快，4 圈旋转技术链球运动轨迹较长。4 圈与 3 圈旋转技术的共同点是链球轨迹的斜面第一圈都较平展，以后几圈旋转轨迹的斜面逐渐加大直到出手。

第二、三圈旋转与第一圈旋转有不同的要求，但动作的基本结构相同。后 3 圈旋转主要是给器械加速，是人带球转，球体运行速度逐渐加大，髋要挺出去，使球沿左肩至左脚的垂直轴稳固加速旋转。第四周旋转是从第三圈旋转右脚着地开始的。随链球加速下行，两脚和髋左转约 80°，由于离心力继续增大和转速的进一步加快，链球的低点左移约 40 厘米，使链球的低点处于身体的正下方。第四周双支撑更加短暂，髋部前挺，紧接着就是左脚和右脚旋转进入单支撑阶段，链球更早地进入上行路线。随链球上行、右膝上抬内扣且靠近左膝，进入以左脚外侧支撑的单脚支撑阶段，链球斜面比第三圈又升高。左脚外侧向左脚掌的旋转提前，左膝弯曲下压，在链球通过高点下行时，左膝蹲得较深。由于离心力的加大和转速的加快，躯干左倾角度加大，右脚着地更早（右脚着地约与左脚弓平行），此时身体处于左倾状态。著名掷链球运动员利特维诺夫 4 圈旋转掷链球技术图如图 5-4-3 所示。

图 5–4–3　利特维诺夫 4 圈旋转掷链球技术图

5. 最后用力

最后用力是掷链球技术的主要组成部分，直接关系到出手速度、角度和出手高度。在旋转完成后，左脚支撑阶段结束，右脚落地，最后用力环节开始。旋转的最后一圈结束，右脚落地，下半身动作高于上半身和链球位置，髋部和肩部绷紧，肩部和手臂伸展充分，链球位于身体右后方较远处，膝盖微屈，重心向左偏移。因为最后一圈旋转的速度较快，链球以变速向下运动，重心向右偏移，腰部和身体使链球向左侧转动。当链球运动到右侧前方位置时，重心转移到腿部，屈膝蹬地伸展，重心升高并向左偏移，链球则沿着身体左侧以弧线运动。这时，身体左侧提供支撑，右脚向左转动蹬地，身体向左转动并伸直，头部向后仰。当链球迅速升高至肩部时，挥动双臂投掷链球，确保投出的角度和方向符合理想状态。

6. 维持身体平衡

为保持身体平衡和防止犯规，链球出手后要转体换腿，降低身体重心。

（二）掷链球的技术特点与分析

链球飞行的远度取决于链球出手的速度和角度，所以，必须围绕加快出手速度和获得合理出手角度来改进和完善技术。

1. 各技术环节应注意的问题

（1）现代掷链球技术注重增大旋转半径、加大摆动幅度、合理运用体重、顺惯性运动，强调最佳发力位置和发力时机以形成高速度旋转。

（2）持握器械时为取得较大的旋转半径，运动员往往将把柄置于左手指骨末节和指骨中段之间，然后右手扣握在左手上。

（3）预摆关系到投掷成功与否。预摆时应保持身体平衡，以准确、稳定的投掷节奏，顺利进入旋转动作。预摆中链球的顶端应尽量远离身体，以加大摆动幅度，此时运动员与链球之间产生一种强大的拉力，平衡这种拉力主要靠运动员合理地移动自己的身体重心控制住高速转动的链球，而不应拉臂，重心移动的方向始终与链球作离心运动的方向相反。

（4）预摆与旋转的过渡衔接应紧密，旋转节奏应合理。在这一过程中，身体和链球要成为一个整体，链球应顺势而行，绝不能拉球，以左腿支撑对抗链球的拉力，当链球处于 280° ～300° 至 80° ～90° 的位置上时，右腿离地使链球旋转。

在进入旋转时，运动员的躯干应保持正直，如上体前倾过大或后倾过大，将造成“人—球”体系的失控，而导致减速。

（5）旋转是掷链球的核心部分。旋转时，运动员通过切线加速和角加速原理进行加速。依靠增加双支撑用力时间并缩短单支撑时间，达到加长链球旋转时的运行距离和加快链球的运行速度的目的。在旋转中，链球最高点逐渐升高，运行斜面的角度逐渐增大，为最后用力创造条件。

（6）最后用力是链球出手前的最后一次加速。掷链球成绩的30%取决于这一动作。为了形成最佳的最后用力姿势，在旋转到最后一圈时，膝部应较大弯曲，身体姿势较低，旋转角度较小，当腰部对着投掷方向以左20°～30°的位置时开始最后用力动作；同时身体要形成稳定的左侧支撑和制动，身体重心上提，充分发挥腰背大肌群的力量，直至两臂伸展向投掷方向用力挥动。

2. 合理的运行轨迹

现代掷链球技术要求预摆结束进入旋转时，将链球最低点放在正前方，旋转时最高点在正后方，也就是正对投掷方向。这种运行轨迹既可利用球自身的重量进行加速，又可避免造成左肩拉球的技术错误。

3. 选择旋转圈数的依据

由于掷链球的加速区域是有限的，一般运动员的旋转圈数主要取决于3个方面：一是运动员旋转时的加速能力，二是运动员控制身体平衡的能力，三是运动员脚掌的长度。

（三）掷链球的训练

现代掷链球已由力量型转为速度力量型，要求掷链球运动员必须具有很强的加速能力、控制快速旋转所产生的离心力的能力和维持身体平衡的能力。长期科学、全面、系统训练所建立的合理“技术—素质”结构模型是运动员运动潜力得以发挥的根本保障。

1. 技术训练的主要任务

（1）掌握新的掷链球技术。

（2）复习与巩固已经掌握的掷链球技术动作。

（3）发展专门快速力量素质。

2. 掷链球技术训练的主要手段

（1）观看、分析以及比较优秀运动员和运动员自己的投掷技术录像。

（2）专项诱导练习。专项诱导练习手段的设计都出自于掷链球技术动作的某一单个基本动作。从动作结构上看与基本动作几乎相同。

（3）分解和完整技术的模仿练习。

（4）用加力帮助的形式强化运动员的投掷感觉。

（5）念动训练。头脑中经常回想正确投掷技术过程，有助于技术动作的掌握和巩固。

（6）学习专项技术理论。掌握专项知识越多，就越容易理解投掷技术的内涵。

四、掷链球心理训练

除了较高的技术水平和良好的身体素质，优秀的链球运动员还需要具备健康的心理状态，表现为具备自我暗示、平衡心理的能力和坚定的意志，受到外部环境不良影响时能够及时调整，努力适应外部环境并发挥正常水平。因此，心理训练的作用十分重要。

在训练过程的始终，有意识地对运动员的心理施加影响并进行训练，是保证完成训练任务必不可少的因素。掷链球的训练，除培养运动员热爱自己从事的专项之外，还要进行大量枯燥的力量训练，这就要求运动员具有自觉地克服困难的毅力和吃苦耐劳的高尚品质，这都要在平常的训练中有目的地教育培养。

在重大比赛前要按比赛的条件，进行模拟训练和测验。例如，作息时间、赛前准备活动、投掷间歇时间、下一轮投掷前的策略讨论和场地、天气等等。

由于影响比赛因素很多，因此运动员通过在投掷前默默回忆链球投掷技巧，可以改进技术，提高投掷的成功率和准确性。在日常练习中要逐渐积累需要回忆的内容，其中包括动作的步骤、节奏感和发力顺序等等。

在重大比赛前，运动员越是过分考虑，就越会感到紧张，这可能导致精神疲劳，并严重影响其比赛表现，因此放松训练至关重要。在比赛前，可以通过调整训练内容、改变训练环境让运动员积极地休息。同时，在比赛过程中，可以教导运动员使用深呼吸、集中注意力、数数等方式来帮助他们缓解压力，提高自我调节能力。

在日常训练中，要让运动员重视每次投掷训练，培养自我管理的意识和较强的责任感，自觉主动稳定个人情绪，减少暴躁、愤怒、自卑、紧张等情绪的不良影响。

在重大比赛中，准备活动试投时可以不用全力投，但要做旋转 5～6 圈的练习，重点放在逐周的加速上。培养运动员争取在前 3 次的投掷中发挥出自己的最好成绩。

参考文献

[1] 王素改 . 田径体能训练的研究 [M]. 北京：光明日报出版社，2016.

[2] 王维兴，张文星，胡俊 . 田径运动教学理论与竞训实践 [M]. 沈阳：沈阳出版社，2018.

[3] 刘金凤 . 田径教学与训练 [M]. 成都：西南交通大学出版社，2014.

[4] 刘峰，史兵 . 田径科学教程 [M]. 西安：陕西师范大学出版社，2013.

[5] 全国田径理论研究会组织 . 中国田径运动史 [M]. 广州：华南理工大学出版社，2014.

[6] 范秦海 . 我国优秀田径教练员知识结构研究 [M]. 长春：东北师范大学出版社，2018.

[7] 房施龙，王安治 . 新时期田径运动教学理论与实践探索 [M]. 北京：中国纺织出版社，2022.

[8] 张道荣，陈建东，徐求 . 田径与户外运动 [M]. 长春：吉林大学出版社，2016.

[9] 杨丹 . 田径运动文化探索与实践 [M]. 沈阳：辽宁大学出版社，2017.

[10] 王德涛 . 田径运动健身价值与实践研究 [M]. 北京：科学技术文献出版社，2018.

[11] 窦印明 . 田径训练信息化的可行性分析 [J]. 田径，2022（12）：60-61.

[12] 李响 . 运动技能迁移在田径教学与训练中的运用 [J]. 当代体育科技，2022，12（27）：28-31.

[13] 刘嘉伟，苑廷刚，程泓人，等 . 东京奥运会田径男子三级跳远项目比赛研究 [J]. 福建体育科技，2022，41（4）：32-35.

[14] 王健 . 新时期我国田径运动发展的困境及对策 [J]. 当代体育科技，2022，12（22）：1-4.

[15] 赵琦，龙斌．我国高水平竞技田径运动发展困境及应对 [J]. 武汉体育学院学报，2017，51（7）：90-95.

[16] 董静依，葛书林，赵洋．中国竞技田径运动发展的现状困境与路径突破 [J]. 南宁师范大学学报（自然科学版），2022，39（2）：173-178.

[17] 胡宏升．高校体育田径教学中体能训练的重要性及对策分析 [J]. 当代体育科技，2021，11（28）：107-109.

[18] 魏鑫，钟亚平，邹克宁．世界田径运动竞技实力动态演变及驱动因素研究 [J]. 中国体育科技，2021，57（8）：13-21.

[19] 解正伟．田径运动节奏研究的新进展与专项基础剖析 [J]. 北京体育大学学报，2016，39（4）：118-124，131.

[20] 赵琦，陆锦华．对不同时期我国田径优势项目训练理念和实践的审视与反思 [J]. 北京体育大学学报，2018，41（3）：118-124.

[21] 郭芳．河南省田径队的现状分析及发展对策研究 [D]. 开封：河南大学，2022.

[22] 路东升．我国田径专业竞技训练风险管理研究 [D]. 北京：北京体育大学，2015.

[23] 顾秋艳．我国田径裁判员综合能力评价体系的构建 [D]. 北京：北京体育大学，2017.

[24] 杨孟飞．体育院校体育教育专业田径专项学生核心素养评价指标体系构建研究 [D]. 济南：山东体育学院，2021.

[25] 袁秋萍．甘肃省高校田径运动员心理资本与运动成绩的关系研究 [D]. 兰州：西北师范大学，2020.

[26] 杨文嘉．影响黑龙江省高校田径运动发展的因素及对策研究 [D]. 哈尔滨：哈尔滨体育学院，2020.

[27] 唐海峰．中国田径男子 100 米成绩演变及伴生特征研究 [D]. 济宁：曲阜师范大学，2019.

[28] 朱秋雅 . 北京体育大学附属竞技体校高水平田径运动员培养模式的研究 [D]. 北京：北京体育大学，2019.

[29] 李卫 . 田径运动中跳远专项体能训练方法研究 [D]. 济南：山东师范大学，2013.

[30] 郜卫峰 . 田径男子 1500 米全程速度节奏和能量代谢的特征 [D]. 北京：北京体育大学，2012.